Offensive Mittelstand – Gut für Deutschland (Hrsg.)

Unternehmensführung für den Mittelstand

Strategie, Liquidität, Risikobewertung, Führung, Kundenpflege, Organisation, Unternehmenskultur, Personalentwicklung, Prozesse, Beschaffung, Innovation

2012
Schäffer-Poeschel Verlag Stuttgart

Bibliografische Information der Deutschen Nationalbibliothek
Die Deutsche Nationalbibliothek verzeichnet diese Publikation in der Deutschen
Nationalbibliografie; detaillierte bibliografische Daten sind im Internet über
http://dnb.d-nb.de abrufbar.

Gedruckt auf chlorfrei gebleichtem, säurefreiem und alterungsbeständigem Papier

ISBN 978-3-7910-3128-6

© 2012 Schäffer-Poeschel Verlag für Wirtschaft · Steuern · Recht GmbH
www.schaeffer-poeschel.de
info@schaeffer-poeschel.de
Einbandgestaltung: Melanie Frasch (Bilder: Shutterstock und MEV Verlag)
Lektorat: Friederike Moldenhauer (www.moldenhauer-text.de)
Satz: Johanna Boy, Brennberg
Druck und Bindung: C.H. Beck, Nördlingen
Printed in Germany
April 2012

Schäffer-Poeschel Verlag Stuttgart
Ein Tochterunternehmen der Verlagsgruppe Handelsblatt

Vorwort

Sehr geehrte Leserin, sehr geehrter Leser,

Sie halten ein Buch in der Hand, das Ihnen hilft, die gefährlichen Klippen des Marktes gezielt und offensiv zu umschiffen. Dabei spielt es keine Rolle, ob Sie als Unternehmer für Ihren eigenen Betrieb Verantwortung tragen oder Ihre Kunden zu Entwicklungsmöglichkeiten beraten. Beide – Unternehmer und Berater – finden hier eine unkomplizierte und wirkungsvolle Hilfestellung. Die Autoren dieses Buches verbindet das gemeinsame Credo, die mittelständische Wirtschaft für den Wettbewerb fit zu machen und dazu beizutragen, vorhandenes Potenzial zu erkennen und zum Wohle des Betriebes einzusetzen.

Uns liegt am Herzen, dass der Mittelstand weiterhin die tragende Säule der deutschen Wirtschaft darstellt. Dazu muss er auf technische und finanzielle Herausforderungen gut vorbereitet sein sowie einen vernünftigen und nachhaltigen Umgang mit Mitarbeitern und Kunden pflegen.

In diesem Buch erfahren Sie, wer wir bei der »Offensive Mittelstand – Gut für Deutschland« sind, welche Ziele wir haben, wie wir diese Ziele umsetzen und welche Erfahrungen Unternehmen und Berater mit uns und unseren Angeboten bereits gemacht haben.

Schon seit einiger Zeit gibt es dazu leicht verständliche und deshalb besonders hilfreiche Unterstützung, und zwar in Form eines Leitfadens und des Checks »Guter Mittelstand – Erfolg ist kein Zufall«. Der Leitfaden und der Check wurden von allen über 100 gesellschaftlichen Partrnern als gemeinsamer Qualitätsstandard entwickelt. Er vermittelt anhand von elf Themen, wie besonders erfolgreiche mittelständische Unternehmen arbeiten. Der Check beschreibt, wie ein gutes Unternehmen erfolgreich ist. Er kann von Unternehmen und Beratern selbst als eine Potenzialanalyse verwendet werden.

Dieses Buch wurde in Anlehnung daran in elf Kapitel unterteilt, die unabhängig voneinander genutzt werden können. Jedes Kapitel fasst für Sie Expertenwissen und praktische Erfahrungen erfolgreicher Unternehmen leicht verständlich und einfach umsetzbar zusammen. Es dient dem Unternehmer als Praxishilfe für notwendige Veränderungen im eigenen Betrieb. Der spezialisierte Berater erhält eine Übersicht relevanter Themen und kann damit leicht die vorhandenen Schnittstellen seiner Beratungskompetenz mit anderen Inhalten identifizieren.

Für die Unterstützung bei der Erstellung des Buches möchten wir uns bei der Fachhochschule des Mittelstands und besonders bei Sandra Fechner bedanken. Außerdem vielen Dank für die sorgfältige Arbeit der Lektorin Friederike Moldenhauer, die uns sehr geholfen hat.

Wir danken auch ganz herzlich Frank Katzenmayer und Adelheid Fleischer vom Verlag für ihre tatkräftige Unterstützung und ihre vielen inhaltlichen Hilfen und Anregungen.

Wir sind von der Qualität dieses Ratgebers überzeugt und wünschen Ihnen bei der Umsetzung viel Erfolg.

Offensive Mittelstand, im Februar 2012

Offensive Mittelstand

Die »Offensive Mittelstand – Gut für Deutschland« ist eine unabhängige nationale Initiative. Ihre Partner sind Bund und Länder, Unternehmerverbände, Fachverbände, Innungen, Handwerkskammern, Qualitätssiegel, Gewerkschafter, Berufsgenossenschaften, Krankenkassen, Forschungsinstitute, Dienstleister – insgesamt über 100 Partner.

Inhaltsverzeichnis

Vorwort V

Einleitung
Neue Chancen und Herausforderungen für den Mittelstand
Oleg Cernavin/Helmut Ehnes/Annette Icks/Oliver Kruse/Achim Sieker IX

Teil A:
Unternehmensführung – die elf Erfolgsfaktoren 1

Strategie
Oleg Cernavin 3

Liquidität
Oliver Kruse/Sandra Fechner 29

Risikobewertung
Oleg Cernavin/Oliver Kruse 47

Führung
Oleg Cernavin 71

Kundenpflege
Patrick Lentz/Richard Merk 93

Organisation
Tim Vollborth 111

Unternehmenskultur
Annette Icks 123

Personalentwicklung
Annette Icks 137

Prozesse
Kristina Kuiper 153

Beschaffung
Kristina Kuiper 167

Innovation
Tim Vollborth 181

Teil B:
Erfahrungen mit den Instrumenten der Offensive Mittelstand 193

Der Check »Guter Mittelstand« aus Sicht eines Unternehmers –
ein Erfahrungsbericht
Thomas Pollmeier/Jörg Schüler 195

Wertschöpfungsorientierter Arbeitsschutz
Oleg Cernavin/Helmut Ehnes/Christof Göbel/Elmar Neuhaus 207

Das Arbeiten mit den Instrumenten aus Sicht eines Beraters
Rainer Liebenow 221

Die Offensive Mittelstand – ein bundesweites Netzwerk
Offensive Mittelstand Netzwerk OWL
Sandra Fechner 239

Die Autoren 251

Stichwortverzeichnis 255

Einleitung Neue Chancen und Herausforderungen für den Mittelstand

Oleg Cernavin*/Helmut Ehnes**/Annette Icks***/
Oliver Kruse****/Achim Sieker*****

1   Die neuen Herausforderungen für den Mittelstand
2   Der Mittelstand: »Gut für Deutschland«
3   Risiken und Chancen durch den grundlegenden Wandel der Arbeit
4   Risiken und Chancen durch den demografischen Wandel
5   Elf Erfolgsfaktoren: Check »Guter Mittelstand: Erfolg ist kein Zufall«
6   Literatur

*   Oleg Cernavin, geschäftsführender Gesellschafter der BC GmbH Forschung, Wiesbaden und stellvertretender Vorsitzender der Offensive Mittelstand – Gut für Deutschland.
**   Helmut Ehnes, Leiter der Prävention der Berufsgenossenschaft Rohstoffe und chemische Industrie (BG RCI) und Vorsitzender der Offensive Mittelstand – Gut für Deutschland.
***   Dr. Anette Icks, IfM Bonn – Institut für Mittelstandsforschung Bonn und stellvertretende Vorsitzende der Offensive Mittelstand – Gut für Deutschland.
****   Prof. Dr. Oliver Kruse, Professor an der Hochschule der Bundesbank in Hachenburg und Mitglied des Leitungskreises der Offensive Mittelstand – Gut für Deutschland.
*****   Achim Sieker, Referent im Bundesministerium für Arbeit und Soziales und Mitglied des Leitungskreises der Offensive Mittelstand – Gut für Deutschland.

1   Die neuen Herausforderungen für den Mittelstand

Kleine mittelständische Unternehmen sind einem zunehmend hohen Markt- und Er-
folgsdruck ausgesetzt. Gleichzeitig sind diese Unternehmen die Basis der realen Wertschöpfung in Deutschland. Es sind im Wesentlichen sie, die verlässlich und fern von
abenteuerlichen Spekulationen und kurzfristigen, überzogenen Gewinnerwartungen die
wirtschaftliche Stabilität sichern.

Diese Unternehmen stehen vor zwei grundlegenden Herausforderungen, die Gefahren, aber vor allem auch Chancen bergen:

- Der fundamentale Wandel der Arbeit beeinflusst die Arbeits- und Wettbewerbsbedin-
  gungen in allen Branchen.
- Der demografische Wandel führt zu deutlich höheren Anforderungen an Personalgewinnung, -entwicklung und -bindung in den Unternehmen.

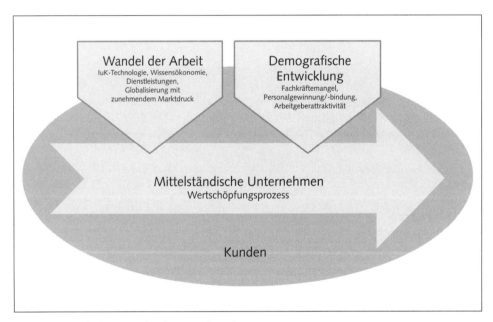

Abb. 1: Herausforderungen für den Mittelstand

Der Check »Guter Mittelstand: Erfolg ist kein Zufall« hilft kleinen und mittelständischen
Unternehmen, diese grundlegenden Herausforderungen zu bewältigen und ihre Chancen zu nutzen. Der Check ist ein Qualitätsstandard der nationalen Initiative »Offensive Mittelstand«, einem Zusammenschluss von über 100 Partnern. Die elf Elemente des
Checks gelten als die wesentlichen Erfolgsfaktoren und ermöglichen es Unternehmen,
die Herausforderungen offensiv für den eigenen Wettbewerbsvorteil zu nutzen.

In diesem Beitrag werden die Herausforderungen analysiert. Zuvor jedoch wird die
wirtschaftliche Bedeutung des Mittelstands erläutert, die im Alltag oft nicht richtig sichtbar wird.

2 Der Mittelstand: »Gut für Deutschland«

Kleine und mittelständische Unternehmen sind sich ihrer gesamtwirtschaftlichen Bedeutung oft nicht bewusst. Aus diesem Grund wird zunächst die Bedeutung des Mittelstands in Erinnerung gerufen, bevor seine aktuellen Herausforderungen und Chancen beschrieben werden.

Definition des Mittelstands

Das Institut für Mittelstandsforschung Bonn (IfM Bonn) definiert den Mittelstand über quantitative und qualitative Merkmale:

1 Quantitative Merkmale

Unternehmensgröße	Zahl der Beschäftigten	und	Umsatz €/Jahr
klein	bis 9		bis unter 1 Millionen
mittel	bis 499		bis unter 50 Millionen
(KMU) zusammen	unter 500		unter 50 Millionen

2 Qualitative Merkmale
- Einheit von Eigentum, Leitung, Haftung und Risiko, also Einheit von wirtschaftlicher Existenz des Unternehmens und seiner Leitung.
- Verantwortliche Mitwirkung der Leitung an allen unternehmenspolitisch relevanten Entscheidungen.

In Deutschland zählten laut Unternehmensregister im Jahr 2010 99,7 Prozent der Betriebe zu den kleinen und mittleren Unternehmen. Auf sie entfielen 39,1 Prozent aller Umsätze; 60,8 Prozent der sozialversicherungspflichtig Beschäftigten arbeiten in diesen Unternehmen (siehe Abbildung 2).

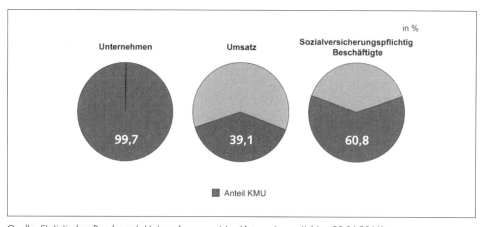

Quelle: Statistisches Bundesamt: Unternehmensregister (Auswertungsstichtag 30.04.2011)
          Berechnungen des IfM Bonn

Abb. 2: KMU-Anteile in Deutschland nach KMU-Definition des IfM Bonn

Im Jahr 2009 gab es in Deutschland knapp 3,6 Millionen kleine und mittelständische Unternehmen, die 2009 rund 1.948 Mrd. Euro Umsatz erzielten.

Der Mittelstand sorgt für qualifizierte Beschäftigung. Nach Berechnungen des IfM Bonn leistet er längerfristig einen größeren Beitrag zur Schaffung neuer sozialversicherungspflichtiger Arbeitsplätze als Großunternehmen. Die Zuwachsrate für kleine und mittlere Unternehmen beträgt 2,5 Prozent, für die Großunternehmen dagegen nur 0,5 Prozent.

Diese wenigen Zahlen verdeutlichen die große wirtschaftliche Bedeutung der kleinen und mittelständischen Unternehmen. Wenn wir als Offensive Mittelstand im Folgenden von kleinen und mittelständischen Unternehmen sprechen, meinen wir in erster Linie Unternehmen mit bis zu 25 Beschäftigten und einem Umsatz bis 2 Mio. Euro im Jahr. Das sind rund 95 Prozent aller Unternehmen in Deutschland.

3   Risiken und Chancen durch den grundlegenden Wandel der Arbeit

Der Charakter der Arbeit ändert sich vielfältig und dramatisch in modernen Marktwirtschaften. Die Veränderungen in der Arbeitswelt wurden in den 1990er-Jahren als allgemeines Phänomen identifiziert. Sie werden mit dem Schlagwort der Wissensgesellschaft verknüpft und für so wichtig angesehen, dass z.B. die Deutsche Forschungsgemeinschaft von einem Wechsel von der Industrie- zu einer Wissensökonomie spricht.

Wissen gilt als zunehmend wichtiger Produktionsfaktor, immer mehr Wertschöpfung entsteht durch die Nutzung und Weiterentwicklung neuer Kommunikationstechnologien. So stellte die Weltbank schon um 2000 fest, dass mit Wissen mehr Umsatz erzielt wird als mit allen anderen Produktionsfaktoren. Verbunden mit diesen Entwicklungen ist die nachweisbare Tendenz, dass Unternehmen zunehmend mit Dienstleistungen und individualisierten Produkten ihre Marktchancen wahrnehmen. Zusätzlich haben die neuen Kommunikationstechnologien zu einer Globalisierung beigetragen, in der nationale Grenzen und Zeitzonen immer mehr an Bedeutung verlieren.

Die Folgen dieser Entwicklung sind eine Beschleunigung der Arbeitsprozesse, ein erhöhter Zeit- und Marktdruck sowie neue Formen der Wertschöpfung in den Unternehmen. Die skizzierten Entwicklungen betreffen nicht nur Großunternehmen, sondern haben Auswirkungen auf alle – auch die kleinsten Betriebe. Diese Entwicklungen sind aber für die Unternehmen nicht immer sichtbar.

Es ist zu befürchten, dass viele Unternehmen die wesentlichen Wandlungsprozesse und die daraus resultierende Notwendigkeit betrieblicher Veränderungen nicht oder nicht in ausreichendem Umfang erkennen, während andere Unternehmen auf die veränderten Arbeitsbedingungen unsystematisch und hektisch reagieren. Wieder andere versuchen, sich mit umfassenden Reorganisationsprozessen und neuen Managementkonzepten anzupassen.

Um den Wandel der Arbeit als Chance zu begreifen und um angemessen reagieren zu können, sollten sich daher alle Unternehmen zunächst bemühen, den tatsächlichen Charakter dieser Prozesse zu analysieren. Nur wer erkennt, was passiert, kann angemessen und systematisch reagieren.

Im Folgenden werden grundlegende Faktoren und Begleiterscheinungen des Wandels der Arbeitswelt vorgestellt. Die Forschung belegt, dass sich die neuen Bedingungen vor allem in den folgenden fünf Ausprägungen zeigen:

1. Zunehmende Nutzung moderner Informationstechnologien,
2. Wandel als permanentes Phänomen,
3. Zunahme von Markt- und Zeitdruck,
4. Bedeutungswandel der Mitarbeiter: vom Kosten- zum Produktivfaktor,
5. zunehmender Einfluss von sozialen Beziehungen bei der Arbeit.

Diese Aspekte werden im Folgenden kurz skizziert.

Zunehmende Nutzung moderner Informationstechnologien

Ein wesentlicher Motor für Veränderungen ist offensichtlich die unabsehbar weiter fortschreitende Entwicklung und Nutzung computergestützter Informationstechnologien, die auch sämtliche Prozesse der Arbeit und Wertschöpfung erfassen. In der Panelstudie mit 30.000 Unternehmen des Bundesinstitutes für berufliche Bildung (BIBB) und des Institutes für Arbeitsmarkt- und Berufsforschung (IAB) über Arbeits-, Qualifikations- und Technologieentwicklung in Deutschland wurde eine kontinuierliche Zunahme der Arbeit mit dem Computer festgestellt (siehe Abbildung 3). Die Verbreitung computergesteuerter Arbeitsmittel beschleunigt sich rasant. Der Computer entwickelt sich zum Hauptarbeitsmittel in unserer Arbeitswelt. Das Institut für Arbeitsmarkt- und Berufsforschung (IAB) stellt fest: »Diese Schnelligkeit dürfte in der Geschichte der Technisierung einmalig sein.«

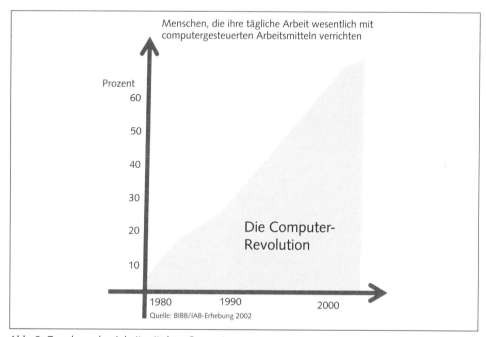

Abb. 3: Zunahme der Arbeit mit dem Computer

Neu ist nicht nur die Geschwindigkeit, mit der eine neue Technik Einzug hält. Es ist vor allem der Wandel der Arbeitsformen und der -inhalte, die damit einhergehen. Der Einzug der neuen Technologien in die Arbeitsprozesse aller Branchen hat zur Folge, dass Handarbeit zunehmend durch die Kopfarbeit beziehungsweise durch Dienstleistungen ergänzt oder sogar ersetzt wird.

Nur noch 30 Prozent der Beschäftigten im verarbeitenden Gewerbe sind in der manuellen Herstellung tätig. Rund 70 Prozent der Beschäftigten verrichten dienstleistende und wissensintensive Aufgaben, wie Einstellen von Maschinen, Warten, Reparieren, Handel treiben, Büroarbeit, Planen, Forschen, Leiten, Ausbilden oder Informieren.

Die Technologieentwicklung verändert also die Arbeitsprozesse und -bedingungen in fast allen gewerblichen Branchen substanziell. Grundlegend neue Anforderungen an Arbeits- und Wertschöpfungsprozesse gehören zur Tagesordnung. Unternehmen, die diese Prozesse organisieren müssen, können nicht einfach nur neue Technologien in alte Strukturen einbetten, sondern müssen Antworten auf ganz neue Rahmenbedingungen finden.

Wandel als permanentes Phänomen

Die Abnahme der Handarbeit und die Zunahme der Kopfarbeit gehen offensichtlich einher mit veränderten Anforderungen. Der Einzug computergesteuerter Arbeitsmittel brachte für rund zwei Drittel aller Unternehmen insbesondere folgende neue Erfordernisse mit sich:
- Schnelle Wandlungsprozesse verbunden mit einer Zunahme von Entscheidungssituationen sowie steigender Lern- und Weiterbildungsbedarf,
- höhere Anforderungen an soziale, kommunikative und methodische Kompetenzen.
- vermehrter Einsatz gut ausgebildeter Arbeitskräfte, die auf Basis einer qualifizierten Fachausbildung eigenverantwortlich entscheiden.

Zunächst könnte man vermuten, der Wandel rühre daher, dass die Einführung neuer Technologien naturgemäß Veränderung mit sich bringe beziehungsweise per se Umbruch darstelle. Er müsste dann abgeschlossen sein, wenn die Technologie eingeführt ist. Diese Sichtweise gilt jedoch als überholt. Es scheint, dass mit der Zunahme der Kopfarbeit ein anhaltender schneller Wandel systemimmanent wird. Die von manuellen Tätigkeiten entlastete Arbeit produziert offensichtlich schneller als früher neue Ideen, die eingeführt und umgesetzt werden, die dann bei Dritten zu Anpassung und Lernprozessen führen und mit wieder neuen Ideen beantwortet werden. Hier zeigt sich ein wesentlicher Aspekt der »neuen Qualität« der Arbeit.

Markt- und Zeitdruck

Parallel zu den beschriebenen Prozessen ist eine Intensivierung und Verdichtung der Arbeit, die mit veränderten Belastungsformen einhergeht, zu beobachten. Zwei Ursachen bestehen in der Beschleunigung der Globalisierung und der Öffnung der Märkte, die zusätzlichen Konkurrenzdruck erzeugen. Aber auch unabhängig davon führt der technologiebedingte strukturelle Wandel dazu, Kosten senken und Innovationen hervorbringen zu müssen, wovon auch die niedrigsten organisatorischen Ebenen aller Arbeitsprozesse betroffen sind.

Dieser zunehmende Termin- und Leistungsdruck gehört zu den vielfältigen Ursachen für den erheblichen Anstieg psychischer und psychosozialer Belastungen, dazu gehören Burn-out, Mobbing oder Zukunfts- und Versagensängste. So stellten das Bundesinstitut für berufliche Bildung (BIBB) und die Bundesanstalt für Arbeitsschutz und Arbeitsmedizin (BAuA) in einer Befragung von 20.000 Erwerbstätigen fest:

- Über 50 Prozent der Beschäftigten leiden häufig unter Termin- und Leistungsdruck (53,5 Prozent).
- Weit über die Hälfte aller Beschäftigten müssen mehrere Arbeiten gleichzeitig erledigen (58,7 Prozent).
- Über 50 Prozent der Beschäftigten gehen häufig oder zumindest manchmal über die Grenzen ihrer Leistungsfähigkeit (53,3 Prozent).
- Fast drei Viertel der Beschäftigten müssen häufig oder zumindest manchmal sehr schnell arbeiten (72,2 Prozent).
- Zwei Drittel der Techniker (66,8 Prozent) bemerkten schon 2006, dass in den letzten zwei Jahren die fachlichen Anforderungen spürbar zugenommen hätten.

Eine Reihe von Untersuchungen deutet darauf hin, dass die neuen Formen computergestützter Wertschöpfung durch den zunehmenden Marktdruck und die erhebliche Arbeitsintensivierung mit ganz neuen Formen der Belastung einhergehen. Diese Entwicklungen werden kaum mehr zurückzudrehen sein. Die Beschleunigung der Prozesse wird bleiben. Die neue Herausforderung für die Unternehmen lautet, alle Möglichkeiten zu nutzen, um mit dem gestiegenen Markt- und Zeitdruck möglichst ressourcenschonend umzugehen. Das wird nur solchen Unternehmen gelingen, die alle zur Verfügung stehenden Ressourcen systematisch und effizient einsetzen.

Mitarbeiter werden vom Kosten- zum Produktivfaktor

Charakteristisch für die neuen Herausforderungen ist die Lern- und Wandlungsfähigkeit der Menschen in den Produktions- und Leistungsprozessen. Unternehmen, die nicht Getriebene sein wollen, müssen am Ball bleiben und möglichst selbst treiben und vor der Konkurrenz neue Produkte und Angebote generieren. Das aber setzt Menschen im Unternehmen voraus, die dies können und wollen. Die Fähigkeiten, Erfahrungen und Kompetenzen der Beschäftigten werden wichtiger.

Menschen waren zwar immer wesentlich für Wertschöpfung, doch mit den neuen Technologien und dem damit verbundenen Wandel von Arbeitsinhalten und -formen bekommen sie eine zunehmende Bedeutung: Produktivität und Leistungsfähigkeit entstehen vor allem im Kopf der arbeitenden Personen.

Aus Sicht des Unternehmens werden die Fähigkeiten,
- auf Informationen zu reagieren und sie zu bewerten,
- Informationen in die betriebsspezifischen Arbeitsprozesse zu integrieren,
- von Kunden und anderen zu lernen,
- im Team neue Produkte zu entwickeln und bestehende Produkte ständig zu verbessern und anzupassen,
- Informationen zu verarbeiten und mit Wissen Mehrwert zu schaffen,

wichtiger als kleinteilige Routinetätigkeiten. Diejenigen Unternehmen, die diese Fähigkeiten ihrer Beschäftigten bestmöglich aktivieren, erlangen Wettbewerbsvorteile. Sie haben die Chance, im Veränderungsprozess die Treiber und nicht die Getriebenen zu sein. Kreative und kommunikative Beschäftigte werden also zur entscheidenden Produktivkraft im Unternehmen.

Gerade mittelständische Weltmarktführer, die in Deutschland überdurchschnittlich häufig vertreten sind, betonen, dass sie ihren Wettbewerbsvorteil dadurch erzielen, dass sie ihre Beschäftigten als entscheidende Innovationskraft hegen und pflegen. Diese Unternehmen belegen zudem, dass es unsinnig ist, bei der Reduktion von Kosten und Aufwänden stereotyp beim Personal anzusetzen, wie es viele – vor allem größere – Unternehmen bislang häufig tun. Es kann existenzbedrohend werden, die Axt genau dort anzulegen, wo die wesentlichen Potenziale liegen, die zudem unter den neuen Bedingungen zunehmend wichtiger werden. Große wie kleine Unternehmen haben in der Finanzmarktkrise gezeigt, dass sie diese Lektion gelernt und alles versucht haben, ihre Belegschaft zu halten.

Einfluss sozialer Beziehungen bei der Arbeit nimmt zu

Erfolgreiche mittelständische Unternehmen zeichnen sich durch einen weiteren wesentlichen Erfolgsfaktor aus, der die neuen Herausforderungen kennzeichnet: die Fähigkeit, die sozialen Beziehungen bei der Arbeit so zu gestalten, dass Menschen gerne zur Arbeit kommen und ihre Kompetenzen gerne für das Unternehmen einbringen.

Soziale Beziehungen in einem Unternehmen funktionieren nur, wenn es eine klare und gerechte formale Organisation und eindeutige Vorgaben gibt, und wenn die Art der Zusammenarbeit menschlich und angenehm ist. Die formale Organisation besteht zum Beispiel aus Unternehmenszielen, Arbeitsverträgen, der Art der Verantwortungsübertragung, Arbeitsanweisungen und Betriebsvereinbarungen. Zur Art der Zusammenarbeit gehören Unternehmenskultur, Führungsstil, Kommunikationswege, Entscheidungs- und Konfliktlösungsmuster sowie Umgangsformen, die ein Vertrauensverhältnis und ein gutes Betriebsklima wesentlich fördern.

Gelingt es, die sozialen Beziehungen in einer motivierenden Weise zu gestalten, entwickelt sich eine Dynamik, die die individuelle Leistungsfähigkeit und -bereitschaft der Beschäftigten fördert. Diese soziale Dynamik ist eine wesentliche Basis für die notwendige Steigerung der Produktivität.

Studien zur Team- und Gruppenarbeit belegen, dass inaktive soziale Beziehungen die *Produktivität* negativ beeinflussen. Im Einzelnen wurden folgende Auswirkungen der Aktivierung sozialer Ressourcen festgestellt:

- verbesserte Teamarbeit mit Motivationssteigerung,
- höherer Grad an Identifizierung mit der Arbeitsaufgabe,
- Abbau von Stress durch gegenseitige Unterstützung,
- Abbau einseitiger Belastungen,
- bessere Koordination der Arbeiten,
- bessere Optimierung der Kontrollspannen,
- bessere Informationsvermittlung,
- besseres Urteilsvermögen durch Abstimmung von Problemen im Unternehmen,

- veränderte Kontaktintensität (direkte Kommunikation),
- Ergänzung und Zusammenfügung unterschiedlicher Kompetenzen, Kenntnisse, Fähigkeiten und Fertigkeiten,
- optimiertes Zieleinhaltungscontrolling, insbesondere durch soziale Kontrolle,
- höhere Lernbereitschaft und -fähigkeit durch intensivere Anregungen,
- Entstehung eines sozialen Klimas, das dem Einzelnen Rollen- und Wertesicherheit vermittelt, was die Verlässlichkeit der Arbeitsbeziehungen steigert,
- Entscheidungs- und Handlungsprogramme, die in der Historie der Teams und des Unternehmens entstanden sind, sich ständig weiterentwickeln und dem Einzelnen eine stabile Orientierung bieten,
- soziale Beziehungen legen den Einzelnen auf seine spezifische Rolle im Unternehmen/in der Arbeitsgruppe fest und verringern seine Möglichkeiten, eigene Rollen zu spielen,
- gemeinsam erarbeitete und realisierte Produkte und Leistungen sowie gemeinsame Erlebnisse des Teams erzeugen eine vom Einzelnen unabhängige Geschichte, die über Beispiele, Bilder und Rituale weitergegeben wird und Basis für die Unternehmensidentität ist, die eine aktivierende und motivierende Bindung an das Unternehmen erzeugen kann.

Die Erschließung der sozialen Beziehungen wird unter den neuen Herausforderungen zu einem entscheidenden Wettbewerbsfaktor. In den Unternehmen ist jedoch immer wieder zu beobachten, dass gerade das eigene Selbstverständnis von Funktion und Aufgaben bei den Umsetzungsprozessen aufgrund der Entwicklungen offensichtlich das Hauptproblem der Führungskräfte darzustellen scheint. Alle Strategien zur Nutzung der Ressourcen und zur Förderung der Menschen laufen jedoch ins Leere, wenn die Qualität der sozialen Beziehungen von den Führungskräften nicht beachtet wird. Die neuen Herausforderungen können überhaupt nur erfolgreich bewältigt und als Chance genutzt werden, wenn die sozialen Beziehungen im Unternehmen systematisch entwickelt werden.

4 Risiken und Chancen durch den demografischen Wandel

Die zweite Herausforderung, vor der kleine und mittelständische Unternehmen stehen, ist die Sorge um die Leistungsfähigkeit des Personals. Produktivitätssteigerungen und Innovationen können nur mit älter werdenden Belegschaften realisiert werden. Es wird zunehmend schwierig, gute Arbeitskräfte auf dem Arbeitsmarkt zu finden. Die Konkurrenz um qualifizierte Köpfe und Hände nimmt immer mehr zu. Auszubildende und Berufseinsteiger müssen immer aufwendiger angeworben werden, oder sie werden von großen Unternehmen abgeworben.

Die Ursache dafür liegt in dem demografischen Wandel. Eine Gefahr ist diese Entwicklung nur für diejenigen Unternehmen, die alles beim Alten belassen. Um richtig reagieren zu können, ist die Kenntnis um diesen Wandel wichtig:

Demografischer Wandel zeigt sich in einer deutlichen Verschiebung der Altersstruktur. Wenn die heute mittleren geburtenstarken Jahrgänge in den nächsten 10 bis 20 Jahren in Rente gehen, droht ein Verlust an Arbeitskräften und damit auch an Erfahrungswissen. Schon im Jahr 2020 wird jeder dritte Erwerbstätige älter als 50 Jahre alt sein. Es wird dann in den Betrieben mehr 50-Jährige als 30-Jährige geben. Die Unternehmen sollten sich daher rechtzeitig darauf einstellen, mit älterem Personal wettbewerbsfähig und innovativ zu bleiben.

Die Prognosen des Instituts für Mittelstandsforschung Bonn und der Bundesanstalt für Arbeitsschutz und Arbeitsmedizin (BAuA) besagen Folgendes:

- Die Zahl der 20- bis 65-Jährigen bleibt bis 2015 weitgehend stabil bei rund 50 Millionen, wird jedoch bis 2030 auf 42 bis 44 Millionen schrumpfen und 2050 nur noch bei 35 bis 39 Millionen liegen. Das bedeutet einen Rückgang von 25 Prozent der Personen im erwerbsfähigen Alter (siehe Abbildung 4).

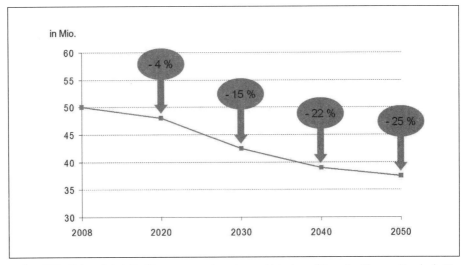

Quelle: StBA, 12. koordinierte Bevölkerungsvorausberechnung, Variante »mittlere« Bevölkerung, Durchschnittswerte, Darstellung IfM Bonn 2011

Abb. 4: Personen im Alter von 20 bis unter 65 Jahren in Deutschland bis 2050

- Bis 2012 nimmt die Zahl der sich im ausbildungsrelevanten Alter befindlichen 16- bis 20-Jährigen ab. Waren es noch vor wenigen Jahren 4 Millionen Jugendliche und junge Erwachsene, so werden es 2012 nur noch ca. 3 Millionen sein.
- Die mittlere Altersgruppe von 30 bis 49 Jahren stellt derzeit knapp die Hälfte der Menschen im erwerbsfähigen Alter. 2020 wird diese Altersgruppe jedoch nur noch mit 42 Prozent repräsentiert sein.
- Der Bedarf an Arbeitskräften mit Abschluss einer betrieblichen Lehre wird bis 2025 leicht steigen, hier sind es vor allem die kleinen und mittelständischen Unternehmen, die qualifizierte Arbeitskräfte in diesem Bereich benötigen. Ihr Angebot wird jedoch im gleichen Zeitraum um rund 20 Prozent sinken (siehe Abbildung 5).

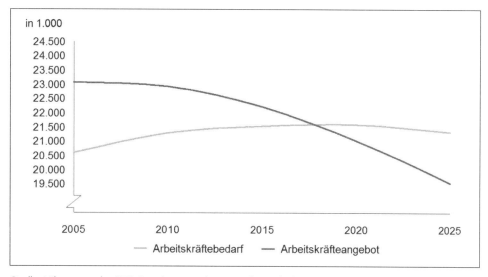

Quelle: Mikrozensus des StBA; Berechnungen des IAB und Fraunhofer FIT

Abb. 5: Bedarf und Angebot von Arbeitskräften mit Abschluss einer betrieblichen Lehre bzw. Berufs-fachschule bis 2025

Diese Entwicklungen zeigen, dass Unternehmen vor Personalproblemen und offenen Fragen stehen werden: Wie können qualifizierte Beschäftigte gewonnen werden? Wie können wir für kompetentes Personal attraktiv werden? Wie können wir uns in der Gesellschaft und der Region so darstellen, dass wir interessant für Menschen sind? Wie können wir qualifizierte Beschäftigte an das Unternehmen langfristig binden? Wie kann die Arbeit so gestaltet werden, dass möglichst viele qualifizierte Beschäftigte möglichst lange im Unternehmen arbeiten? Wie können Innovations- und Wettbewerbsfähigkeit erhalten bleiben, wenn zu wenig qualifizierte Fachkräfte nachrücken? Wie kann das Erfahrungswissen, das in Kürze die Unternehmen verlassen wird, ersetzt werden?

Unternehmen, die diese Fragen systematisch lösen, werden eher gutes Personal finden und im Wettbewerb entsprechende Vorteile besitzen.

5   Elf Erfolgsfaktoren: Check »Guter Mittelstand: Erfolg ist kein Zufall«

Vor allem für kleine Unternehmen ist es nicht leicht, sich den Herausforderungen des Wandels der Arbeit und des demografischen Wandels zu stellen. Einerseits ist es notwendig, sich mit Erfolg versprechenden Lösungsstrategien auseinanderzusetzen, um die Entwicklungen als Chance für das Unternehmen zu nutzen. Andererseits sind es gerade in kleineren Unternehmen die Inhaber selbst und ihre Führungskräfte, die sich im Hamsterrad des Alltagsgeschäfts befinden.

Um den kleinen und mittelständischen Unternehmen eine Hilfe an die Hand zu geben, hat die Offensive Mittelstand den Check »Guter Mittelstand: Erfolg ist kein Zufall« entwickelt. Der Check ist ein Qualitätsstandard, den die über 100 nationalen Partner der Offensive Mittelstand gemeinsam erarbeitet haben.

Durch die Anwendung des Checks »Guter Mittelstand: Erfolg ist kein Zufall« können der Wandel der Arbeit und der demografische Wandel als Chance genutzt werden. Der Check hilft vor allem, Beschäftigte zu motivieren und sie an das Unternehmen zu binden. Er unterstützt Unternehmen, die Herausforderungen, vor denen sie stehen, aktiv anzugehen und zu meistern. Außerdem fasst er die Erfahrungen guter und erfolgreicher Unternehmen sowie die Erkenntnisse wissenschaftlicher Forschung zusammen.

Mit dem Check können vor allem kleine Unternehmen effektiv die wesentlichen Aspekte einer präventiven Arbeitsgestaltung und Organisation überprüfen. Aber auch größere Unternehmen finden in dem Check Anregungen und Ideen, ebenso ist er daneben auch als Werkzeug für die Berater von Mittelständlern geeignet.

Der Check konzentriert sich auf elf Erfolgsfaktoren (siehe Abbildung 6).

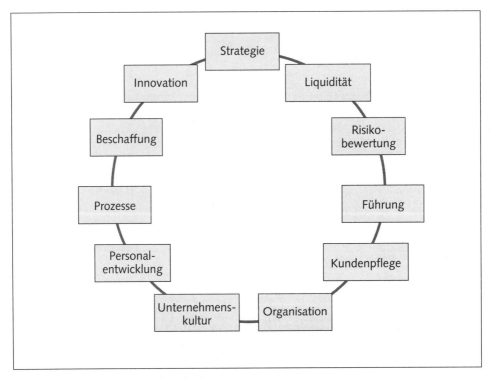

Abb. 6: Die elf Erfolgsfaktoren des Checks

Diese elf Erfolgsfaktoren werden in dieser Publikation eingehend behandelt.

Im Check »Guter Mittelstand: Erfolg ist kein Zufall« wird jedes Thema übersichtlich auf zwei DIN A4-Seiten dargestellt. Zu jedem Thema finden sich vier bis sechs Checkpunkte, anhand derer sich die aktuelle Situation des Unternehmens beurteilen lässt. Bei den einzelnen Punkten wird erläutert, wie erfolgreiche Unternehmen diese Themen umsetzen.

Der Leser geht die einzelnen Checkpunkte für sein Unternehmen durch und überlegt, ob und wie die angesprochenen Aspekte im eigenen Unternehmen umgesetzt werden. Jeweils rechts neben den Checkpunkten findet sich eine Skala von grün (zurzeit kein Handlungsbedarf) über gelb (nachrangig angehen) bis rot (vorrangig angehen), auf der der eigene Handlungsbedarf angekreuzt wird.

Der Check kann wie ein Werkzeugkasten genutzt werden, um einzelne Themen zu bearbeiten oder um alle Themen durchzugehen (Dauer ca. 30 bis 90 Minuten). Danach weiß der Unternehmer, wie der Betrieb in den einzelnen Bereichen dasteht und wo Verbesserungen möglich sind. Anschließend werden im Maßnahmenplan die wichtigsten zehn Schritte festgelegt, die im Unternehmen umzusetzen sind. Hierzu überlegt sich der Unternehmer für die rot und gelb angekreuzten Checkpunkte entsprechende Maßnahmen. Im nächsten Schritt werden die einzelnen Maßnahmen priorisiert und die Verantwortlichkeiten zugewiesen. Des Weiteren wird festgelegt, wann mit der Maßnahme begonnen und wann ihre Umsetzung kontrolliert wird.

Eine umfassende Selbstbewertung wurde vorgenommen, wenn alle elf Themen und alle Checkpunkte komplett bearbeitet wurden, zehn Maßnahmen im Maßnahmenplan aufgenommen und die verantwortlichen Personen, die Zeit und Kontrolle festgelegt wurden. Anschließend kann die Selbsterklärung ausgefüllt und ggf. im Betrieb ausgehängt werden. Damit dokumentiert der Unternehmer, dass er mit dem Check eine gründliche Überprüfung der Arbeits- und Organisationsgestaltung im Unternehmen vorgenommen hat. Darüber hinaus hat das Unternehmen die Möglichkeit, sich auf der Homepage der Offensive Mittelstand in der Datenbank Gute-Unternehmen.de listen zu lassen. Dazu schickt das Unternehmen die Selbstbewertung und Selbsterklärung an die Geschäftsstelle der Offensive Mittelstand. Um in dieser Datenbank zu bleiben, ist die Selbstbewertung alle zwei Jahre zu wiederholen.

6 Literatur

Brödner, P./Knuth, M. (Hrsg.): Nachhaltige Arbeitsgestaltung – Trendreports zur Entwicklung und Nutzung von Humanressourcen, München und Meringen 2002.

Cernavin, O./Thießen, F.: Von der Industrie- zur Wissensökonomie – Arbeit und Arbeitsorganisation im Zeitalter der Wissensgesellschaft. in: Moldaschl, M. F./Thießen, F. (Hrsg.): Neue Ökonomie der Arbeit, Marburg 2004, S. 175–198.

Dostal, W./Parmentier, K./Plicht, H./Rauch, A./Schreyer. F.: Wandel der Erwerbsarbeit: Qualifikationsverwertung in sich verändernden Arbeitsstrukturen, Nürnberg IAB-Beiträge zur Arbeitsmarkt- und Berufsforschung – Beitrag Nr. 246, Nürnberg 2001.

Drucker, P. F.: Kardinaltugenden effektiver Führung, München 2004.

Hall, A.: Tätigkeiten und berufliche Anforderungen in wissensintensiven Berufen – Empirische Befunde auf Basis der BIBB/BAuA-Erwerbstätigenbefragung 2006. Hrsg.: Bundesinstitut für Berufsbildung (BIBB), Bonn 2007.

Siefer, A./Beermann, B.: Grundauswertung der BIBB/BAuA-Erwerbstätigenbefragung 2005/2006, Dortmund 2010.

Teil A
Unternehmensführung –
die elf Erfolgsfaktoren

Strategie

Oleg Cernavin*

1 Worum geht es beim Thema Strategie?
2 Was bringt meinem Unternehmen eine klare Strategie?
3 Wie kann mein Unternehmen eine erfolgreiche Strategie entwickeln?
4 Die fünf wichtigsten Tipps für eine erfolgreiche Strategie
5 Literatur
6 Checkauszug Strategie
7 Umsetzungshilfe

* Oleg Cernavin, geschäftsführender Gesellschafter der BC GmbH Forschung, Wiesbaden und stellvertretender Vorsitzender der Offensive Mittelstand – Gut für Deutschland.

1   Worum geht es beim Thema Strategie?

Kleine Unternehmen werden oft aus einem Bauchgefühl heraus geführt. Unternehmer hangeln sich von Auftrag zu Auftrag und irgendwie geht es immer gut. Oft basiert das Bauchgefühl des Unternehmers auf Erfahrung und Intuition, und die Firma kann sich recht und schlecht am Markt halten. Zunehmend aber wird deutlich, dass Bauchgefühl nicht ausreicht, um erfolgreich am Markt agieren zu können. Gründe dafür sind der Wandel der Arbeit, der demografische Wandel und die damit verbundene drastische Zunahme von Markt- und Zeitdruck. Überleben wird nur, wer alle Ressourcen systematisch nutzt und einsetzt. Mittelständische Unternehmen benötigen deswegen klare Vorstellungen, wie man erfolgreich überleben und offensiv am Markt agieren kann. Diese Vorstellungen nennt man auch Strategie.

Eine Strategie ist ein »Muster«, das einem Unternehmen und den in ihm arbeitenden Menschen bei allen Entscheidungen die Orientierung gibt:

Das ist unser spezifischer Weg, das wollen wir, und das macht uns erfolgreich.

Die Strategie bündelt das vorhandene Wissen der Organisation, die vorhandenen Kompetenzen und Fähigkeiten der Menschen sowie alle Ressourcen und richtet sie auf einen unternehmensspezifischen Weg aus.

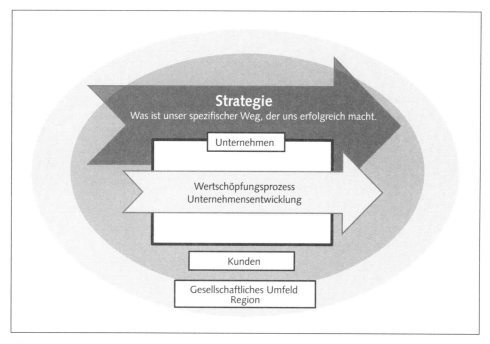

Abb. 1: Strategie

Bei einer Strategie für ein Unternehmen geht es um zwei wesentliche Aspekte:
1. Sie beschreibt die Produkte und Leistungen, mit denen es in einem Kundenumfeld erfolgreich sein kann. Dies ist die Strategie nach außen.
2. Sie beschreibt die Wege, wie die festgelegten Produkte und Leistungen innerhalb des Unternehmens möglichst wirkungsvoll und effektiv umgesetzt werden können – die Strategie nach innen.

Beide Aspekte gehören zusammen und können aufgrund von Abhängigkeiten nicht voneinander getrennt entwickelt werden.

In der **Strategie nach außen** beschreibt das Unternehmen zunächst seinen spezifischen Zweck und sein Ziel für einen speziellen Kundenkreis. Welche Produkte und welche Leistungen können wir für welche Kunden Erfolg versprechend anbieten? Da eine Strategie bewusst und systematisch erarbeitet und formuliert wird, hilft sie, die »Bauchgefühl«-Steuerung des Unternehmens durch den Unternehmer zu überwinden.

Zur Strategie nach außen gehört die Beantwortung von vier wesentlichen Fragen:
- Was sind unsere spezifischen Stärken, die uns von Konkurrenten unterscheiden? – eigene Stärken
- Was bieten wir, welchen Kunden? – Geschäftsfelder (Produkte/Leistungen und Kunden)
- Wie wollen wir den Wettbewerb bestreiten? – Wettbewerb
- Wo wollen wir mit unserem Unternehmen hin? – Zukunft

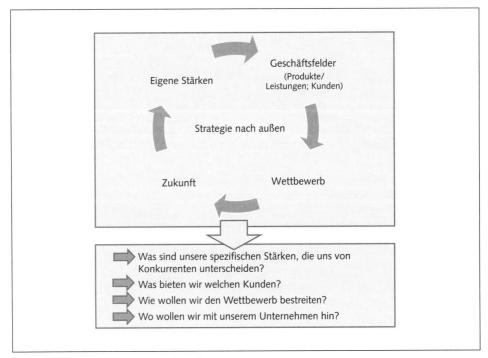

Abb. 2: Elemente der Strategie nach außen

Die **Strategie nach innen** beschreibt, wie die identifizierten Produkte und Leistungen für die Kundengruppe am wirkungsvollsten im Unternehmen selbst realisiert werden können. Die Strategie nach innen bündelt und orientiert alle Entscheidungen auf die für die Entwicklung der Produkte und Leistungen wesentlichen Prozesse. Dies erfordert, klare Vorstellungen darüber zu entwickeln, wie alle Ressourcen auf das eigentliche Unternehmensziel auszurichten sind. Auch dazu benötigt ein Unternehmen eine klare Strategie.

Zur Strategie nach innen gehört die Beantwortung von drei wesentlichen Fragen:

*   Was müssen wir intern tun, um unsere spezifischen Stärken ins Spiel zu bringen? (Kernkompetenzen fördern)
*   Wie können wir alle internen Ressourcen auf die erfolgreiche Umsetzung unserer Strategie nach außen ausrichten? (Produktivität)
*   Besitzen wir auch in Zukunft noch die klugen Köpfe und geschickten Hände für unsere Strategie? (Zukünftige Handlungsfähigkeit)

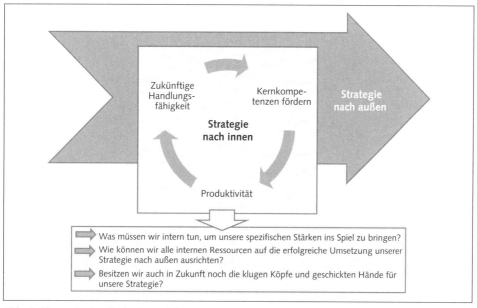

Abb. 3: Elemente der Strategie nach innen

Die Strategie eines Unternehmens bezieht sich auf seine Produkte und Leistungen, auf Wettbewerbsvorteile und auf die eigenen spezifischen Stärken, die zum Erbringen der Produkte und Leistungen erforderlich sind. Sie stellt eine inhaltliche Orientierung für die Lebensfähigkeit des Unternehmens dar und kann deswegen nicht lauten: Wir machen möglichst hohen Gewinn. Gewinn ist in der Regel Folge einer guten Strategie, aber weder eine Strategie an sich noch eine konkrete Entscheidungshilfe zur Gesundheit und Lebensfähigkeit des Unternehmens. Im Gegenteil kann noch Gewinn erzielt werden, wenn das Unternehmen schon krank und kaum mehr konkurrenzfähig ist.

> **Strategie**
> Die Strategie eines Unternehmens ist ein »Muster« und eine Orientierung für alle seine Entscheidungen und die in ihm arbeitenden Menschen. Eine Strategie gibt Orientierungen für Wettbewerbsvorteile (Strategie nach außen) und für die Art, wie im Unternehmen die Wettbewerbsvorteile genutzt werden können (Strategie nach innen).

2   Was bringt meinem Unternehmen eine klare Strategie?

Eine klare Strategie führt das Unternehmen aus dem Zufallsprinzip des Handelns heraus. Sie beantwortet die Frage: »Was müssen wir jetzt entscheiden und tun, um langfristig im Geschäft zu bleiben?« Die Strategie fokussiert alle Entscheidungen auf diejenigen Faktoren, die Erfolg versprechend sind.

Eine klare Strategie nach außen und innen hat für das Unternehmen folgende Nutzen:
- Sie macht die Einzigartigkeit des Unternehmens sichtbar und stärkt damit seine Identität.
- Sie gibt dem Unternehmen eine klare Zielsetzung.
- Sie orientiert alle Entscheidungen an den Wettbewerbsvorteilen.
- Sie sichert die Ertragslage des Unternehmens.
- Sie eröffnet dem Unternehmen die Zukunftsfähigkeit.

Diese Nutzenbereiche werden im Folgenden genauer erläutert.

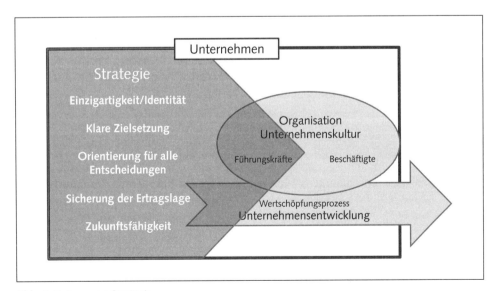

Abb. 4: Nutzen von Strategie

Die Strategie macht die Einzigartigkeit des Unternehmens sichtbar und stärkt damit seine Identität

Die Strategie beschreibt die Produkte und Leistungen des Unternehmens und wie diese erfolgreich umgesetzt werden können. Sie definiert damit, wie sich der Betrieb von anderen unterscheidet, wo er dem Kunden Vorteile bietet und warum er einzigartig ist. Damit definiert die Strategie, welche konkreten Handlungsmöglichkeiten das Unternehmen aus der fast unbegrenzten Anzahl der alternativen Entscheidungen als erfolgreichen Weg auswählt. So reduziert die Strategie Komplexität und schließt zufällige Entscheidungen und Handlungen eher aus.

Die Beliebigkeit, alles irgendwie machen zu wollen, wird eliminiert, was zur Identität des Unternehmens beiträgt: »Wir erstellen dieses Produkt/diese Leistung, und wir machen es so, und kein anderer macht es so gut wie wir.« Eine Identität erleichtert es Menschen sich zu identifizieren. Sie gibt Halt (Wir-Gefühl) und bietet einen konkreten Sinn.

Ein Unternehmen benötigt einen eigenen Sinn

In einem Unternehmen agieren Menschen miteinander, mit dem Ziel, einen Wertschöpfungsprozess möglichst erfolgreich zu gestalten. Kein Produkt wird erstellt und keine Dienstleistung erbracht, wenn nicht Menschen gemeinsam tätig sind und miteinander kommunizieren. Ein Unternehmen ist also ein soziales System. Die Menschen sind umso mehr daran gebunden, je mehr Sinn sie für sich in dem Mitwirken in diesem System sehen. Sinn aktiviert die Menschen. Strategien beschreiben einen großen Teil des Sinns eines Unternehmens: Was machen wir wie und was wollen wir gemeinsam erreichen?

Die Strategie gibt dem Unternehmen eine klare Zielsetzung

Die Strategie orientiert die Entscheidungen auf die zentralen Ziele eines Unternehmens. Sie beschreibt, in welchen Produkten und Leistungen, in welchen Kundengruppen und Marktsegmenten und wie die Firma überleben und sich entwickeln kann. Die Strategie ist somit wesentlicher Bestandteil der Zielsetzung eines Unternehmens. Diese wiederum ist wichtig, um die Energie aller Beschäftigten auf ein gemeinsames Ziel hin zu bündeln.

Die Strategie richtet alle Entscheidungen auf die Wettbewerbsvorteile aus

Die Strategie nimmt den Entscheidungen die Beliebigkeit. Sie orientiert alle Entscheidungen auf die Wettbewerbsvorteile des Unternehmens und ist ein Muster für alle Beschäftigten, das ihnen deutlich macht, wir realisieren diese Produkte und Leistungen für die festgelegten Kundengruppen und wir tun dies auf diese Art, weil wir dadurch Wettbewerbsvorteile erzielen.

Die Strategie sichert die Ertragslage des Unternehmens

Eine Strategie ist der einzige Weg, wie die Ertragslage eines Unternehmens auf Dauer durch alle beeinflussbaren Faktoren gesichert werden kann. Wer nur aus dem Bauch heraus handelt und sich von Auftrag zu Auftrag hangelt, mag zwar mitunter einen Treffer landen, aber systematischer Erfolg ist so nicht zu erzielen. Nachhaltiger Erfolg verlangt eine systematische Betrachtung und Reflektion der eigenen Stärken und Schwächen, der spezifischen Produkte und Leistungen, der Kundenbedarfe und Kundengruppen, der Art, wie der Wettbewerb zu führen ist, und wie die Stärken ins Spiel gebracht werden können. Nur so kann der Ertrag langfristig sichergestellt werden. Ertrag kann nur erzielen, wer seine Vorteile systematisch plant und nutzt. Übrigens: Auch Glück und positive Zufälle wird derjenige viel eher erfahren, der versucht, alles zu beeinflussen, was in seiner Macht steht.

Die Strategie eröffnet dem Unternehmen die Zukunftsfähigkeit

Eine Strategie beschreibt mit hoher Verlässlichkeit, wie die Zukunft des Unternehmens gesichert werden kann. Sie versucht, alle bekannten und alle zur Verfügung stehenden Informationen für die zukünftige Gestaltung systematisch zu nutzen. Zufälle und Entwicklungen, die nicht beeinflussbar sind, lassen sich deswegen nicht ausschließen. Aber auch nicht vorhersehbare Entwicklungen lassen sich mit einer klaren Strategie besser beherrschen. Wer eine Strategie, ein Handlungsmuster und systematische Vorstellungen über die eigenen Stärken besitzt, kann durch Anpassung der Strategie viel schneller und direkter auf Überraschungen reagieren, als wenn er erst beim Punkt Null mit dem planmäßigen Gedanken über die Zukunft und die Handlungsmöglichkeiten beginnt. Eine gute Strategie ist also für ein Unternehmen der einzige Weg zukunftsfähig zu sein – gerade angesichts der immer größer werdenden Unwägbarkeiten der Märkte.

3   Wie kann mein Unternehmen eine erfolgreiche Strategie entwickeln?

Strategien können auf unterschiedliche Art und Weise für das Unternehmen entwickelt werden. Man kann sich an Lehrbücher halten, die differenzierte Methoden der Strategieentwicklung anbieten, Instrumente zur Strategieentwicklung nutzen oder sich mit den Mitarbeitern an einem Freitagmittag einmal zusammensetzen und damit beginnen, systematisch über die eigene Unternehmensstrategie nachzudenken.

Das Problem bei den differenzierten Lehrbuchmodellen besteht darin, dass man die für das eigene Unternehmen wesentlichen Aspekte einer Strategie aus dem Auge verliert. Der Vorteil ist, dass systematisch alle Gesichtspunkte beschrieben werden. Schwierig am Freitagsmittagsgespräch über die Strategie ist, dass einige Punkte nur oberflächlich betrachtet werden, hingegen ist der Vorteil, dass es schnell geht und man konkret beginnt, über die Unternehmensstrategie nachzudenken.

Alles ist hilfreich, was tatsächlich zu einem konkreten Ergebnis und zu einer zielführenden Strategie beiträgt. Entscheidend ist, dass die Entwicklung einer Strategie nicht zu einer endlosen Geschichte wird, denn diese Gefahr lauert bei Strategiedebatten. Konzentration auf das Wesentliche sollte die Richtschnur für die Strategieentwicklung im Unternehmen sein. Im Folgenden finden sich einige Hinweise, die helfen, sich auf die wesentlichen Punkte bei der Strategieentwicklung zu konzentrieren.

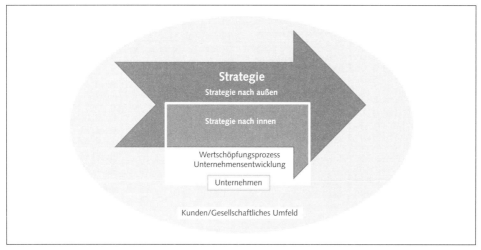

Abb. 5: Strategie nach innen und außen

Für die Strategie nach außen sind Antworten auf folgende Fragen entscheidend:
- Was sind unsere spezifischen Stärken, die uns von Konkurrenten unterscheiden? (Eigene Stärken)
- Was bieten wir, welchen Kunden? (Geschäftsfelder)
- Wie wollen wir den Wettbewerb bestreiten? (Wettbewerb)
- Wo wollen wir mit unserem Unternehmen hin? (Zukunft)

Die Strategie nach innen orientiert sich an Antworten auf die Fragen:
- Was müssen wir intern tun, um unsere spezifischen Stärken ins Spiel zu bringen? (Kernkompetenzen fördern)
- Wie können wir alle internen Ressourcen auf die erfolgreiche Umsetzung unserer Strategie nach außen ausrichten? (Produktivität)
- Besitzen wir auch in Zukunft noch die klugen Köpfe und geschickten Hände für unsere Strategie? (Zukünftige Handlungsfähigkeit)
- Was machen wir, um uns in unserem gesellschaftlichen Umfeld zu positionieren? (Verankerung im Umfeld)

Beide Strategiebereiche werden im Folgenden genauer beschrieben.

Strategie nach außen

Grundlegend für jedes Unternehmen ist zunächst einmal festzulegen, wie es sich in der Gesellschaft und beim Kunden positionieren und etablieren will. Dies geschieht über die Strategie nach außen, die die Lebensfähigkeit des Unternehmens auch in der Zukunft sicherstellen soll.

> *Was sind unsere spezifischen Stärken, die uns von Konkurrenten unterscheiden? (Eigene Stärken)*

Bei der Frage, welche Produkte und Leistungen besonders Erfolg versprechend sein können, ist zu klären, was das Unternehmen besonders gut kann, worin also seine Stärken liegen. Die spezifische Stärke des Unternehmens sollte auch den Unterschied der Angebote zu Konkurrenten sichtbar machen. Ein Unternehmen wird längerfristig nur erfolgreich sein, wenn es sich von der Konkurrenz unterscheidet.

Ein Kunde wird nur dann ein Produkt oder eine Leistung des Unternehmens wählen, wenn das Angebot einen Vorteil und einen Unterschied zur Konkurrenz besitzt. Unterscheidet sich nichts von den Angeboten der Konkurrenz, gibt es keinen zwingenden Grund für den Interessenten, die Offerte zu nutzen.

Eine wesentliche Frage, um eine Strategie im Unternehmen zu entwickeln, lautet also: Was sind unsere spezifischen Stärken, die uns von der Konkurrenz unterscheiden? Bei der Beantwortung ist zum einen von den speziellen Kompetenzen der vorhandenen Beschäftigten auszugehen. Gleichzeitig macht diese Überlegung aber auch deutlich, welche Kompetenzen eventuell noch zusätzlich hinzugezogen werden müssen – sei es durch neue Personen oder durch Kooperationen mit anderen Anbietern. Die spezifische Stärke eines Unternehmens setzt sich immer aus der Kombination aller Kompetenzen im Unternehmen zusammen.

Die amerikanischen Wirtschaftswissenschaftler Hamel und Prahalad haben für die Kompetenzen, die ein Unternehmen von anderen unterscheidet, den Begriff **Kernkompetenzen** geprägt. Für sie ist der Wettbewerb um Kompetenzen als Wettbewerb zwischen Unternehmen zu betrachten. Die Kernkompetenzen eines Unternehmens entscheiden den Wettbewerb. Die Entwicklungen der Wissensökonomie haben dies auch für kleine Unternehmen vielfach bestätigt. Strategisch gilt es, das Augenmerk zunächst auf diejenigen Kernkompetenzen zu legen, die für den langfristigen Wettbewerbserfolg des Unternehmens von zentraler Bedeutung sind.

Die Kernkompetenz eines Unternehmens, die den Unterschied zu anderen beschreibt, muss drei Voraussetzungen erfüllen:

- **Kundennutzen**: Eine Kernkompetenz ist die Fähigkeit, die es einem Unternehmen ermöglicht, seinen Kunden einen wesentlichen Nutzen anzubieten. Diese Kompetenz besitzt für den Kunden einen besonderen Wert.
- **Abhebung von der Konkurrenz**: Eine Kernkompetenz ist eine Fähigkeit, die im Wettbewerb möglichst einzigartig ist.
- **Ausbaufähigkeit**: Eine Kernkompetenz ermöglicht die Entwicklung von neuen Produkten und Dienstleistungen, die das Unternehmen in Zukunft absichern können.

Die Identifizierung von Kernkompetenzen hilft festzustellen, welche spezifischen und einzigartigen Stärken das Unternehmen besitzt. Erst mit diesem Wissen können spezielle Produkte und Leistungen angeboten werden, die den Unterschied zu den Konkurrenten ausmachen und so einen Wettbewerbsvorteil ermöglichen.

Bei den Überlegungen zu den spezifischen Stärken und Kernkompetenzen sind folgende Fragestellungen hilfreich:

- Was sind unsere Kompetenzen, die einen besonderen Nutzen für den Kunden besitzen?
- Was sind unsere Kompetenzen, die uns von der Konkurrenz abheben?
- Was sind unsere Kompetenzen, die es uns ermöglichen, neue Produkte und Dienstleistungen zu entwickeln, die das Unternehmen in Zukunft absichern können?
- Was sind unsere Stärken gegenüber der Konkurrenz?
- Was sind unsere Schwächen gegenüber der Konkurrenz?
- Welche unserer Produkte und Leistungen bieten unseren Kunden einen besonderen Vorteil?
- Wie können unsere Produkte und Leistungen einen größeren Vorteil und einen höheren Nutzen bieten als die Angebote unserer Konkurrenz?
- Welche Kernkompetenzen wollen wir im Unternehmen abdecken?
- Ist es erforderlich, weitere Kooperationspartner hinzuzuziehen, um spezifische Entwicklungsbereiche dieser Produkte und Leistungen wirtschaftlicher abdecken zu können (günstiger als wir es selber tun könnten und ohne wesentliche Kernkompetenzen nach außen zu vergeben)?

Was bieten wir welchen Kunden? (Geschäftsfelder)

Eine zweite wesentliche Frage für die Strategie nach außen ist, welche Produkte und Leistungen das Unternehmen auf Grundlage seiner spezifischen Stärken realisieren soll. In welchen Geschäftsfeldern soll das Unternehmen tätig werden? Eng damit verbunden ist die Frage, welche Kunden in erster Linie interessant sind und vor allem erreicht werden sollen. Dies scheint banal und selbstverständlich. Tatsächlich machen es sich aber gerade viele kleine Unternehmen selbst schwer, weil sie diese scheinbaren Banalitäten nicht klar reflektieren und entsprechend handeln.

Wer systematisch und gezielt alle seine Ressourcen nutzen will, sollte sehr genau definieren, welche Produkte und Leistungen er aufgrund der spezifischen Stärken der im Unternehmen vorhandenen Kompetenzen anbieten will. Die »Wir können alles«-Mentalität ist für ein nachhaltiges Geschäft in der Regel nicht zielführend. »Wir können alles« bedeutet für den Kunden keinen spezifischen Vorteil. Außer, es kann tatsächlich überzeugend dargestellt werden, dass es gerade die Besonderheit des Unternehmens ist »alles zu können« – zum Beispiel durch Kooperationen mit anderen. Aber dann muss auch dies besonders herausgestellt und bewusst angeboten werden.

Jedes Unternehmen sollte also sehr genau benennen können, welche Produkte und Leistungen es im Unterschied zu Konkurrenten mit welchem besonderen Nutzen für den Kunden anbieten kann. Der **Unterschied zur Konkurrenz** kann zum Beispiel sein:

- ein besonders **günstiger Preis**, weil man besonders effektiv und produktiv arbeitet,
- eine **besondere Qualität** der Angebote, die dem Kunden einen besonderen Vorteil bietet, zum Beispiel Vorteile wie Wirtschaftlichkeit, Nachhaltigkeit, hohe Nutzenqualität

und Gebrauchstauglichkeit, Individualität und Exklusivität, Sicherheit und Gesundheit, gesellschaftliche Fairness,
- ein **spezifisches Angebot**, das wegen der speziellen Fähigkeiten, die für das Produkt oder die Leistung erforderlich sind, kein anderer Anbieter so realisieren kann – zum Beispiel besondere Arbeitsverfahren, zusätzliche Dienstleistungen, spezielle Arbeitsstoffe, Nischenprodukte, Angebot aus einer Hand durch gezielte Kooperation.

Aus dieser Fragestellung wird auch deutlich, dass kein Unternehmen allen Kunden spezifische Vorteile anbieten kann. Es ist also für eine erfolgreiche Strategie auch erforderlich, sich genau Gedanken darüber zu machen, für welche Zielgruppe die Angebote besonders geeignet sind, und welchen besonderen Nutzen sie davon hat. Die Eingrenzung und konkrete Benennung der Kundengruppen ist auch hilfreich, um zielgerichtet und wirkungsvoll Kunden ansprechen und erreichen zu können. Das Gießkannen-Prinzip in der Kundenansprache mag vielleicht auch Vorteile haben, leidet aber in der Regel unter hohen Streuverlusten. Eine strategisch orientierte Ansprache der Kern-Kundengruppen verspricht einen höheren Wirkungsgrad.

Bei den Überlegungen zu den spezifischen Produkten und Leistungen und zu den spezifischen Kundengruppen sind folgende Fragen hilfreich:
- Welche Produkte und Leistungen entsprechen unseren Kernkompetenzen?
- Welchen Kundengruppen bieten wir mit unseren Produkten und Leistungen einen besonderen Vorteil?
- Welche unserer Produkte und Leistungen rechnen sich besonders gut?
- Welche unserer Produkte und Leistungen sichern zukünftig unser Geschäft ab? (Auch wenn sie momentan vielleicht noch weniger lukrativ sind.)
- Welche Strategie haben wir bei welchen Produkten und Leistungen? (Günstiger Preis, besondere Qualität, spezielles Angebot/Nischenangebot)
- Welche Produkt- und Leistungsstrategie haben wir bei welchen Kundengruppen? (Günstiger Preis, besondere Qualität, spezielles Angebot/Nischenangebot)

Wie wollen wir den Wettbewerb bestreiten? (Wettbewerb)

Sind die eigenen Kernkompetenzen und Stärken sowie die sich daraus ergebenen Geschäftsfelder identifiziert, ist festzulegen, wie der Wettbewerb bestritten werden soll. Welche Strategie hat das Unternehmen für den Wettbewerb? Es gibt immer zahllose Möglichkeiten, sich am Markt zu positionieren. Deswegen ist zu überlegen, welches die wirkungsvollste Art ist, dies zu tun. Mit welcher **Wettbewerbsstrategie** können die Produkte und Leistungen den Kundengruppen am erfolgreichsten angeboten werden?

Zu klären sind Fragen wie zum Beispiel:
- Was sind die zentralen Aussagen der Angebote (zum Beispiel Qualität, Wirtschaftlichkeit, Innovation, Kundennutzen)?
- Welche Angebotspolitik betreiben wir (zum Beispiel aggressiv, defensiv, kooperativ gegenüber Konkurrenten)?
- Welche Preisgestaltung (zum Beispiel Preishöhe, Kampfpreise, Sonderangebote, Rabatte, Zahlungsbedingungen) ist erfolgreich und wirtschaftlich?
- Welche Vertriebswege (zum Beispiel Kooperationen, Handelspartner, Direktansprache) sind sinnvoll?

- Wie kann die Besonderheit des Unternehmens (zum Beispiel besondere Leistungen, Qualität, Nutzen für den Kunden, Unterschiede zur Konkurrenz) dargestellt werden?
- Wie kann der Kunde am wirkungsvollsten erreicht werden (zum Beispiel durch Print, Anzeigen, Internet, Web 2.0, persönliche Ansprache, Messen, Presse, Aktionen in der **Region**, Sponsoring, ehrenamtliche Tätigkeit)?

Wo wollen wir mit unserem Unternehmen hin? (Zukunft)

Ein vierter wesentlicher Aspekt der Strategie nach außen besteht darin, dass sie Auskunft gibt, wo das Unternehmen hin will (Zeitdimension). Die Zukunft bietet immer alle denkbaren Möglichkeiten der Entwicklung. Eine entscheidende Frage für ein Unternehmen ist: Treiben wir der Zukunft ohne Plan entgegen oder hat das Unternehmen konkrete Vorstellungen, was es erreichen will? Natürlich kann niemand die Zukunft vorherbestimmen und die Vielzahl der zukünftigen Entwicklungen können auch nie vorhergesehen und geplant werden.

Eine Strategie ist ohne diese in die Zukunft projizierten Vorstellungen und Ziele aber gar nicht denkbar. Sie kann immer nur Zielsetzungen und Orientierungen beschreiben, die in Zukunft umgesetzt werden sollen. Strategie bedeutet also immer Handlungsorientierung für die Zukunft. Sie reduziert bewusst und systematisch aus allen denkbaren Handlungsmöglichkeiten diejenigen, von denen das Unternehmen meint, dass es die erfolgreichsten sein müssten.

Insofern sollte eine Strategie immer auch auf Grundlage der spezifischen Stärken des Unternehmens und der spezifischen Produkte und Leistungen für die Kundengruppen konkrete Vorstellungen entwickeln, welche Ziele das Unternehmen zukünftig erreichen will. Hinsichtlich dieses Zukunftsaspekts wird auch deutlich:

- Eine Strategie muss **ständig angepasst und weiterentwickelt** werden. Sie ist ein Handlungsmuster in einem permanent sich verändernden Fluss an Entwicklungen und Handlungsmöglichkeiten; das Handlungsmuster ist nur erfolgreich, wenn es kontinuierlich überprüft, angepasst und verbessert wird.
- Eine Strategie **kann scheitern**. Eine Strategie führt nicht per se zum Erfolg. Aber nur mit einer Strategie kann ein Unternehmen die zunehmende Komplexität der zukünftigen Möglichkeiten erfolgreich bewältigen.

Um die Zukunftsfähigkeit einer Strategie abzusichern sind folgende Fragen hilfreich:
- Welche aktuellen Trends und Entwicklungen gibt es in unserem Geschäftsbereich (zum Beispiel neue Konzepte, Modelle, Ökologie, Arbeitsverfahren, Technologien, Arbeitsstoffe)?
- Sind diese Trends und Entwicklungen nachhaltig oder nur Moderscheinungen?
- Haben diese Trends Auswirkungen auf unsere bestehenden Produkte und Leistungen?
- Bieten sie Möglichkeiten, auf Grundlage unserer Kernkompetenzen neue oder abgewandelte Produkte und Leistungen zu entwickeln?
- Welche Maßnahmen nutzen wir, um neue Entwicklungen zu erkennen (zum Beispiel Fachinformationen abonnieren, Chats und Foren, Kongresse und Messen besuchen)?
- Welche Maßnahmen nutzen wir, um neue Interessen und Bedarfe bei unseren Kunden erkennen zu können (zum Beispiel Kundengespräche, Chats und Foren, Kundenbefragungen?)

- Welche Auswirkungen haben die Erkenntnisse über Trends und Entwicklungen für die Anpassung und Weiterentwicklung unserer Strategie (zum Beispiel Weiterentwicklung der Kernkompetenzen, neue Produkte und Leistungen, modifizierte Kundengruppen, Veränderung der Wettbewerbsstrategie)?

Strategie nach innen

Die Strategie nach außen kann nur erfolgreich umgesetzt werden, wenn alle Ressourcen innerhalb des Unternehmens auf ihre Umsetzung ausgerichtet sind. Die Strategie nach außen basiert auf einer Strategie nach innen.

Was müssen wir intern tun, um unsere spezifischen Stärken einzubringen?
(Kernkompetenzen fördern)

Das Unternehmen kann nur dann seine spezifischen Stärken einbringen, wenn:
- die notwendigen **Kernkompetenzen** für die Strategie nach außen auch im Unternehmen vorhanden sind und **gefördert** werden,
- **alle Beteiligten die Strategie kennen** und wissen, was von ihnen erwartet wird.

Der Unternehmer sollte darauf achten, dass die für die Unternehmensstrategie erforderlichen Kernkompetenzen auch vorhanden sind. Das bedeutet, dass ein Betrieb die Kompetenzen der Beschäftigten gezielt fördern und entwickeln sollte, um möglichst wirkungsvoll die spezifischen Stärken einzusetzen. Diese gezielte Entwicklung von Kompetenzen in enger Verbindung mit der Strategie wird gerade von kleinen Firmen oft nicht praktiziert. Selbst Unternehmen, die ihre Strategie nach außen systematisch entwickelt haben, versäumen es, die definierten Kernkompetenzen im eigenen Betrieb dann auch gezielt zu entwickeln und zu fördern. Da es heute für kleine Unternehmen oft schwierig ist, Fachkräfte zu finden und gezielt einzustellen, sind sie gut beraten, die Kernkompetenzen bei den Beschäftigten zu fördern.

Genauso wichtig ist es, dass alle Beschäftigten die Strategie nach außen kennen, und dass sie wissen, was von ihnen erwartet wird. Eine Strategie, die nicht bekannt ist, kann weder ein Muster noch eine Orientierung für die alltäglichen Entscheidungen der Beschäftigten sein. Dies kann über Mitarbeiter-, Zielvereinbarungsgespräche, Firmeninformationen oder Betriebsversammlungen geschehen. Dieses Wissen kann aber auch in Leitsätzen oder -linien vermittelt werden, wobei diese Form oft als formale und leblose Willensbekundung an der Wand hängen bleibt. Trotzdem kann der Prozess der gemeinsamen Erarbeitung von Leitsätzen oder -linien ein wichtiger Lernprozess für alle Beteiligten sein und eine gute Grundlage für eine lebendige Umsetzung der Strategie nach außen sein.

Die Beschäftigten sollten bei der Überlegung, wie die Strategie nach außen möglichst wirkungsvoll im Unternehmen selbst umgesetzt werden kann, beteiligt sein. Dies trägt dazu bei, dass die Beschäftigten die Strategie nach innen auch motiviert umsetzen und sie zu ihrer Sache machen.

Bei der internen Förderung der spezifischen Stärken sind folgende Fragen hilfreich:

- Wie wird den Beschäftigten die Einzigartigkeit der spezifischen Stärken des Unternehmens vermittelt?
- Mit welchen Maßnahmen werden die Beschäftigten gefördert, damit sie die Kernkompetenzen des Unternehmens ausfüllen und stärken können?
- Welche Maßnahmen gibt es, um gemeinsam im Unternehmen die Kernkompetenzen zu entwickeln?
- Hatten die Beschäftigten die Möglichkeit, bei der Entwicklung der Strategie nach außen ihre Erfahrungen und Vorstellungen einzubringen?
- Wie wird den Beschäftigten die Strategie nach außen vermittelt?
- Gibt es ein Leitbild oder Leitlinien, in denen die Unternehmensziele und die Strategie konkret beschrieben sind?
- Wie haben die Beschäftigten an der Entwicklung des Leitbilds oder der Leitlinien mitgearbeitet?
- Welche weiteren Informationswege gibt es, um die Beschäftigten über Ziele des Unternehmens und die Strategie zu informieren?
- Welche Möglichkeiten haben die Beschäftigten, ihre Erfahrungen in der Umsetzung der Strategie nach außen festhalten und sie in die Weiterentwicklung der Strategie einbringen zu können?

Wie können wir alle internen Ressourcen auf die erfolgreiche Umsetzung unserer Strategie nach außen ausrichten? (Produktivität)

Eine zweite wesentliche Voraussetzung für eine erfolgreiche Umsetzung der Strategie nach außen besteht darin, dass alle Ressourcen innerhalb des Unternehmens darauf ausgerichtet sind. Es geht vor allem darum, die Strategie nach außen im Unternehmen selbst wirtschaftlich und produktiv umzusetzen, um auch in diesem Punkt Wettbewerbsvorteile zu erzielen. Hier sind vor allem Ziele festzulegen, auf die intern hingearbeitet und die Arbeit organisiert werden soll. Auch diese Ziele liefern wieder zielgerichtete Muster und Orientierungen für die Art der Arbeit im Unternehmen und sind Grundlage für die effektive Umsetzung der Strategie nach außen.

Zu diesen **internen Zielen und Strategien** können beispielsweise folgende Absichten gehören:
- kontinuierliche Verbesserung,
- qualitätsbewusst arbeiten,
- termingerecht arbeiten,
- kostenbewusst arbeiten,
- sicher und gesund arbeiten,
- möglichst wenige Fehler und Störungen zulassen,
- sich gegenseitig achten und helfen.

Diese Zielsetzungen sind intern dezidiert festgelegt oder – noch besser – mit den Beschäftigten vereinbart. Und sie sind allen bekannt, damit sie tatsächlich ein Muster und eine Orientierung für alle Mitarbeiter sind.

Bei der Entwicklung der internen Ziele und Strategien bieten folgende Fragen eine Orientierung (nur jeweils die zentralen und wesentlichen Ziele festlegen und beschreiben):

- Welche Ziele und welche Strategie haben wir für den Umgang mit unseren Kunden?
- Welche Ziele und Strategien gibt es für die Führungsqualität im Unternehmen, damit die Prozesse effektiv gesteuert und gestaltet werden?
- Welche Ziele und welche Strategie haben wir, um die Motivation und Produktivität der Beschäftigten wirkungsvoll zu fördern?
- Welche Ziele und welche Strategie haben wir, um das Leistungs- und Innovationspotenzial der Beschäftigten zu stärken?
- Welche Ziele und welche Strategie haben wir, um Schwachstellen, Fehler, Störungen und Beschwerden rechtzeitig zu erkennen und daraus die richtigen Schlüsse für Verbesserungen zu ziehen?
- In welcher Form werden die Erfahrungen und Kompetenzen der Beschäftigten bei der Entwicklung der internen Ziele und Strategien genutzt?
- Wie werden die Beschäftigten über die internen Ziele und Strategien informiert?
- Welche Möglichkeiten haben die Beschäftigten, ihre Erfahrungen in der Umsetzung der Ziele und der Strategie nach innen festzuhalten und sie in deren Weiterentwicklung einzubringen?

Besitzen wir auch in Zukunft noch die klugen Köpfe und geschickten Hände für unsere Strategie? (Zukünftige Handlungsfähigkeit)

Schließlich geht es darüber hinaus darum, Bedingungen sicherzustellen, unter denen das Unternehmen auch in der Zukunft in der Lage ist, Wettbewerbsvorteile zu erzielen. Voraussetzung dafür ist vor allem, dass zukünftig die Kernkompetenzen im Unternehmen vorhanden sind, die es erfolgreich machen. Dafür benötigt man vor allem kluge Köpfe und geschickte Hände. Durch den demografischen Wandel wird diese Anforderung aber gerade für kleine Betriebe immer schwieriger zu erfüllen sein. Insofern sollte sich jedes Unternehmen heute schon darauf einstellen, **die Kernkompetenzen auch morgen noch zu besitzen.** Dies ist **eine strategische Anforderung,** da auch hier wieder Muster und Orientierungen für das aktuelle und zukünftige Handeln notwendig sind.

Hierzu gehört zum Beispiel, konkrete Vorstellungen zu entwickeln, wie das Unternehmen den jetzigen und zukünftigen Bedarf an qualifizierten Beschäftigten sichern kann, um die Kernkompetenzen des Unternehmens auch in Zukunft einbringen zu können. Dazu gehören beispielsweise Maßnahmen wie

- gezielte Bindung qualifizierten Personals,
- Gestaltung altersgerechter Arbeitsplätze sowie Konzepte und Einsatzbereiche, um Erfahrungen und Kompetenzen älterer Beschäftigter nutzen zu können,
- Konzepte für Nachwuchswerbung.

Die folgenden Fragen helfen, eine Strategie zu finden um sicherzustellen, dass die spezifischen Stärken und Kernkompetenzen auch in Zukunft angeboten werden können:

- Beschäftigen wir auch in fünf bis zehn Jahren noch genügend Fachleute, die unsere Kernkompetenzen ausfüllen und umsetzen können?
- Wie sehen unsere Vorstellungen aus, um die qualifizierten Beschäftigten an das Unternehmen zu binden?

- Welche Vorstellungen haben wir davon, die Kompetenzen älterer Beschäftigter mit ihren besonderen Bedürfnissen für das Unternehmen nutzen zu können?
- Welche Strategien verfolgen wir, um jüngere Fachkräfte zu erreichen, anzusprechen und zu gewinnen?
- Was tun wir dafür, dass die spezifischen Stärken unseres Unternehmens in der Öffentlichkeit deutlich werden, und dass ein Bild eines guten und lebendigen Unternehmens entsteht, bei dem man gerne arbeiten möchte?

Was tun wir, um uns in unserem gesellschaftlichen Umfeld zu positionieren? (Verankerung im Umfeld)

Ein weiterer wesentlicher Baustein für die Strategie besteht darin, das Unternehmen im gesellschaftlichen Umfeld zu etablieren. Das Bild des Unternehmens in der Öffentlichkeit ist eine wichtige Voraussetzung, um strategisch erfolgreich zu sein. Gesellschaftliches Umfeld ist dabei sowohl die direkte Umgebung in der Region als auch das soziale Umfeld, in dem die Kunden sich bewegen (das weit über die Region hinausgehen kann). In diesem Umfeld ist das Unternehmen »zu Hause«, hier bildet sich sein Image, das Bild, das seine Kunden von ihm haben, und hier rekrutiert der Betrieb seine Beschäftigten. Das Verhältnis zum gesellschaftlichen Umfeld und das Engagement im Gemeinwesen ist ein wesentlicher Bestandteil einer verantwortlichen Unternehmensführung und -strategie.

Dieses Engagement im regionalen und weiteren Bereich sollte nicht dem Zufall überlassen werden. Die folgenden Fragen bieten bei der Gestaltung Orientierung:

- Mit welchen Maßnahmen sorgen wir dafür, dass unser Unternehmen in der Region ein gutes Image besitzt?
- Engagieren wir uns in Berufsorganisationen wie Innungen, Kammern oder Verbänden?
- Unterstützen wir Sportvereine oder andere soziale Einrichtungen?
- Unterstützen wir unsere Beschäftigten, in Vereinen und anderen sozialen Einrichtungen tätig zu werden?
- Machen wir in unserem gesellschaftlichen Umfeld deutlich, was unsere besonderen Stärken sind?
- Nutzen wir die Möglichkeiten, über unsere Pläne, Produkte unser Engagement in der Region zu berichten (zum Beispiel in der Fach- und Lokalpresse, im Internet, in Nachbarschaftszeitungen, in Radio- oder TV-Sendern)?
- Was unternehmen wir, um unser Bild in der direkten Nachbarschaft positiv zu beeinflussen?
- Sprechen wir mögliche Probleme in der Nachbarschaft frühzeitig an (zum Beispiel Lärmstörungen, Abstellplätze, Sauberkeit, besondere Arbeitszeiten, bauliche Änderungen)?
- Wissen wir, was die Nachbarschaft über uns denkt und von uns erwartet?

Eine Hilfe bei der Strategieentwicklung: SWOT-Analyse

SWOT-Bewertung

Fragestellung:

Können wir zu unserem Produkt zusätzliche Beratungsdienstleistungen anbieten?

Bewertung:

S (Strengths) Stärken	**W** (Weaknesses) Schwächen
Nur wir besitzen das erforderliche Know-how, um fundiert beraten zu können.	Wir müssen die Berater erst qualifizieren, da wir keine Beratungskompetenz besitzen.
O (Opportunities) Chancen	**T** (Threats) Gefahren
Wir könnten ein weiteres Geschäftsfeld öffnen, das sich direkt aus unserem Kernprodukt ergibt.	Wir haben keine Beratungserfahrung, der Kundenbedarf ist überschaubar und die Ausbildung und die Akquisition sind aufwendig.

Schlussfolgerung/Maßnahmen

Wir suchen einen Kooperationspartner mit Beratungskompetenz, der unsere Beratungsdienstleistung in sein Portfolio mitaufnimmt und vereinbaren mit ihm einen entsprechenden Nutzungsvertrag.

Es gibt viele Hilfsmittel, um eine Strategie für das Unternehmen zu entwickeln. Oft sind diese Instrumente sehr differenziert und nicht immer einfach anzuwenden. Die hier kurz vorgestellte SWOT-Analyse kann eine Hilfe sein, die bisher beschriebenen Fragen zur Strategie nach außen und nach innen bewerten zu können.

Der Begriff SWOT leitet sich aus den englischen Begriffen Strengths (Stärken), Weaknesses (Schwächen), Opportunities (Chancen) und Threats (Gefahren) ab. Die einzelnen Fragen können mithilfe dieser Begriffe beurteilt werden, um eine Stärken-Schwächen- sowie eine Chancen-Gefahren-Analyse zu erstellen. Das erleichtert und systematisiert die Entwicklung einer Strategie und von Handlungsempfehlungen.

4   Die fünf wichtigsten Tipps

Tipp 1: Nehmen Sie sich Zeit, um eine klare Strategie für Ihr Unternehmen festzulegen. Sie richten damit alle Entscheidungen und Handlungen auf Ihren Wettbewerbsvorteil aus.
Mit einer guten Strategie stärken Sie die Identität des Unternehmens, ermöglichen eine klare Zielsetzung, sichern die Ertragslage und ermöglichen die Zukunftsfähigkeit.

Tipp 2: Legen Sie fest, was Ihre spezifischen Stärken sind, und in welchen Bereichen Sie sich von Ihren Konkurrenten unterscheiden.
Identifizieren Sie die Kernkompetenzen Ihres Unternehmens. Entwickeln Sie Produkte und Leistungen, die dem Kunden einen größeren Vorteil und einen höheren Nutzen bieten als die Angebote der Konkurrenz.

Tipp 3: Überlegen Sie genau, wie Sie diese spezifischen Stärken im Wettbewerb so darstellen, dass Ihre Kunden den Nutzen und die Vorteile Ihrer einzigartigen Produkte und Leistungen erkennen können.
Richten Sie die zentralen Aussagen Ihrer Angebote, die Angebotspolitik, Preisgestaltung, Vertriebswege, das Marketing so aus, dass Sie Ihre Kunden gezielt erreichen und überzeugen.

Tipp 4: Bedenken Sie, dass Sie die beste Strategie nach außen nicht umsetzen können, wenn Sie über keine Strategie verfügen, wie Sie alle Ihre Beschäftigten für die Umsetzung mobilisieren können. Sie benötigen auch eine gute Strategie nach innen.
Geben Sie Ihren Beschäftigten die Möglichkeit, ihre Erfahrungen und Kompetenzen in die Entwicklung der Strategie einzubringen. Informieren Sie alle über die Strategie. Schaffen Sie Arbeitsbedingungen, unter denen die Beschäftigten die Strategie gerne umsetzen wollen und können.

Tipp 5: Überlegen Sie, wie Sie die Kernkompetenzen in Ihrem Unternehmen, die Ihnen einen Wettbewerbsvorteil ermöglichen, auch in Zukunft noch im Unternehmen halten können.
Reflektieren Sie, wie Sie qualifiziertes Personal binden, wie Sie altersgerechte Arbeitsplätze und Einsatzbereiche schaffen, und wie Sie für Nachwuchskräfte interessant werden können.

5   Literatur

Baecker, D.: Organisation und Management, Frankfurt am Main 2003.
Eine systemtheoretische Betrachtung von Organisation und Management. Das Buch hilft, ein Verständnis für die Zusammenhänge einer Organisation als Grundlage für die Entwicklung Ihrer Strategie zu bekommen.

Hamel, G./Prahalad, C.K.: Wettlauf um die Zukunft, Wien 1995.
In dieser Publikation wurde erstmals die Idee der Kernkompetenzen abgeleitet. Die Autoren entwickeln, wie Führungskräfte die zentralen Stärken ihres Unternehmens am besten ausschöpfen können.

Malik, F.: Strategie des Managements komplexer Systeme, Bern 2008.
Einer der führenden Management-Experten beschreibt in diesem Werk in theoretisch anspruchsvoller Art die Strategien der Führung komplexer Systeme, wie es Unternehmen sind.

Porter, M. E.: Wettbewerb und Strategie, Frankfurt am Main 1999.
Porter ist eine der zentralen Autoritäten der Wirtschaftstheorie und der Managementpraxis. In diesem Buch finden sich seine wesentlichen Erkenntnisse zum Thema Wettbewerbsfähigkeit und Unternehmensstrategie.

Stöger, R.: Strategieentwicklung für die Praxis, 2. Aufl., Stuttgart 2010.
Der Autor entwickelt Ansätze und Methoden für die selbstständige Entwicklung von Unternehmensstrategien. Behandelt werden Themen wie Kundennutzen und Kernkompetenzen, Steuerung von Innovationen, Wertkette und Kundenbindung. Checklisten helfen für die Umsetzung in die Praxis.

6   Checkauszug Strategie

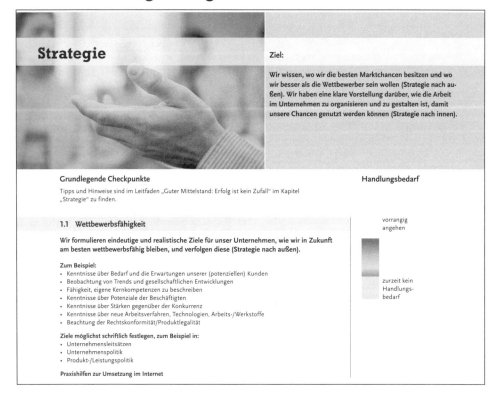

Strategie

Ziel:

Wir wissen, wo wir die besten Marktchancen besitzen und wo wir besser als die Wettbewerber sein wollen (Strategie nach außen). Wir haben eine klare Vorstellung darüber, wie die Arbeit im Unternehmen zu organisieren und zu gestalten ist, damit unsere Chancen genutzt werden können (Strategie nach innen).

Grundlegende Checkpunkte

Tipps und Hinweise sind im Leitfaden „Guter Mittelstand: Erfolg ist kein Zufall" im Kapitel „Strategie" zu finden.

Handlungsbedarf

1.1 Wettbewerbsfähigkeit

Wir formulieren eindeutige und realistische Ziele für unser Unternehmen, wie wir in Zukunft am besten wettbewerbsfähig bleiben, und verfolgen diese (Strategie nach außen).

vorrangig
angehen

Zum Beispiel:
- Kenntnisse über Bedarf und die Erwartungen unserer (potenziellen) Kunden
- Beobachtung von Trends und gesellschaftlichen Entwicklungen
- Fähigkeit, eigene Kernkompetenzen zu beschreiben
- Kenntnisse über Potenziale der Beschäftigten
- Kenntnisse über Stärken gegenüber der Konkurrenz
- Kenntnisse über neue Arbeitsverfahren, Technologien, Arbeits-/Werkstoffe
- Beachtung der Rechtskonformität/Produktlegalität

zurzeit kein
Handlungs-
bedarf

Ziele möglichst schriftlich festlegen, zum Beispiel in:
- Unternehmensleitsätzen
- Unternehmenspolitik
- Produkt-/Leistungspolitik

Praxishilfen zur Umsetzung im Internet

Strategie

Grundlegende Checkpunkte	Handlungsbedarf

1.2 Arbeitsorganisation

Wir beschreiben, mit welchen Zielen wir im Unternehmen arbeiten, wie wir miteinander umgehen und die Arbeit organisieren (Strategie nach innen).

Ziele zum Beispiel:
- Kontinuierliche Verbesserung
- Qualitätsbewusst arbeiten
- Termingerecht arbeiten
- Kostenbewusst arbeiten
- Sicher und gesund arbeiten
- Möglichst wenige Fehler und Störungen
- Gegenseitig achten und helfen

Beschrieben zum Beispiel in:
- Führungsgrundsätzen
- Vereinbarungen
- Leitsätzen/Leitlinien

Praxishilfen zur Umsetzung im Internet

vorrangig
angehen

zurzeit kein
Handlungs-
bedarf

1.3 Information und Kommunikation

Wir besprechen unsere Ziele und die Zielerreichung mit unseren Führungskräften und Beschäftigten.

Zum Beispiel in:
- Mitarbeitergesprächen
- Betriebsversammlungen
- Zielvereinbarungen
- Betriebsvereinbarungen
- Firmeninformationen/-zeitschriften

Praxishilfen zur Umsetzung im Internet

vorrangig
angehen

zurzeit kein
Handlungs-
bedarf

1.4 Personalplanung

Wir besitzen konkrete Vorstellungen, wie wir unseren jetzigen und zukünftigen Bedarf an qualifizierten Beschäftigten sichern.

Zum Beispiel:
- Bedarf ermitteln (quantitativ und qualitativ)
- Demographischen Wandel beachten
- Qualifiziertes Personal mit Maßnahmen binden
- Nachwuchswerbung
- Ausbildungsplätze/Praktikumsplätze

Praxishilfen zur Umsetzung im Internet

vorrangig
angehen

zurzeit kein
Handlungs-
bedarf

1.5 Absatz

Wir haben ein Konzept, nach dem wir unseren Vertrieb und unser Marketing gestalten.

Zum Beispiel:
- Konzept für Vertriebswege (wie Handelspartner/mobil/stationär/Internet)
- Beschäftigte sind befähigt, jeden Kundenkontakt für Vertrieb zu nutzen
- Kooperationen
- Konzept für Werbung (wie Print/Internet/Anzeigen/Messen)

Praxishilfen zur Umsetzung im Internet

vorrangig
angehen

zurzeit kein
Handlungs-
bedarf

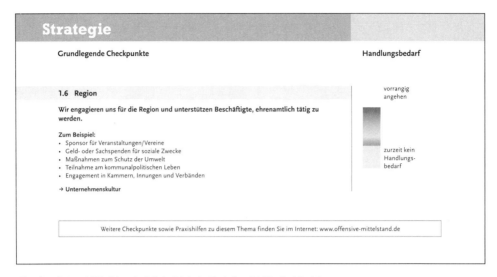

Strategie

Grundlegende Checkpunkte	Handlungsbedarf

1.6 Region

Wir engagieren uns für die Region und unterstützen Beschäftigte, ehrenamtlich tätig zu werden.

Zum Beispiel:
- Sponsor für Veranstaltungen/Vereine
- Geld- oder Sachspenden für soziale Zwecke
- Maßnahmen zum Schutz der Umwelt
- Teilnahme am kommunalpolitischen Leben
- Engagement in Kammern, Innungen und Verbänden

→ Unternehmenskultur

vorrangig angehen

zurzeit kein Handlungsbedarf

Weitere Checkpunkte sowie Praxishilfen zu diesem Thema finden Sie im Internet: www.offensive-mittelstand.de

Check »Guter Mittelstand: Erfolg ist kein Zufall«, 2010, S. 10–11

7   Umsetzungshilfen

Checkliste Unternehmensstrategie Diese Checkliste hilft Ihnen, wesentliche Aspekte bei der Entwicklung der Strategie Ihres Unternehmens zu berücksichtigen.	
Spezifische Stärken und Kernkompetenzen	
Checkpunkte	**Handlungsbedarf**
Was sind unsere Kompetenzen, die einen besonderen Nutzen für den Kunden besitzen?	
Was sind unsere Kompetenzen, die uns von der Konkurrenz abheben?	
Was sind unsere Kompetenzen, die es uns ermöglichen, neue Produkte und Dienstleistungen zu entwickeln, die das Unternehmen in Zukunft absichern können?	
Was sind unsere Stärken gegenüber der Konkurrenz?	
Was sind unsere Schwächen gegenüber der Konkurrenz?	
Welche unserer Produkte und Leistungen bieten unseren Kunden einen besonderen Vorteil?	
Wie können unsere Produkte und Leistungen einen größeren Vorteil und einen höheren Nutzen bieten als die unserer Konkurrenz?	
Welche Kernkompetenzen wollen wir im Unternehmen abdecken?	
Ist es erforderlich, weitere Kooperationspartner hinzuzuziehen, um spezifische Aspekte dieser Produkte und Leistungen abzudecken (günstiger als wir es selber tun könnten und ohne wesentliche Kernkompetenzen nach außen zu vergeben)?	
Spezifische Produkte und Leistungen	
Checkpunkte	**Handlungsbedarf**
Welche Produkte und Leistungen entsprechen unseren Kernkompetenzen?	
Welchen Kundengruppen bieten wir mit unseren Produkten und Leistungen einen besonderen Vorteil?	
Welche unserer Produkte und Leistungen rechnen sich besonders gut?	
Welche unserer Produkte und Leistungen sichern zukünftig unser Geschäft ab (auch wenn sie momentan vielleicht noch weniger lukrativ sind)?	
Welche Produkt- und Leistungsstrategie haben wir bei welchen Produkten/Leistungen (günstiger Preis, besondere Qualität, spezielles Angebot/Nischenangebot)?	
Welche Produkt- und Leistungsstrategie haben wir bei welchen Kundengruppen (günstiger Preis, besondere Qualität, spezielles Angebot/Nischenangebot)?	
Wettbewerbsstrategie	
Checkpunkte	**Handlungsbedarf**
Was sind die zentralen Aussagen der Angebote (zum Beispiel Qualität, Wirtschaftlichkeit, Innovation, Kundennutzen)?	

	Handlungsbedarf
Welche Angebotspolitik betreiben wir (zum Beispiel aggressiv, defensiv, kooperativ gegenüber Konkurrenten)?	
Welche Preisgestaltung ist erfolgreich und wirtschaftlich (zum Beispiel Preishöhe, Kampfpreise, Sonderangebote, Rabatte, Zahlungsbedingungen)?	
Welche Vertriebswege sind sinnvoll (zum Beispiel Kooperationen, Handelspartner, Direktansprache)?	
Wie kann die Besonderheit des Unternehmens dargestellt werden (zum Beispiel besondere Leistungen, Qualität, Nutzen für den Kunden, Unterschiede zur Konkurrenz)?	
Wie kann der Kunde am wirkungsvollsten erreicht werden (zum Beispiel Print, Anzeigen, Internet, Web 2.0, persönliche Ansprache, Messen, Presse, Aktionen in der Region, Sponsoring, ehrenamtliche Tätigkeit)?	
Zukunftsfähigkeit einer Strategie	
Checkpunkte	**Handlungsbedarf**
Welche aktuellen Trends und Entwicklungen gibt es in unserem Geschäftsbereich (zum Beispiel neue Konzepte, Modelle, Ökologie, Arbeitsverfahren, Technologien, Arbeitsstoffe)?	
Sind diese Trends und Entwicklungen nachhaltig oder nur Modeerscheinungen?	
Haben diese Trends und Entwicklungen Auswirkungen auf unsere bestehenden Produkte und Leistungen?	
Bieten diese Trends und Entwicklungen Möglichkeiten, auf Grundlage unserer Kernkompetenzen neue oder abgewandelte Produkte und Leistungen zu entwickeln?	
Welche Maßnahmen nutzen wir, um neue Trends und Entwicklungen erkennen zu können (zum Beispiel Fachinformationen abonnieren, Chats und Foren, Kongresse und Messen besuchen)?	
Welche Maßnahmen nutzen wir, um neue Interessen und Bedarfe bei unseren Kunden erkennen zu können (zum Beispiel Kundengespräche und -befragungen, Chats und Foren)?	
Welche Auswirkungen haben die Erkenntnisse über Trends und Entwicklungen für die Anpassung und Weiterentwicklung unserer Strategie (zum Beispiel Weiterentwicklung der Kernkompetenzen, neue Produkte und Leistungen, modifizierte Kundengruppen, Veränderung der Wettbewerbsstrategie?)	

SWOT-Bewertung

Fragestellung:

Bewertung:

S (Strengths) Stärken	**W** (Weaknesses) Schwächen
O (Opportunities) Chancen	**T** (Threats) Gefahren

Schlussfolgerung/Maßnahmen

Liquidität

Oliver Kruse*/Sandra Fechner**

1   Worum geht es beim Thema Liquidität?
2   Was bringt das Thema meinem Unternehmen?
3   Wie stelle ich die jederzeitige Zahlungsfähigkeit meines Unternehmens sicher?
4   Die fünf wichtigsten Tipps zur Liquiditätsverbesserung
5   Literatur
6   Checkauszug Liquidität
7   Umsetzungshilfe

*   Prof. Dr. Oliver Kruse ist Dozent an der Hochschule der Deutschen Bundesbank.
** Sandra Fechner ist wissenschaftliche Mitarbeiterin an der Fachhochschule des Mittelstands (FHM) in Bielefeld.

1 Worum geht es beim Thema Liquidität?

Wirtschaftliches Handeln ist im Unternehmen nur möglich, wenn jederzeit genügend liquide Mittel vorhanden sind, um alle anfallenden Zahlungen zu leisten. Weder ein hohes Umsatzwachstum noch ein überzeugendes Produkt oder die modernste Technologie können die Insolvenz eines Unternehmens verhindern, wenn es nicht mehr zahlungsfähig ist. Dementsprechend planen und steuern »gute Mittelständler« aktiv ihre gegenwärtige und künftige Liquidität.

Ein Unternehmen ist liquide, wenn es zu jeder Zeit seine Zahlungsverpflichtungen erfüllen kann. Liquidität bzw. »flüssige Mittel« werden benötigt, um Rechnungen zu bezahlen, Kredite zurückzuzahlen oder Steuerschulden zu begleichen. Sie dient zudem dazu, Zahlungsungleichgewichte zu überbrücken, wenn etwa Lieferantenrechnungen früher als Ausgangsrechnungen beglichen werden müssen. Möchte ein Unternehmen weiterwachsen sind dafür Investitionen notwendig, die ebenfalls liquider Mittel bedürfen.

Als »flüssige Mittel« können unmittelbar verfügbare Barmittel, täglich fällige Guthaben oder sofort verfügbare Kreditlinien bei Kreditinstituten zum Einsatz kommen. Mittelbar kommen zudem alle Güter und Rechte infrage, die liquidiert, also zu Geld gemacht werden können.

In diesem Beitrag wird zunächst dargestellt, weshalb Unternehmer ihre Liquidität »im Griff« haben müssen. Im Anschluss wird aufgezeigt, wie die Zahlungsfähigkeit des Unternehmens sichergestellt werden kann. Danach folgen zusammenfassend Tipps, wie ein Unternehmen seine Liquidität verbessern kann. Am Ende finden sich Literaturhinweise sowie eine Checkliste zum Thema.

2 Was bringt das Thema meinem Unternehmen?

Eine Grundvoraussetzung für die Existenzsicherung des Unternehmens ist, jederzeit zahlungsfähig zu sein. Können Rechnungen nicht fristgerecht bezahlt werden, besteht die Gefahr der Insolvenz, was im schlimmsten Fall zur Geschäftsaufgabe führt. Eine funktionierende **Liquiditätsplanung** senkt hingegen das unternehmerische Risiko, denn liquiditätswirksame Gefahren lassen sich eher erkennen und abwehren. Obgleich das Vorhalten von Liquidität in der Regel zulasten des Unternehmensgewinns geht, kann ein funktionierendes Liquiditätsmanagement auch zu Zusatzerträgen führen. So lassen sich Liquiditätsspitzen erkennen, die dann kurzfristig zinsbringend angelegt werden können.

Insbesondere mittelständische Unternehmen sollten mit Zahlungsproblemen umgehen können. Fragt man Unternehmen nach den Gründen dafür, werden häufig einzelne operative Ursachen genannt, zum Beispiel:

- Ein Hauptkunde ist ausgefallen und konnte die Rechnung nicht begleichen.
- Die Bank hat den Kontokorrentkredit gekündigt.
- Mängelrügen führten zu verzögerten bzw. verringerten Zahlungseingängen.
- Die nicht fristgerechte Lieferung der Ware hat die Zahlung einer hohen Konventionalstrafe nach sich gezogen.

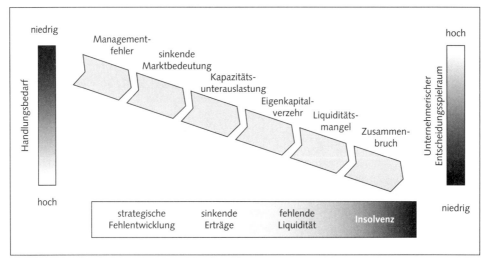

Quelle: Buth, A. K./Hermanns, M. (Hrsg.): Restrukturierung, Sanierung, Insolvenz, 2. Aufl. 2004, München,
S. 391

Abb. 1: Typischer Verlauf einer Unternehmenskrise

Grundsätzlich sind die hier angeführten Ursachen aber nur der sogenannte »Tropfen auf
dem heißen Stein« bzw. der letztliche Auslöser einer Insolvenz. Der plötzliche »Liqui-
ditätstod« bildet die Ausnahme, eine Liquiditätskrise zeichnet sich mit einer gewissen
Vorlaufzeit ab (siehe Abbildung 1).

Ausgangspunkt bildet vielmals eine Strategiekrise, d. h. es wird etwa eine Produkt-
bzw. Leistungspolitik verfolgt, die nicht erbringbar ist oder nicht den Wünschen der
Kunden entspricht. Um dennoch Aufträge zu akquirieren, sind Preiszugeständnisse bzw.
ein höherer Ressourceneinsatz etwa in Form vermehrter Arbeitsstunden notwendig. Sowohl niedrigere Preise als auch höhere Kosten schmälern den Ertrag. Die Folge sind sin-
kende Gewinne bzw. das Erwirtschaften von Verlusten. Sie führen zu einer verringerten
Rentabilität, also zu einer geringeren Verzinsung des eingesetzten Kapitals. Verringer-
ter Ertrag bedeutet zudem weniger flüssige Mittel, die über die Umsatzerlöse in Form
von Einzahlungen auf das Konto zurückfließen. Ergebnis ist eine Liquiditätskrise, die
schließlich in einer Insolvenz enden kann.

Liquiditätsschwierigkeiten kommen nicht von heute auf morgen, sondern die Gründe
sind eher langfristiger Natur, wie aus der Sicht von Insolvenzverwaltern die Insolvenzursachen belegen.

Die Hauptursachen basieren auf fehlendem Controlling, Finanzierungslücken und einem unzureichenden Forderungsmanagement. In diesem Kapitel zeigen wir Möglichkeiten auf, diese Ursachen zu bekämpfen.

Darüber hinaus zeigt sich, dass Liquiditätsprobleme auch immer auf Schwierigkeiten
in der Unternehmens- und Personalführung sowie der Strategiefindung und -umsetzung
beruhen.

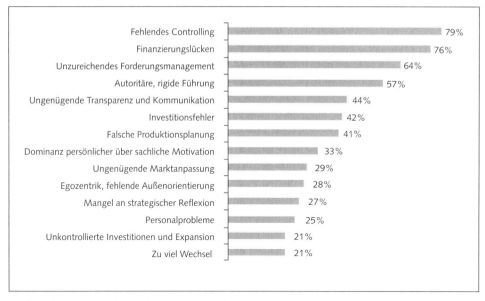

Quelle: Euler Hermes Kreditversicherung/ZIS. Ursachen von Insolvenz 2006, S. 20

Abb. 2: Die wichtigsten Ursachen aus Sicht von Insolvenzverwaltern

Bezüglich der Bekämpfung der Insolvenzursachen und damit der Sicherung des Unternehmens sind zwei Punkte zu beachten:
1. Um Zahlungsschwierigkeiten zu beheben, ist eine ganzheitliche Betrachtung erforderlich.
2. Es ist entscheidend, die Ursachen so früh wie möglich abzustellen. Je weiter der Krisenprozess fortgeschritten ist, desto stärker ist das Unternehmen in seinem Bestand gefährdet. Oder umgekehrt: Je früher die Gefahr erkannt wird und Gegenmaßnahmen eingeleitet werden, desto größer ist die Chance einer erfolgreichen Gesundung.

Insofern ist es wichtig, die gegenwärtige und künftige Liquidität des Unternehmens kontinuierlich zu analysieren, zu planen und zu steuern.

3 Wie stelle ich die jederzeitige Zahlungsfähigkeit meines Unternehmens sicher?

Voraussetzung für die Sicherstellung der jederzeitigen Zahlungsfähigkeit ist zunächst, einen Überblick über alle Ein- und Auszahlungen im Unternehmen zu bekommen. Hierzu bietet es sich an, für jeden Tag eine Übersicht mit den Ein- und Auszahlungen zu pflegen, wie sie beispielhaft in Abbildung 3 dargestellt ist.

	Datum	Betrag
1.		
Kontostand Giro am	**08.05.11**	8500,00
Kontostand Festgeld am	**08.05.11**	13.000,00
Debitoren am	**08.05.11**	6.600,00
Gesamt		**28.100,00**
2.		
Kreditoren am	**08.05.11**	4.800,00
Verrechnungsschecks/Überweisungen am	**08.05.11**	3.700,00
Gehälter am	08.05.11	10.000,00
Krankenkasse am	27.05.11	600,00
Lohnsteuer am	10.05.11	400,00
Umsatzsteuer am	10.05.11	400,00
Sonstiges (BG, Körperschaft, etc.)	27.05.11	700,00
Gesamt		**8.500,00**
Liquidität: 1 abzüglich 2		**19.600,00**

Abb. 3: Berechnung der tagesgenauen Liquidität

Im Anschluss ist zu überlegen, wie ein eventueller Liquiditätsbedarf gedeckt oder im besten Fall die überschüssige Liquidität angelegt werden kann. Dafür ist es unabdingbar, einen **Liquiditätsplan** zu erstellen.

Ziel eines Liquiditätsplans ist es, alle gegenwärtigen und künftigen Ein- und Auszahlungen genau zu erfassen. Dafür ist eine systematische und konsequente Vorgehensweise notwendig. Alle Funktionen eines Unternehmens (z.B. Marketing, Produktion, Einkauf) sind daraufhin zu prüfen, welche Ein- und Auszahlungen dort innerhalb einer Planungsperiode anfallen. Zudem ist der Liquiditätsplan kontinuierlich zu aktualisieren, d.h. neue Ein- und Auszahlungen sind jeweils zu berücksichtigen.

Bei einem Liquiditätsplan beträgt der Betrachtungszeitraum nicht länger als ein Jahr. Längerfristig orientierte Pläne, die etwa für Investitions- und Finanzierungsentscheidungen notwendig sind, werden meist als Kapital- oder Finanzierungspläne bezeichnet, funktionieren aber nach dem gleichen Prinzip.

Für den Liquiditätsplan sind die Daten aus der Vergangenheit grundsätzlich aus der Buchhaltung ableitbar. Bei kleineren Unternehmen ergeben sie sich vor allem aus der Betriebswirtschaftlichen Auswertung (BWA), die monatlich vom Steuerberater erstellt wird. Eine weitere wichtige Datengrundlage bilden die Kontoauszüge, denn hier finden sich die tatsächlichen Ein- und Auszahlungen, wobei zwischen Einnahmen und Einzahlungen bzw. Ausgaben und Auszahlungen unterschieden werden muss. So bildet das Schreiben einer Ausgangsrechnung eine Einnahme, denn sie erhöht buchhalterisch das Vermögen eines Unternehmens. Jedoch führt sie nicht zwangsläufig zu einer Einzahlung und damit zu Liquidität. Das ist erst der Fall, wenn der Kunde die Rechnung auch tatsächlich bezahlt hat. Das gilt auch für den umgekehrten Fall: Eine Eingangsrechnung wird bereits als Ausgabe verbucht, unabhängig davon, wann sie bezahlt wird. Wichtig ist es also, die Zahlen aus dem Rechnungswesen hinsichtlich ihrer tatsächlichen Zahlungswirkung zu filtern.

Um eine Vorstellung von der Liquidität in den nächsten Monaten zu bekommen, ist es erforderlich, den Geschäftsablauf für diese Zeitspanne zu planen, da die erwarteten Einzahlungen und Auszahlungen maßgeblich vom Umsatz abhängen. Ändern sich die Verkaufszahlen der Produkte und deren Zusammensetzung bei kleineren und mittleren Unternehmen jedoch nicht gravierend (Achtung: Dies gilt nicht für witterungsabhängige Handwerker und Saisonbetriebe), kann von einem gleich hohen Monatsumsatz und damit auch gleich hohen Lieferantenrechnungen ausgegangen werden. Hinsichtlich der Forderungen ist abzuschätzen, wie lange es dauert, bis die Kunden nach Rechnungsversendung tatsächlich zahlen und wie hoch die Zahlungsausfälle sind. Dafür bieten Erfahrungswerte aus der Vergangenheit einen guten Anhaltspunkt.

Vergleicht man während des Jahres die tatsächlichen Einzahlungen mit den geplanten Einzahlungen (Plan-Ist-Vergleich) ergibt sich entweder eine Liquiditätsüber- oder -unterdeckung. Abweichungen sind von der Unternehmensführung zu hinterfragen und ggf. Korrekturmaßnahmen einzuleiten. Beispielsweise wären dann die Kunden der ausstehenden Rechnungen anzumahnen.

Da der Liquiditätsplan ständig aktualisiert werden muss, bietet sich eine Software-Lösung an. Bei kleineren Unternehmen reicht meist schon eine einfache Excel-Liste aus, größere Unternehmen sollten über die Anschaffung einer Finanzsoftware nachdenken. Zum Teil bieten Banken im Rahmen der Kontoverbindung auch kostenlose Cash-Management-Programme an, mit denen nicht nur Liquidität geplant und analysiert, sondern gleichfalls die Disposition veranlasst werden kann.

Eine hilfreiche Ergänzung zum Liquiditätsplan ist das Zusammenstellen von **Liquiditätskennzahlen** auf Basis der Buchführung und der Kontodaten. Sie vergleichen das im Unternehmen vorhandene Geld mit den kurzfristigen Verbindlichkeiten, also den demnächst fälligen Schulden. Unterschiedliche Liquiditätsgrade analysieren die Liquidität eines Unternehmens stufenweise. Die bekanntesten Liquiditätsgrade sind die Liquidität 1. und 2. Grades.

Liquidität 1. Grades
Die Liquidität 1. Grades, auch Barliquidität, wird wie folgt berechnet:

$$\frac{Zahlungsmittel}{kurzfristige\ Verbindlichkeiten} \times 100$$

Unter Zahlungsmittel werden der Kassenbestand und das Bankguthaben zusammengefasst. Kurzfristige Verbindlichkeiten sind im Wesentlichen Verbindlichkeiten aus Lieferungen und Leistungen bis zu 90 Tagen (Lieferantenforderungen) sowie kurzfristige Kreditverbindlichkeiten. Eine Barliquidität zwischen 10 Prozent und 20 Prozent stellt eine geeignete Zielgröße dar.

Liquidität 2. Grades
Sie wird wie folgt errechnet:

$$\frac{Zahlungsmittel\ +\ kurzfristige\ Forderungen}{kurzfristige\ Verbindlichkeiten} \times 100$$

Bei der Liquidität 2. Grades, die deutlich über 100 Prozent liegen sollte, werden zu den Zahlungsmitteln noch die kurzfristigen Forderungen hinzugezählt.

Interessant ist bei den Liquiditätskennzahlen der Zeitvergleich, denn er gibt Hinweise auf strukturelle Liquiditätsveränderungen. Nehmen die Liquiditätskennzahlen etwa über die Monate gesehen kontinuierlich ab, sollten die Ursachen dafür analysiert und Gegenmaßnahmen getroffen werden. Zudem muss darauf geachtet werden, immer die aktuellen Zahlen aus der monatlichen Betriebswirtschaftlichen Auswertung (BWA) und nicht aus der Bilanz zu nehmen, denn es handelt sich bei den Liquiditätskennzahlen um eine Stichpunktbetrachtung. Je älter die Daten sind, desto größer die Gefahr, dass die tatsächliche Liquiditätslage nicht der errechneten entspricht.

Grundsätzlich gibt es in einem Unternehmen drei Liquiditätsszenarien: Optimale Liquidität, d. h. die Höhe der flüssigen Mittel zuzüglich eines Risikopuffers entspricht den Zahlungsverpflichtungen. In diesem Fall besteht kein akuter Handlungsbedarf. Des Weiteren gibt es das Szenario der Überliquidität, wenn die flüssigen Mittel höher als die Zahlungsverpflichtungen sind. In diesem Fall sollte überlegt werden, wie das überschüssige Geld angelegt werden kann. Auf diese Weise lassen sich etwa zusätzliche Zinserträge erzielen. Das kritischste Szenario ist das der Unterliquidität, weil es zur Insolvenz des Unternehmens führen kann.

Eine Zunahme der liquiden Mittel lässt sich letztlich immer auf zwei Wegen erzielen: Zum einen durch die Erhöhung von Einzahlungen oder deren schnelleren Erhalt bzw. Zufluss. Zum anderen durch die Verringerung von Auszahlungen oder durch eine spätere Auszahlung flüssiger Mittel.

Maßnahmen zur Verbesserung der Liquidität

Im Folgenden wird vorgestellt, wie die Liquidität grundsätzlich verbessert werden kann. Einige der Maßnahmen sind losgelöst von der Unternehmenssituation sinnvoll, wie etwa ein funktionierendes Forderungsmanagement. Bei anderen Maßnahmen ist je nach konkreter Liquiditätssituation zu entscheiden, ob und in welcher Schärfe die Maßnahmen durchgeführt werden (siehe Abbildung 4). Dies liegt daran, dass diese Maßnahmen – als Beispiel sei hier das Nichtnutzen von Lieferantenskontos genannt – zwar die Liquidität erhöhen, gleichfalls aber mit höheren Kosten oder Reputationsverlust verbunden sind. Zudem werden nicht alle Maßnahmen gleich schnell liquiditätswirksam. So führt ein konsequentes Mahnwesen meist bereits kurzfristig zu Liquiditätszuflüssen, während sich die Liquiditätsgewinne aus Produktionsveränderungen erst im Laufe der Zeit zeigen.

Überprüfung der Zahlungsbedingungen

Die **Zahlungsmodalitäten** müssen so festgelegt sein, dass das Unternehmen immer zahlungsfähig ist. Die Zahlungsbedingungen sind jeweils in den Eingangsrechnungen der Lieferanten sowie in den Ausgangsrechnungen aufgeführt. Sie sind ein wichtiger Bestandteil der Kaufverträge und können unterschiedlich formuliert werden. Dabei spielt generell die Verhandlungsmacht zwischen Lieferanten, Unternehmer und Kunden eine Rolle. Losgelöst davon, ist es für ein Unternehmen jedoch auch nicht sinnvoll, Aufträge

Maßnahmen zur Verbesserung der Liquidität	Allgemein anwendbar	Situationsbedingt anwendbar
Überprüfung der Zahlungsbedingungen	X	
Anzahlungen bzw. Abschlagszahlungen fordern		X
Skonto gewähren		X
Skonto ziehen		X
Lastschriftverfahren vereinbaren		X
Zahlungsfristen kombinieren		X
Rechnungen bei erbrachter Leistung stellen	X	
Mahnbestand regelmäßig überprüfen	X	
Straffes Mahnverfahren einführen	X	
Überprüfung der Bonität und des bisherigen Zahlungsverhaltens	X	
Zahlungen absichern		X
Vorkasse verlangen		X
Verkauf von nicht mehr oder nur zum Teil genutzten Maschinen		X
Abbau zu hoher Vorräte	X	
Verkauf von Forderungen		X
Zuführung von Eigenkapital		X
Fremdkapitalbasis erweitern		X

Abb. 4: Maßnahmen zur Verbesserung der Liquidität

anzunehmen, bei denen die Zahlung ungewiss ist oder die zu untragbaren Liquiditäts-engpässen führen.

Anzahlungen bzw. Abschlagszahlungen fordern

Dauert die Herstellungszeit wie etwa im Maschinenbau oder in der Bauindustrie länger und wird gewöhnlich nach Fertigstellung gezahlt, sollten Anzahlungen bzw. Abschlags-zahlungen entsprechend dem Baufortschritt verlangt werden, da sonst der gesamte Auf-trag vorfinanziert werden muss. Bei mehrmonatiger Fertigung ist es völlig normal, den Kunden an dieser Vorfinanzierung zu beteiligen, indem er Anzahlungen bzw. Abschlags-zahlungen leistet.

Skonto gewähren

Skonto ist ein Preisnachlass auf den Rechnungsbetrag bei Zahlung innerhalb einer bestimmten Frist oder bei Barzahlung. Üblich sind Formulierungen auf der Rechnung wie: »Zahlungen innerhalb von acht Tagen abzüglich 2 Prozent Skonto, innerhalb von 30 Tagen rein netto.« Die Skontobasis ist grundsätzlich frei verhandelbar. Skonto stellt für Kunden einen Anreiz dar, möglichst schnell zu zahlen. Für das Skonto gewährende Unternehmen bedeutet dies im Umkehrschluss einen schnelleren Zahlungseingang. Um durch die Gewährung von Skonto keine Gewinnschmälerung hinnehmen zu müssen, sollte das Unternehmen es vorab kalkulatorisch dem Preis zuschlagen.

Das Unternehmen könnte bei Lieferanten wiederum selbst »Skonto ziehen« oder das Zahlungsziel im Sinne eines Lieferantenkredites ausnutzen. Da jedoch der Verzicht auf Skonto sehr teuer ist, sollte man außer bei akuten Liquiditätsproblemen innerhalb der Skontofrist zahlen.

Lastschriftverfahren vereinbaren

Mithilfe von Lastschriften kann das Unternehmen bestimmen, wann die Zahlung beim Kunden ausgelöst wird. Das ergibt sowohl aus Sicht des Unternehmens wie des Kunden Sinn, wenn es sich um wiederkehrende und/oder kleine Beträge handelt. Einerseits muss der Kunde nicht immer wieder neu überweisen, andererseits erhält das Unternehmen wahrscheinlich schneller das Geld. So ziehen Telefongesellschaften, Energieversorger oder Zeitschriftenverlage ihre Forderungen regelmäßig per Lastschrift ein. Zum Teil gewähren Unternehmen ihren Kunden Anreize z. B. die ersten drei Zeitschriftenausgaben umsonst, damit diese dem Lastschriftverfahren zustimmen.

Zahlungsfristen kombinieren bzw. verschieben

Die Zahlungsbedingungen der Lieferanten müssen nicht mit denjenigen für die Kunden übereinstimmen. Idealerweise zahlen die Kunden, bevor der Lieferant sein Geld bekommt. Auf diese Weise benötigt das Unternehmen kein Geld zur Vorfinanzierung eines Auftrages, sondern die Aufträge finanzieren sich selbst. Solche Kombinationen der Zahlungsbedingungen sind nur dann sinnvoll einsetzbar, wenn wie im Handel die Zeitspanne zwischen Einkauf und Verkauf gering ist.

Viele Unternehmen klagen über eine schlechte Zahlungsmoral und Forderungsausfall. Hier kann und muss man vorbeugen.

Rechnungen bei erbrachter Leistung stellen

Die **Sicherung der Forderungen** ist eine bedeutende Aufgabe in jedem Unternehmen. Zu jedem Auftrag sollte eine schriftliche Auftragsbestätigung vorliegen. Außerdem empfiehlt es sich, die Rechnungen bei erbrachter Leistung sofort zu stellen. So sollte bei Warenlieferung oder Erbringung einer Dienstleistung die Rechnung beigelegt bzw. übergeben werden oder unmittelbar folgen.

Mahnbestand regelmäßig überprüfen

Eine Liste der überfälligen Forderungen sollte nach Dauer der Überziehung erstellt und ständig aktualisiert werden. Das Unternehmen sollte mindestens einmal pro Woche den Zahlungseingang seiner Rechnungen überprüfen.

Straffes Mahnverfahren einführen

Das Gesetz zur Beschleunigung fälliger Zahlungen hat durch eine einschneidende Änderung des Paragrafen 286 BGB bewirkt, dass Schuldner einer Geldforderung grundsätzlich spätestens »30 Tage nach Fälligkeit und Zugang einer Rechnung« in Verzug geraten. Voraussetzung hierfür ist jedoch, dass die zu erbringende Leistung unstrittig und vollständig ist. Privatpersonen geraten nur dann automatisch in Verzug, wenn sie von dem Gläubiger auf der Rechnung ausdrücklich hierauf hingewiesen wurden. Man sollte immer auf eine freundliche und angemessene Kommunikation mit dem Kunden achten. Deshalb sollte auf jeder Rechnung ein positiv, aber deutlich formulierter Zahlungshinweis enthalten sein.

Vor Ablauf der Zahlungsfrist sollte man seinen Kunden telefonisch auf den anstehenden Eintritt des Verzugs hinweisen und sich vergewissern, dass er die Rechnung tatsächlich erhalten hat. Wenn der Verzug eintritt, sollte dem Kunden *eine* schriftliche Mahnung zugeschickt werden, in der die Rechnungsnummer, das Rechnungsdatum und der Verzugsbeginn aufgeführt sind. In dieser Mahnung sollte die gesetzliche Grundlage des eingetretenen Zahlungsverzugs betont werden. Sie sollte außerdem einen Hinweis enthalten, an welchem Termin das gerichtliche Mahnverfahren eingeleitet wird. Der Kunde sollte genügend Zeit haben, um eine außergerichtliche Einigung zu erzielen. Kooperierende Unternehmen werden ein klares und gut strukturiertes Forderungsmanagement als professionell empfinden, wodurch sich allerdings Forderungsausfälle nicht gänzlich vermeiden lassen.

Es ist ratsam, dem Kunden gegenüber Feingefühl zu zeigen und ihm situationsabhängig auch einmal entgegenzukommen. Eine klare und wertschätzende Kommunikation mit dem Kunden ist überaus wichtig.

Überprüfung der Bonität und des bisherigen Zahlungsverhaltens

Bevor an Neukunden bzw. Bestandskunden geliefert wird, sollte man sich systematisch ein Urteil über die Zahlungsfähigkeit des Kunden bilden. Daten zur Beurteilung des Zahlungsverhaltens bekommt man von Kreditauskunfteien (Creditreform, Bürgel oder Schufa sind hier die bekanntesten Unternehmen) oder im Rahmen einer Bankauskunft. Mit Einverständnis des Kunden erteilt seine Hausbank Auskunft über dessen Kreditwürdigkeit. Bei Bestandskunden ist der Blick in die Vergangenheit hilfreich. Um das Ausfallrisiko zu reduzieren, sollte grundsätzlich für jeden Kunden ein Höchstlimit festgelegt werden, bis zu dem Waren und Dienstleistungen auf Kredit geliefert bzw. erbracht werden.

Zahlungen absichern

Insbesondere im Exportgeschäft, bei dem es besonders schwer ist, die Kreditwürdigkeit des Käufers im Ausland einzuschätzen und oftmals Unsicherheiten über die Zahlungsgewohnheiten bestehen, sollten Zahlungen abgesichert werden. Die bekanntesten Absicherungsinstrumente stellen Dokumenten-Inkassi und Akkreditive dar. Hier werden Dokumente nur gegen Bezahlung des Rechungsbetrages von einer Bank des Kunden übergeben, die sich für die Zahlung verbürgt. Diese Instrumente kosten zwar Geld, sind jedoch immer günstiger als Forderungsausfälle. Nähere Informationen zu diesen und weiteren Absicherungsinstrumenten hat Ihre Hausbank.

Vorkasse verlangen

Insbesondere bei Erstlieferung sollte vom Kunden Vorkasse verlangt werden. Er muss hier entweder eine sehr hohe Anzahlung leisten oder den Gesamtbetrag der späteren Rechnung im Voraus bezahlen, bevor die Lieferung erfolgt. Die Vorkasse ist zwar nicht besonders kundenfreundlich, hilft aber, den Ausfall von Forderungen zu senken. Um den neuen Kunden nicht abzuschrecken, ist diesem darzulegen, dass Vorkasse generell von Neukunden verlangt wird. Ehrbare Kaufleute werden dafür Verständnis haben, stehen sie doch wahrscheinlich vor dem gleichen Problem.

Verkauf von nicht mehr oder nur zum Teil genutzten Maschinen

Untersuchungen haben ergeben, dass bis zu 10 Prozent der Maschinen und Anlagen in Unternehmen nur zum Teil oder nicht genutzt werden. Sie verursachen zusätzliche Kosten und bringen mehr Schaden als Gewinn. Dann sollte darüber nachgedacht werden, die Geräte zu verkaufen. Bei notwendigen neuen Maschinen kann Leasing – also Miete statt Kauf – sinnvoll sein. Dabei ist jedoch zu berücksichtigen, dass die Leasingraten ebenfalls zu einem regelmäßigen Liquiditätsabfluss führen und Leasing oftmals teurer als der Kauf ist. Zudem gehört das Objekt weiterhin dem Leasingunternehmen und kann also nicht als Sicherheit etwa für einen Kredit verwendet werden.

Abbau zu umfangreicher Vorräte

Im Allgemeinen ist eine Bevorratungsdauer für Roh-, Hilfs- und Betriebsstoffen von bis zu 14 Tagen zur Sicherstellung einer Produktion völlig ausreichend. In den meisten Unternehmen liegt die Lagerdauer bis zu 40 Prozent höher. Zu hohe Bestände lassen jedoch die Kosten steigen und belasten die Liquidität. Insofern sollten die Vorräte nur so groß sein, wie sie für den reibungslosen Geschäftsablauf benötigt werden. Aus diesen Gründen ist der Lagerbestand kontinuierlich zu kontrollieren und ggf. sind Vorräte zu verkaufen und Ladenhüter zu eliminieren. Statt neue Vorräte sofort zu erwerben, sollte man mit den Lieferanten Ankäufe auf Abruf vereinbaren.

Verkauf von Forderungen

Durch das Factoring bzw. den Verkauf von Forderungen an eine Bank oder einen spezialisierten Finanzdienstleister erhält das Unternehmen sofort Liquidität. Der Dienstleister wird durch den Verkauf Eigentümer der Forderungen und zieht sie ein. Damit ist meist die Übernahme eines Forderungsausfallrisikos durch den neuen Eigentümer verbunden. Ein Factoring bietet sich vor allem für die Unternehmen an, die Unterstützung im Forderungsmanagement benötigen. Sie bekommen sofort Geld meist unter Berücksichtigung eines Selbstbehaltes. Dessen Höhe hängt von der Werthaltigkeit der Forderungen ab. Zudem ist Factoring in der Regel erst ab einer Summe von 500.000 Euro möglich und mit Gebühren von 3 bis 10 Prozent der Forderung verbunden.

Zuführung von Eigenkapital

Am einfachsten lässt sich die Liquiditätssituation durch Zuführung von zusätzlichem Eigenkapital etwa in Form einer Kapitalerhöhung verbessern. Sie erleichtert unter anderem die Kreditaufnahme. Zum Teil werden Darlehen der Eigentümer ebenfalls zum Eigenkapital gezählt.

Allerdings kann nicht jeder Unternehmer auf zusätzliches Eigenkapital zurückgreifen. Zudem besteht bei wirtschaftlichen Problemen die Gefahr, dass er sein bisheriges und sein zusätzlich eingebrachtes Eigenkapital verliert. Abgesehen davon sollte es Ziel sein, einen Teil des Gewinns nicht an die Gesellschafter auszuschütten, sondern im Unternehmen zu belassen. Obgleich sich dadurch in der Regel kein Liquiditätseffekt ergibt – das Geld ist im Unternehmen gebunden – ist die Einbehaltung von Gewinnen als Finanzierungsquelle unverzichtbar.

Fremdkapitalbasis erweitern

Als Fremdkapitalgeber kommen grundsätzlich Banken, Lieferanten und Kunden infrage. Lieferanten sind zumindest begrenzt bereit, Kredite zu gewähren, um ihre Waren und Dienstleistungen abzusetzen. Auch Kunden können als Kreditgeber fungieren, etwa indem sie Anzahlungen leisten.

Wichtigste Fremdkapitalgeber im Mittelstand sind Kreditinstitute. Im Zuge aufsichtsrechtlicher Regeln für Banken (Basel II, fortgeführt in Basel III) geben sie jedoch vermehrt risikoadjustiert Kredite an mittelständische Unternehmen. In Abhängigkeit von der Kreditwürdigkeit – sie drückt sich im Rating aus – wird der Zins festgelegt und bei mangelnder Bonität auch ein Kredit abgelehnt. Bei einer Ablehnung – aber generell immer zum Vergleich der Konditionen – sollte ein Kreditangebot von einer zweiten Bank eingeholt werden. Vergibt die Hausbank an bestimmte Branchen oder an bestimmte Kundengruppen keine Kredite, haben andere Institute diese Einschränkungen möglicherweise nicht. Kommt es zu einer Ablehnung, sollten auf jeden Fall die Gründe hinterfragt werden, um die Bonität schrittweise verbessern zu können.

Schließlich kommen als Kreditgeber auch staatliche Förderbanken infrage. Sie vergeben zinsgünstige Kredite oder Bürgschaften, die in der Regel über die Hausbank zu beantragen sind. Hinweise zu den Programmen gibt es bei den Wirtschaftsförderungsgesellschaften der Städte oder Kreise sowie zumeist auf Nachfrage bei den Hausbanken. Ergänzend zu den bisherigen Maßnahmen lässt sich zusätzliche Liquidität oft durch die Reduzierung von Anlage- und Umlaufvermögen schaffen.

4   Die fünf wichtigsten Tipps zur Liquiditätsverbesserung

Tipp 1: Überprüfen Sie stets die angebotenen Zahlungsbedingungen.
Die Zahlungsmodalitäten müssen so festgelegt sein, dass das Unternehmen immer zahlungsfähig ist. Es ist nicht sinnvoll, Aufträge anzunehmen, bei denen die Zahlung ungewiss ist oder die zu untragbaren Liquiditätsengpässen führen.

Tipp 2: Pflegen Sie eine Liste mit den fälligen Forderungen und führen Sie ein straffes Mahnverfahren ein.
Auch wenn Sie einen Kunden mahnen, zeigen Sie ihm gegenüber Feingefühl und achten Sie auf eine faire Kommunikation. Kommen Sie ihm in bestimmten Fällen entgegen. Gute Unternehmen werden ein klares und gut strukturiertes Forderungsmanagement als professionell empfinden.

Tipp 3: Schränken Sie Forderungsausfälle ein.
Forderungsausfälle werden sich nicht gänzlich vermeiden lassen. Es gibt jedoch Maßnahmen, durch die Sie sie verringern können. Überprüfen Sie z. B. die Bonität oder verlangen Sie Vorkasse bei Neukunden.

Tipp 4: Erschließen Sie Finanzreserven.
Verkaufen Sie z. B. nicht mehr oder nur zum Teil genutzte Maschinen und bauen Sie zu hohe Vorräte ab.

Tipp 5: Nutzen Sie staatliche Förderungs- und Bürgschaftsbanken.
Staatliche Förderbanken vergeben zinsgünstige Kredite oder Bürgschaften, die in der Regel über die Hausbank zu beantragen sind.

5   Literatur

Breitkreuz, G.: Ohne Liquidität keine Überlebenschance – Die sechs besten Strategien zur Liquiditätssicherung, Marburg 2007.
Praxisorientiertes Buch, das aufzeigt, wie sich Liquidität überwachen lässt (Liquiditätsplan), und wie sie langfristig sichergestellt wird.

Fölkersamb, R. Frhr. v./Kruse, O./Wittberg, V.: Finanzdienstleistungen für den Mittelstand, Stuttgart 2009.
Praxishandbuch, das eine Vielzahl von Finanzierungs- und Anlageinstrumenten für den Mittelstand vorstellt. Checklisten und Fallstudien erleichtern die Umsetzung.

Offensive Mittelstand (Hrsg.): Check »Guter Mittelstand: Erfolg ist kein Zufall«, Langenhagen 2010.

Olfert, K./Reichel, C.: Finanzierung, 8. Aufl., Ludwigshafen 2008.
Grundlagenbuch, das insbesondere die verschiedenen Arten von Liquiditäts- und Finanzierungsplänen darlegt.

Stahl, H.-W.: Finanz- und Liquiditätsplanung, 2. Aufl., Planegg 2009.
Günstiger, praxisorientierter Leitfaden, der das Basiswissen vermittelt, wie ein Finanz- und Liquiditätsplan aufgestellt werden kann.

6 Checkauszug Liquidität

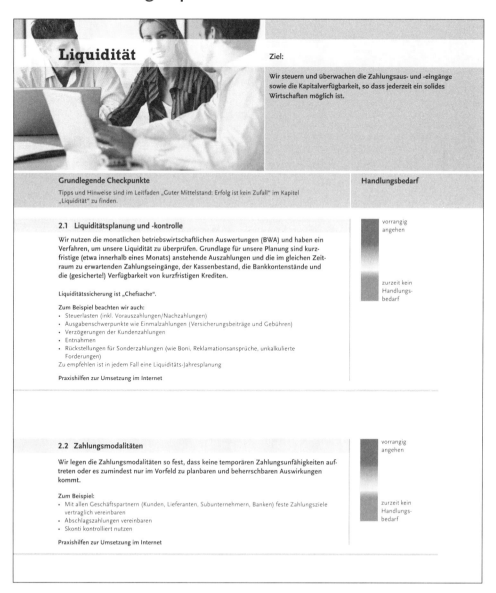

Liquidität

Ziel:

Wir steuern und überwachen die Zahlungsaus- und -eingänge sowie die Kapitalverfügbarkeit, so dass jederzeit ein solides Wirtschaften möglich ist.

Grundlegende Checkpunkte

Tipps und Hinweise sind im Leitfaden „Guter Mittelstand: Erfolg ist kein Zufall" im Kapitel „Liquidität" zu finden.

Handlungsbedarf

2.1 Liquiditätsplanung und -kontrolle

Wir nutzen die monatlichen betriebswirtschaftlichen Auswertungen (BWA) und haben ein Verfahren, um unsere Liquidität zu überprüfen. Grundlage für unsere Planung sind kurzfristige (etwa innerhalb eines Monats) anstehende Auszahlungen und die im gleichen Zeitraum zu erwartenden Zahlungseingänge, der Kassenbestand, die Bankkontenstände und die (gesicherte!) Verfügbarkeit von kurzfristigen Krediten.

Liquiditätssicherung ist „Chefsache".

Zum Beispiel beachten wir auch:
- Steuerlasten (inkl. Vorauszahlungen/Nachzahlungen)
- Ausgabenschwerpunkte wie Einmalzahlungen (Versicherungsbeiträge und Gebühren)
- Verzögerungen der Kundenzahlungen
- Entnahmen
- Rückstellungen für Sonderzahlungen (wie Boni, Reklamationsansprüche, unkalkulierte Forderungen)
Zu empfehlen ist in jedem Fall eine Liquiditäts-Jahresplanung

Praxishilfen zur Umsetzung im Internet

vorrangig angehen

zurzeit kein Handlungsbedarf

2.2 Zahlungsmodalitäten

Wir legen die Zahlungsmodalitäten so fest, dass keine temporären Zahlungsunfähigkeiten auftreten oder es zumindest nur im Vorfeld zu planbaren und beherrschbaren Auswirkungen kommt.

Zum Beispiel:
- Mit allen Geschäftspartnern (Kunden, Lieferanten, Subunternehmern, Banken) feste Zahlungsziele vertraglich vereinbaren
- Abschlagszahlungen vereinbaren
- Skonti kontrolliert nutzen

Praxishilfen zur Umsetzung im Internet

vorrangig angehen

zurzeit kein Handlungsbedarf

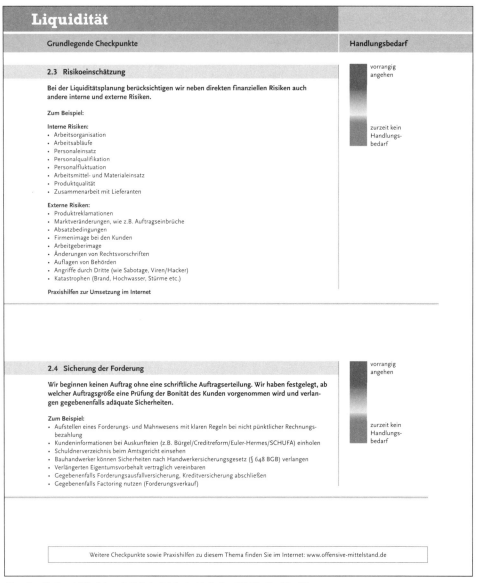

Check »Guter Mittelstand: Erfolg ist kein Zufall«, 2010, S. 12–13

7   Umsetzungshilfe

Liquiditätsplan

	Datum	Betrag
1.		
Kontostand Giro am		
Kontostand Festgeld am		
Debitoren am		
Gesamt		
2.		
Kreditoren am		
Verrechnungsschecks/Überweisungen am		
Gehälter am		
Krankenkasse am		
Lohnsteuer am		
Umsatzsteuer am		
Sonstiges (BG, Körperschaft etc.)		
Gesamt		
Liquidität: 1 abzüglich 2		

Risikobewertung

Oleg Cernavin*/Oliver Kruse**

1   Worum geht es beim Thema Risikobewertung?
2   Was bringt eine systematische Risikobewertung meinem Unternehmen?
3   Wie behalte ich meine Risiken im Griff?
4   Die fünf wichtigsten Tipps zur Risikobewertung
5   Literatur
6   Checkauszug »Risikobewertung«
7   Umsetzungshilfe

* Oleg Cernavin ist geschäftsführender Gesellschafter der BC GmbH Forschung, Wiesbaden und stellvertretender Vorsitzender der Offensive Mittelstand – Gut für Deutschland.

** Prof. Dr. Oliver Kruse ist Professor an der Hochschule der Bundesbank in Hachenburg und Mitglied des Leitungskreises der Offensive Mittelstand – Gut für Deutschland.

1 Worum geht es beim Thema Risikobewertung?

Entscheidungsfreiheit ist das, was das Leben als Unternehmer für viele interessant und attraktiv macht. Gleichfalls müssen sie jedoch Risiken tragen, was belastend sein kann, insbesondere wenn die eingegangenen Risiken subjektiv sehr hoch sind. Doch was genau sind Risiken? Welche Risiken sind für Unternehmer kleiner Betriebe entscheidend? Was ist der sinnvolle Umgang mit Risiken – denn wer überall Risiken wittert, kann sich doch auch selbst blockieren?

Einerseits werden betriebswirtschaftliche Risiken oft ausschließlich auf finanzwirtschaftliche Risiken reduziert. Andererseits werden Risikomanagementsysteme angeboten, die differenziert und systematisch alle nur erdenklichen Risiken aufgreifen. Beide Ansätze sind für kleine Unternehmen wenig hilfreich. Finanzwirtschaftliche Risiken treten fast immer erst dann ein, wenn Risiken in vielen anderen Bereichen des Unternehmens falsch eingeschätzt wurden. Systematische Risikomanagementsysteme sind für kleine Betriebe sicherlich hilfreich, aber oftmals für diese Zielgruppe überdimensioniert.

Um genauer festzustellen, welche Bedeutung Risiken und eine Risikobewertung für Unternehmer haben, ist es hilfreich, sich mit dem Begriff Risiko detaillierter auseinanderzusetzen.

Bei Risiken geht es darum, wie eine Person den möglichen Schaden oder den Nutzen eines Ereignisses oder eines Zustands für das eigene Handlungsziel einschätzt. Ein Ereignis kann zum Beispiel eine Entwicklung am **Markt** oder günstige Kreditbedingungen sein. Ein Zustand kann beispielsweise eine neue Technologie, demografischer Wandel, Arbeitsmittel oder Arbeitsstoffe, die Unternehmensorganisation oder die Motivation der Beschäftigten sein. Diese Ereignisse und Zustände können für die eigenen Handlungsziele immer Chancen bieten und mit Gefahren verbunden sein (Abbildung 1).

Abb. 1: Die neun wesentlichen Risikobereiche eines Unternehmens

Oft wird unter Risiko einseitig nur der mögliche Schaden betrachtet. Dies liegt vor allem daran, dass Versicherungen und Bankinstitute den Begriff aus dieser Perspektive betrachten. Im Folgenden wird der Chancenaspekt mitberücksichtigt, da Unternehmen in der Praxis Risiken eingehen müssen, um Chancen zu nutzen. Beide Aspekte sind in der Regel Bestandteile eines Abwägungsprozesses.

Der Begriff Risiko ist entsprechend definiert: »Unter Risiko wird die Unsicherheit verstanden, die von einem Ereignis oder einem Zustand für die Handlungsziele einer Person oder eines Unternehmens ausgeht.« (vgl. unter anderem DIN ISO 31000 Entwurf, Brühwiler; Abbildung 2). Ein Risiko führt bei der Person oder dem Unternehmen zur Abwägung und Beurteilung über die zu erwartende
- Nutzenhöhe,
- Schadenshöhe,
- Eintrittswahrscheinlichkeit des Schadens oder auch des Nutzens.

Hier wird zunächst deutlich, dass der Begriff in direktem Zusammenhang mit der Person oder dem Unternehmen zu sehen ist. Das Risiko hängt von dem Handlungsziel und der Erwartung einer Person oder eines Unternehmens ab. Da Handlungsziele und Erwartungen unterschiedlich sind, sind auch Risiken von Person zu Person oder von Unternehmen zu Unternehmen unterschiedlich. Das Risiko, ein Geschäft einzugehen, ist für Person A immer anders als für Person B – und sei es nur in Nuancen. Die Unsicherheit für die jeweilige Person hängt damit auch von ihren Informationen und Erfahrungen im Umgang mit betrachteten Ereignissen und Zuständen ab.

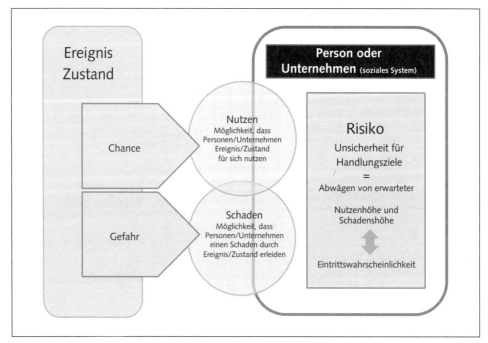

Abb. 2: Das Risiko

Bei Risiken geht es darum, Chancen und Gefahren von Ereignissen einzuschätzen, um gezielt die Chancen für die eigenen Handlungsziele zu nutzen und Schäden abzuwehren. Welche Gefahren und schädigenden Einflüsse können beispielsweise durch ein neues Geschäft, durch das Einstellen von neuen Mitarbeitern oder durch den Einsatz einer Arbeitsmaschine entstehen? Wie hoch ist die mögliche Schadenshöhe, und wie hoch die Wahrscheinlichkeit, dass der Schaden eintritt? Hier wird deutlich, warum Unternehmen sich mit Risiken befassen sollten. Die Wirksamkeit und der Erfolg des unternehmerischen Handelns hängen wesentlich davon ab, wie viele Informationen man über die Gefahren und Chancen der eigenen Handlungsziele hat und wie man sie bewertet.

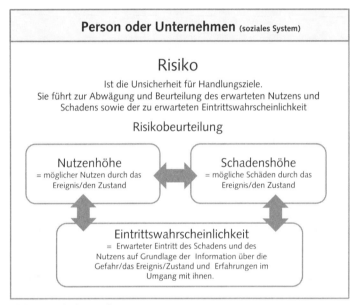

Abb. 3: Risikobeurteilung

Bei der Beurteilung der Risiken sind die Höhe des möglichen Nutzens und die des möglichen Schadens für das Unternehmen abzuschätzen. Ein zweiter wesentlicher Bestandteil der Risikobewertung ist die Einschätzung, mit welcher Wahrscheinlichkeit der identifizierte Nutzen und Schaden eintreten. Ist die Wahrscheinlichkeit sehr gering, dass eine Gefahr zu einem Schaden wird, wird das Risiko eher eingegangen, als wenn die Wahrscheinlichkeit für einen Schaden hoch ist (Abbildung 3).

Bei der Beurteilung der Risiken eines Handlungsziels hat sich folgendes systematisches Vorgehen bewährt:

• **Risikoidentifikation:** Zunächst ist zu identifizieren, welche Risiken für das Handlungsziel bestehen. Zu diesem Zweck sollten möglichst viele Informationen über die Gefahren und Chancen im Hinblick auf die Handlungsziele zusammengetragen werden.

- **Risikoanalyse**: Die möglichen Nutzen und Schäden der identifizierten Risiken werden analysiert. Auch die Eintrittswahrscheinlichkeit des Nutzens und der Schäden ist zu untersuchen.
- **Risikobewertung**: Dann wird bewertet, welche Risiken man bereit ist einzugehen und zu akzeptieren. Bei dieser Bewertung sollten die Nutzen-, die Schadenshöhe und die jeweiligen Eintrittswahrscheinlichkeiten berücksichtigt werden.
- **Maßnahmen festlegen**: Anschließend werden die Maßnahmen festgelegt, die ergriffen werden sollen, um unter Berücksichtigung der Risikobewertung das Handlungsziel zu erreichen (siehe Kasten »Maßnahmen zur Steuerung von Risiken«).
- **Wirkungskontrolle**: Die Wirkungskontrolle der umgesetzten Maßnahmen dient der Überprüfung, ob die Einschätzungen stimmig waren. Danach sind die Maßnahmen zu verbessern. Notfalls müssen die Handlungsziele korrigiert werden, was dann wiederum zu einer neuen Risikobeurteilung führen kann.

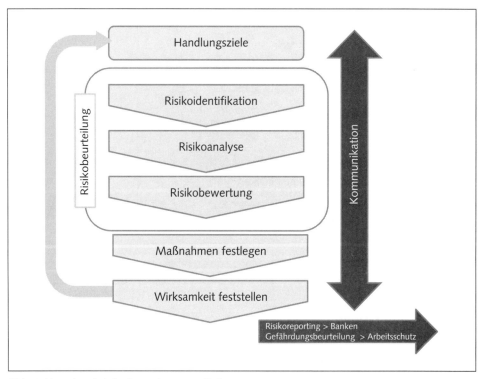

Abb. 4: Vorgehen bei der Bewertung von Risiken

Eine solche systematische Risikobewertung hat neben der zentralen Funktion der Optimierung der Geschäftsprozesse weitere Aufgaben: Sie ist Grundlage für das Risikoreporting im Rahmen des Unternehmensratings bei Banken, das die Kreditvergabe wesentlich beeinflusst. Ein Bestandteil dieser Risikobetrachtung ist auch die Gefährdungsbeurteilung, die im Arbeitsschutz gefordert ist.

> **Maßnahmen zur Steuerung von Risiken**
> Es gibt folgende grundlegende Möglichkeiten, mit identifizierten Risiken umzugehen:
> * Risikoübertragung (z. B. auf eine Versicherung)
> * Risikoausschluss (z. B. durch Aufgabe risikoreicher Geschäfte, Tätigkeiten)
> * Risikoverringerung (z. B. durch Schutzmaßnahmen)
> * Risikoakzeptanz

2 Was bringt eine systematische Risikobewertung meinem Unternehmen?

Jedes Unternehmen geht Risiken ein, wenn es **Produkte und Leistungen** am Markt anbietet. Ein Betrieb sollte versuchen, möglichst alle Kräfte auf die Ereignisse und Zustände zu konzentrieren, die es beeinflussen kann und die ihm einen Erfolg bringen.

Eine systematische Risikobewertung verschafft ihm die Informationen, die es benötigt, um eine klare Strategie entwickeln zu können, und um alle Faktoren für den Betriebserfolg zu nutzen, die beeinflussbar sind. Ohne eine systematische Risikobewertung kann ein Unternehmen nicht wissen, wie mögliche Chancen genutzt und mögliche Schäden vermieden werden können.

Die systematische Risikobewertung sichert die Unternehmensexistenz nachhaltig. Hier liegt der zentrale Nutzen einer Risikobewertung für das Unternehmen. Darüber hinaus
* fördert sie eine präventive Betrachtung von Chancen und Gefahren,
* verringert die Gefahr, von unangenehmen Ereignissen überrascht zu werden,
* sichert die Entwicklung des Betriebes,
* sichert die Grundlage für störungs- und unfallfreie sowie ökologische Abläufe,
* bildet die Basis für ein gutes Unternehmensrating.

Diese Nutzenbereiche werden im Folgenden genauer erläutert.

Eine Risikobewertung fördert eine vorausschauende (präventive) Betrachtung von Chancen und Gefahren

Wer Risiken bewertet, versucht möglichst viele fundierte Informationen über Chancen und Gefahren zu erhalten, um daraus seine Handlungen und Maßnahmen abzuleiten. Ziel ist es, mögliche Ereignisse und Zustände, die die Handlungen beeinflussen können, vorausschauend zu identifizieren und zu bewerten. Eine Risikobewertung ist also eine präventive Betrachtung der Handlungsmöglichkeiten. Diese vorausschauende Analyse soll verhindern, dass das Unternehmen von Ereignissen überrascht wird.

Man sollte sich beispielsweise mit folgenden Fragen beschäftigen: Welche Risiken liegen in Kundenbereichen und wie können diese zu Chancen umgewandelt werden? Welche Risiken liegen in der Arbeitsorganisation für eine effiziente Zielerreichung, und wie können sie vorausschauend optimal gestaltet werden? Worin bestehen die Risiken im Einsatz der Arbeitsmittel und Techniken, und wie kann eine störungsfreie Nutzung ermöglicht werden?

Eine Risikobewertung sichert die Entwicklung des Betriebes

Das Wissen über die Risiken und deren Steuerung ermöglicht eine sichere und chancenorientierte Entwicklung des Betriebes. Das Prinzip »Risiken nutzen, statt Probleme managen« ist die Voraussetzung, um alle verfügbaren Ressourcen im Unternehmen gezielt einsetzen zu können.

Wer in die Spirale gerät, nur noch Probleme zu managen, kann die Prozesse im Unternehmen sowie die eigenen Aktivitäten nicht effektiv gestalten. Befindet sich ein Unternehmen in dieser Situation, kann es längerfristig nicht erfolgreich sein.

Gerade unter dem Gesichtspunkt sich schnell wandelnder Arbeit und des damit verbundenen wachsenden Markt- und Zeitdrucks sind eine systematische und gezielte Nutzung der Chancen und das Vermeiden von Gefahren zunehmend wichtig. Derjenige besitzt Wettbewerbsvorteile, der effektiv und effizient alle Ressourcen einsetzt. Das wird aber nur gelingen, wenn alle Prozesse nach möglichen Chancen und Gefahren betrachtet und die Risiken genau abgewogen und bewertet werden. Damit entsteht ein Zeit- und Informationsvorsprung für die Unternehmensführung, um die Qualität von Entscheidungen zu erhöhen und frühzeitig die richtigen Maßnahmen einzuleiten.

Eine Risikobewertung ist die Grundlage für störungs- und unfallfreie sowie ökologische Abläufe

Eine systematische Risikobewertung führt zu einem wirkungsvollen wertschöpfungsorientierten Arbeits- und Umweltschutz. Die Risikobetrachtung bindet die Potenziale dieser Themen in die Wertschöpfungsprozesse ein. In diesen Bereichen werden beispielsweise folgende Aspekte aufgegriffen: Welche Chancen und Gefahren bestehen beim Einsatz meiner Arbeitsmittel? Welche Gesundheits- und Umweltrisiken habe ich beim Einsatz von Gefahrstoffen? Wie kann ich die Chancen der Arbeitsplatzgestaltung für produktive und gesunde Arbeit nutzen und welche Belastungen und Gefährdungen treten hier auf? Wie muss ich meine Abläufe organisieren, um Störungen und Unfälle zu vermeiden? Wie kann ich gesunde Arbeitsbedingungen gestalten, um die Leistungsfähigkeit meiner Beschäftigten zu erhalten und ihre Leistungsbereitschaft zu fördern? Wie muss ich meine Abfälle entsorgen, um die Umwelt nicht zu schädigen?

Eine systematische Risikobewertung im Arbeits- und Umweltschutz hat einen doppelten Nutzen: Zum einen werden die Potenziale dieser Themen für eine optimale Nutzung der Ressourcen (humane Ressourcen, soziale Ressourcen, Arbeitsmittel, Arbeitsräume usw.) ausgeschöpft. Zum anderen trägt eine Risikobewertung im Arbeits- und Umweltschutz dazu bei, die vielen Vorschriften in diesem Bereich einzuhalten und damit rechtssicher zu sein (nach Arbeitsschutzgesetz, Betriebssicherheitsverordnung, Gefahrstoffverordnung und vielen anderen Vorschriften im Arbeits- und Umweltschutz).

Eine Risikobewertung bildet die Basis für ein gutes Unternehmensrating

Eine systematische Risikobewertung hilft, die Kreditwürdigkeit eines Unternehmens bei einer Bank zu verbessern. Nach den Vorgaben für Banken (»Basel II« und »Basel III«) bildet die Risikobewertung einen qualitativen Faktor bei der Ermittlung der Ratingnote. Sie beeinflusst damit, ob ein Unternehmen überhaupt einen Kredit bekommt und wenn ja, zu welchen Konditionen.

Eine Risikobewertung wird zunehmend vom Gesetzgeber gefordert

Die Risikobewertung trägt nicht nur im Arbeitsschutz zur Rechtssicherheit bei (Arbeitsschutzgesetz §§ 5, 6). Nach dem Gesetz zur Kontrolle und Transparenz im Unternehmensbereich (KonTraG) sind Unternehmen gesetzlich zur Risikofrüherkennung verpflichtet, um den Erhalt des eigenen Unternehmens sicherzustellen. Mit dem KonTraG werden Unternehmen gezwungen, sich intensiver mit Risiken zu beschäftigen und diese kontrollierbar zu machen. Der Gesetzgeber verlangt neben erweiterten Reportingaktivitäten und Verantwortlichkeiten auch die Einrichtung eines Risikoüberwachungssystems und eines damit zusammenhängenden Frühwarnsystems.

Eine systematische Risikobetrachtung ist auch Bestandteil der Sorgfaltspflichten eines jeden GmbH-Geschäftsführers (§ 43 Abs. 1 GmbHG). Diese müssen beweisen, dass sie sich pflichtgemäß verhalten und Maßnahmen zur Früherkennung und Abwehr von Risiken getroffen haben. Schließlich verlangt das Bilanzrechtsreformgesetz eine Darlegung der zukünftigen Entwicklung des Unternehmens in Bezug auf Risiken (Gefahren und Chancen).

Vorteile einer systematischen Risikobetrachtung nach DIN ISO 31000 – Entwurf
Nach der DIN ISO 31000 – Entwurf »Risikomanagement – Grundsätze und Leitlinien« ermöglicht eine systematische Risikobewertung einer Organisation beispielsweise:
- die Wahrscheinlichkeit der Zielerreichung zu steigern,
- eine proaktive Führung zu fördern,
- die Notwendigkeit der Risikoidentifikation und -bewältigung in der gesamten Organisation bewusst zu machen,
- das Erkennen von Chancen und Bedrohungen zu verbessern,
- relevante gesetzliche und regulatorische Anforderungen sowie internationale Normen einzuhalten,
- das vorgeschriebene und das freiwillige Reporting zu verbessern,
- die Führung der Organisation (Governance) zu verbessern,
- das Vertrauen der Stakeholder zu verbessern,
- eine zuverlässige Grundlage für die Entscheidungsfindung und Planung aufzubauen,
- Steuerungs- und Kontrollmechanismen zu verbessern,
- die Ressourcen für die Risikobewältigung wirksam zu teilen und zu nutzen,
- die operationelle Wirksamkeit und Effizienz zu verbessern,

- Gesundheit und Sicherheit sowie den Umweltschutz zu optimieren,
- die Schadensverhütung und das Management von Vorkommnissen zu verbessern,
- Schadensfälle zu minimieren,
- das Lernen der Organisation zu verbessern und
- die Widerstandsfähigkeit der Organisation zu erhöhen.

3   Wie behalte ich meine Risiken im Griff?

Bei der Risikobewertung in einem Unternehmen gelten zwei grundlegende Regeln:
1. Reduktion auf die wesentlichen beeinflussbaren Risikobereiche,
2. systematische Betrachtung der Risikobereiche sowie Festlegung und Kontrolle gezielter Maßnahmen (kontinuierlicher Verbesserungsprozess).

Diese beiden Regeln helfen einerseits, sich nicht in der Fülle möglicher Risikofaktoren zu verzetteln, sondern sich auf die wesentlichen beeinflussbaren zu konzentrieren. Zudem tragen sie dazu bei, die Risikofaktoren als Gesamtsystem zu betrachten. Es nützt wenig, beispielsweise die Finanzkriterien zu analysieren, ohne gleichzeitig die anderen wesentlichen Risikobereiche mitzubedenken. Die Ursachen für Finanzrisiken liegen in der Regel im Bereich der Markt- und Kundenstrategien und/oder der Organisation, des Personals sowie in den anderen Risikobereichen.

Unter diesen Voraussetzungen helfen folgende Hinweise, eine systematische Risikobewertung in einem günstigen Zeit-Nutzen-Verhältnis im Unternehmen durchzuführen:
- systematisch die wesentlichen Risikobereiche identifizieren und bewerten,
- klare Kriterien für die Bewertung verwenden (Risikomatrix),
- das Instrument Gefährdungsbeurteilung in die Risikobewertung des Unternehmens insgesamt integrieren,
- mit dem Instrument Businessplan die Themen Risiken, Strategie und Finanzen verbinden.

Systematisch die wesentlichen Risikobereiche identifizieren und bewerten

Bei der Risikobewertung kann sich ein Unternehmer in der Fülle der möglichen Risikobereiche verlieren und gleichzeitig leicht wesentliche vergessen. Eine Hilfe sind die Themen des Checks »Guter Mittelstand: Erfolg ist kein Zufall«, in dem die wichtigsten Erfolgsfaktoren kurz und auf das Wesentliche beschränkt dargestellt werden. Diese Erfolgsfaktoren sind immer gleichzeitig auch Risikobereiche, da Unternehmer bei den Checkthemen immer Ungewisses planen und gestalten müssen. Die Umsetzung der Faktoren bietet immer Gefahren und Chancen gleichermaßen.

In Abbildung 5 finden Unternehmer auf der Grundlage der Themen des Checks Beispiele für die wesentlichen Risikobereiche mit den entsprechenden Gefahren und Chancen.

Die neun wesentlichen Risikobereiche eines Unternehmens		
Risikobereich **Beispiele**	**Gefahr > Schaden**	**Chance > Nutzen**
Strategie		
Ziele und Strategien	spät erkannte Abweichung > Wettbewerbsnachteile, Produkte/Leistungen, die nicht nachgefragt werden	kontinuierliche Anpassung > Wettbewerbsvorteile, wettbewerbsfähige Produktpalette
Kernkompetenzen	nicht bekannt und genutzt > geringe Effektivität und Produktivität	bekannt und gezielt genutzt > hohe Effektivität und Produktivität
soziale Regeln bei Beschaffung (Kinderarbeit, Korruption, Arbeitsschutz, Umweltschutz)	Missachtung > schlechtes Image bei Kunden	Beachtung und offensive Darstellung > gutes Image bei Kunden
Finanzen		
Liquidität	gering > wenig bis gar kein Handlungsspielraum	hoch > umfassender Handlungsspielraum
Rechnungswesen	Fehler, Forderungsausfälle > Liquiditätsprobleme	systematisches Zahlungswesen > gute Liquidität
Kunden		
Marketing-Mix	schlechtes Marketing > kein gutes Image bei Kunden	gutes Marketing > gutes Image bei Kunden
Änderungen im Kaufverhalten	nicht rechtzeitig erkannt > Umsatzrückgang	rechtzeitig erkannt > Umsatzsteigerung
Führung und Unternehmenskultur		
Führung und Unterstützung der Führung	schlechte Orientierung und Motivation > geringe Produktivität und Leitungsbereitschaft, hohe Fluktuation	klare Orientierung und gute Motivation > hohe Produktivität und Leitungsbereitschaft, Personalbindung
Fairness und Wertschätzung	keine Fairness und Wertschätzung > Dienst nach Vorschrift, keine Identifikation, fehlende Leistungsbereitschaft	faires und wertschätzendes Führungsverhalten > Identifikation und Bindung, hohe Produktivität und Leistungsbereitschaft
Personal		
demografischer Wandel	Auswirkungen nicht erkannt > kein oder schlechtes Personal	Auswirkungen erkannt > gutes Personal
Personaleinsatz	nicht den Fähigkeiten entsprechend > Über- oder Unterforderung	den Fähigkeiten entsprechend > gute Arbeitsergebnisse, hohe Motivation
Organisation und Prozesse		
Weisungsbefugnisse Verantwortlichkeiten	nicht klar geregelt > Unsicherheit, Unzufriedenheit, Probleme bei Abläufen	klar geregelt > klare Abläufe und Abstimmungen, Zufriedenheit

Die neun wesentlichen Risikobereiche eines Unternehmens		
Risikobereich Beispiele	**Gefahr > Schaden**	**Chance > Nutzen**
Kommunikations- und Berichtswege	nicht geregelt > großer Mehraufwand, Missverständnisse	klar geregelt > effektive Abläufe
Technik, Arbeitsstoffe		
Arbeitsmittel	keine sicheren und geeigneten Arbeitsmittel > Störungen, Unfälle, Ausfallzeiten	sichere und geeignete Arbeitsmittel > störungs-, unfallfreies Arbeiten
Beschaffung	keine Qualitätskriterien für Produkte > nicht geeignete, störungsanfällige Arbeitsmittel keine Qualitätskriterien für Leistungen > Qualitätsprobleme, hohe Aufwände, Nachforderungen	Qualitätskriterien für Produkte > geeignete Arbeitsmittel, lange Nutzungsdauer Qualitätskriterien für Leistungen > passgenaue, wirtschaftliche Leistungen, die Erwartungen entsprechen
Produkte und Leistungen		
Produktsicherheit	keine Kontrolle > Qualitätsprobleme, Unzufriedenheit der Kunden keine Absicherung > existenzbedrohende Haftungsprobleme	Kontrolle > zufriedene Kunden Absicherung > keine Haftungsprobleme
Innovation		
Trends und Entwicklungen des Marktumfelds	nicht wahrgenommen > Gefahr, dass das Unternehmen den Anschluss an die Wettbewerber verliert	rechtzeitig erkannt > Unternehmen kann Vorreiterrolle einnehmen
technologische Veränderungen	zu spät erkannt > Einbußen an Produktivität	rechtzeitig erkannt > Vorteile in der Produktivität

Abb. 5: Beispiele für die neun wesentlichen Risikobereiche eines Unternehmens

Kriterien und Hilfen für die Risikobewertung

Nach welchen Kriterien sind die wesentlichen Risikobereiche zu identifizieren? Eine direkte und schnelle Möglichkeit dies zu tun, bietet der Check »Guter Mittelstand: Erfolg ist kein Zufall«. Mit dessen Hilfe kann ein Unternehmer die wesentlichen Risikobereiche systematisch durchgehen und die Risiken und Handlungsbedarfe identifizieren. Viele Beispiele zu den einzelnen Checkpunkten zeigen auf, welche Gefahren und Chancen bei den einzelnen Risikobereichen zu finden sind und regen an, sich über diese Punkte für das eigene Unternehmen Gedanken zu machen.

Man kann das Risiko noch differenzierter und systematischer als mit dem Check einschätzen. So lassen sich die Chancen und Gefahren der einzelnen Risikobereiche mithilfe einer **Risikomatrix** bewerten. Die Bewertung erfolgt, indem man die Höhe des erwarteten Nutzens und die Höhe des zu erwartenden Schadens jeweils mit der Eintrittswahrscheinlichkeit in Verbindung setzt.

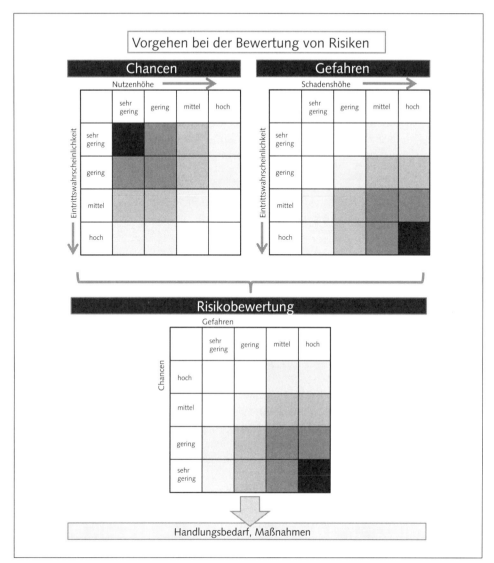

Abb. 6: Risikomatrix

Je dunkler bei der Chanceneinschätzung das Feld ist, in dem das bewertete Ereignis eingeordnet ist, desto geringer ist die Chance für das Unternehmen zu bewerten, da entweder die Eintrittswahrscheinlichkeit oder der zu erwartende Nutzen (oder beides) als besonders gering einzustufen sind. Bei der Gefahreneinschätzung verhält es sich entsprechend: Je dunkler dort das Feld ist, in dem das bewertete Ereignis eingeordnet ist, desto höher ist das Risiko zu bewerten, einen Schaden zu erleiden, da entweder die Eintrittswahrscheinlichkeit oder das zu erwartende Schadensausmaß (oder beides) als besonders hoch einzustufen sind.

Mit den Ergebnissen der Bewertung der Chancen und Gefahren kann das Risiko bewertet und eingeschätzt werden. Dazu werden die Ergebnisse der Chancen- und Gefahren-Matrix in die Risiko-Matrix eingetragen. Je dunkler bei der Risikobewertung das Feld ist, desto höher ist das Risiko zu bewerten, da die Gefahren groß und die Chancen gering sind. Entsprechend sind Handlungsbedarfe und Maßnahmen festzulegen (siehe Abbildung 6).

Hier wird deutlich, dass die Bewertung von Chancen, Gefahren und daraus entstehenden Risiken wesentlich von den Informationen über die Möglichkeit von beidem abhängen. Wenn man die Gefahren nicht kennt, wird man sie gering bzw. zu hoch einschätzen.

Das Instrument Gefährdungsbeurteilung in die Risikobewertung des Unternehmens insgesamt integrieren

Im Arbeitsschutzgesetz und anderen Vorschriften zum Arbeitsschutz wird eine Gefährdungsbeurteilung gefordert. Ein Unternehmen sollte sie nicht als eine lästige Pflicht ansehen, sondern die Chancen und Potenziale erkennen, die dieses Instrument bietet. Die Gefährdungsbeurteilung hilft, die **Arbeitsbedingungen**, -mittel und -stoffe in Bezug auf mögliche Gefährdungen systematisch zu analysieren, die Situation zu beurteilen, Maßnahmen festzulegen und ihre Wirksamkeit zu überprüfen.

Bei einer Gefährdungsbeurteilung sollte immer nach Identifizierung der Gefährdung auch das Risiko identifiziert, analysiert und beurteilt werden. Aber selbst wenn das Risiko nicht dezidiert erwähnt wird, schätzt der Unternehmer es immer latent mit ab, auch wenn ihm dies nicht bewusst ist. Eine Gefährdungsbeurteilung ist also immer auch eine Risikobewertung des gesamten Bereichs der Arbeitsgestaltung.

Gute wertschöpfungsorientierte Gefährdungsbeurteilungen betrachten nicht nur ein einzelnes Arbeitsmittel, einen Gefahrstoff oder eine Tätigkeit isoliert, sondern beziehen die Ursachen für mögliche Gefährdungen über den gesamten Wertschöpfungsprozess mit ein. So liegt die Ursache für die Gefahr durch ein Arbeitsmittel oft in der Beschaffung. Es wurde beispielsweise kein geeignetes oder qualitativ hochwertiges Arbeitsmittel, das mit funktionalen Schutzeinrichtungen ausgerüstet ist, gekauft. Oder die Gefährdung durch ein Arbeitsverfahren liegt in der Planung und Arbeitsvorbereitung.

Da eine wertschöpfungsorientierte Gefährdungsbeurteilung alle Aspekte der Arbeitsgestaltung und der sich daraus ergebenden Gefährdungen und möglichen Schäden über den gesamten Prozess betrachtet, deckt sie einen großen Teil der Risikobeurteilung in neun wesentlichen Risikobereichen des Unternehmens ab. Ursachen für Gefährdungen bei der Arbeit können in der Strategie nach innen, in der Führung und Unternehmenskultur, im Personaleinsatz, in der Organisation und der Prozessplanung oder im Bereich Technik und Arbeitsstoffe liegen.

Gefährdung

Unter Gefährdung versteht man das zeitliche und räumliche Zusammentreffen von Gefahr und Person. Ein Gefahrstoff bspw. birgt die Gefahr, Haut zu verätzen. Von einer Gefährdung spricht man, wenn eine Person mit dem Gefahrstoff in Kontakt tritt und sich die Haut verätzen kann.

Abb. 7: Definition Gefährdung

Fast alle Gefährdungsbeurteilungen belassen es bei der Identifizierung von Risiken bei der Einschätzung der möglichen Schadenshöhe und der Eintrittswahrscheinlichkeit. Den Nutzen von Maßnahmen zum Arbeitsschutz und die Chancen, die sie für die Zielerreichung des Unternehmens bieten, werden in den Gefährdungsbeurteilungen oft nicht mitbewertet. Dabei ist der Nutzen von Arbeitsschutzmaßnahmen oft hoch. Er liegt zum Beispiel in störungs- und unfallfreien Abläufen, in der Steigerung der Produktivität, in der Motivation durch Maßnahmen zur Gesundheitsförderung, in der gezielten Information über die Arbeitsabläufe (Unterweisung) oder im systematischen Erfassen der Risiken in der Arbeits- und Organisationsgestaltung.

Mit dem Instrument Businessplan die Themen Risiken, Strategie und Finanzen verbinden

Ein Businessplan ist ein Geschäftsplan, dem unternehmensexterne und -interne Aufgaben zukommen. Unternehmensextern dient er dazu, mögliche Geldgeber und Geschäftspartner vom Potenzial und den Erfolgsaussichten der Geschäftsidee und der Prozesse im Unternehmen zu überzeugen – zum Beispiel bei der Kreditvergabe. Unternehmensintern bildet er die Grundlage für weitere Strategie- und Planungskonzepte sowie für die Steuerung von Prozessen.

Im Businessplan wird schriftlich zusammengefasst, auf welcher Geschäftsidee das Unternehmen basiert, und wie das Unternehmen sie umsetzen will. Im Businessplan sollte auch deutlich werden, wie das Unternehmen die Risiken systematisch identifiziert, beurteilt und welche Maßnahmen festgelegt werden.

Die Struktur eines Businessplans ist beispielsweise:
1. Geschäftsidee des Unternehmens (Ziel, Strategie, Produkte/Leistungen ...).
2. Markteinschätzung (Potenzial, Zielgruppen ...).
3. Wettbewerbssituation (Wettbewerbsanalyse, Stärken- und Schwächenanalyse ...).
4. Unternehmensorganisations- und Personalmanagement.
5. Risikoanalyse und
6. finanzwirtschaftliche Planungen.

Im Businessplan werden die Themen Strategie, Finanzen und Risiken verbunden. Die Risikobewertung ist dabei wesentlicher Bestandteil. Deswegen sollte bei der Risikobewertung von vornherein darauf geachtet werden, dass sie auch für den Businessplan genutzt wird.

4   Die fünf wichtigsten Tipps zur Risikobewertung

Tipp 1: Versuchen Sie, die Entwicklungen Ihres Unternehmens zu beeinflussen, auf die Sie Einfluss nehmen können.
Beurteilen Sie die beeinflussbaren Gefahren und die Chancen von wesentlichen Entwicklungen und bewerten Sie die Risiken.

Tipp 2: Betrachten Sie die Risiken systematisch und konzentrieren Sie sich auf die wesentlichen.
Verzetteln Sie sich nicht. Nutzen Sie den Check »Guter Mittelstand: Erfolg ist kein Zufall« als Einstieg in die Risikobewertung.

Tipp 3: Betreiben Sie die Risikobewertung als einen kontinuierlichen Prozess. Achten Sie darauf, dass bei der Risikobewertung alle Erfahrungen einfließen und kommunizieren Sie die Ergebnisse. Erst die Kommunikation schafft die Grundlage für eine unternehmensweite Risikokultur.

Tipp 4: Nutzen Sie die Gefährdungsbeurteilung, um die Risiken im Bereich der Arbeits- und Organisationsgestaltung zu bewerten und entsprechende Maßnahmen festzulegen.
Eine wertschöpfungsorientierte Gefährdungsbeurteilung, die die Ursachen der Gefährdungen über den kompletten Wertschöpfungsprozess betrachtet, ist hier am hilfreichsten. Nutzen Sie auch hier den Check »Guter Mittelstand: Erfolg ist kein Zufall« – (siehe auch S. 202)

Tipp 5: Beachten Sie, dass die Risikobewertung in Ihren Businessplan miteinfließt.

5   Literatur

Brühwiler, B.: Risikomanagement als Führungsaufgabe, 3. Aufl., Bern 2011.
Umfassendes Standardwerk mit Bezug zur internationalisierten Standardisierung (ISO 3100 und ORN49000).

Eller, R./Gruber, W./Reif, M. (Hrsg.): Handbuch des Risikomanagements, 2. Aufl., Stuttgart 2002.
Zielgruppe dieses Buches bilden Kreditinstitute, die aufgrund von Basel II besondere Anforderungen hinsichtlich der Steuerung von Risiken erfüllen müssen.

Keitsch, D.: Risikomanagement, 2. Aufl., Stuttgart 2011.
Praxisorientiertes Buch, das Schritt für Schritt aufzeigt, wie ein Risikomanagementsystem eingeführt werden kann.

Luhmann, N.: Soziologie des Risikos, Berlin 1991.
Beschäftigt sich aus Sicht der Soziologie mit dem Thema Risiko und betrachtet, wie Risiken von Politik, Recht und Gesellschaft wahrgenommen werden.

Wolke, T.: Risikomanagement, 2. Aufl., München 2008.
Buch für die Hochschulausbildung mit dem Schwerpunkt der statistischen Risikomessung.

Wygoda, S.: Risiko als Chance, Berlin 2005.
Dissertation, die Risikomanagement als Ansatz innovativer Unternehmensentwicklung versteht.

6   Checkauszug Risikobewertung

Risikobewertung

Ziel:

Wir kennen die internen und externen Risiken für unser Unternehmen. Um möglichen schädlichen Ereignissen vorzubeugen, betreiben wir eine systematische Risikobewertung und setzen unsere Ressourcen produktiv, sicher und wirtschaftlich ein. Wir agieren vorausschauend.

Grundlegende Checkpunkte

Tipps und Hinweise sind im Leitfaden „Guter Mittelstand: Erfolg ist kein Zufall" im Kapitel „Risikobewertung" zu finden.

Handlungsbedarf

3.1 Markt und externe Entwicklungen

Wir haben Verfahren, mit denen wir externe Risiken rechtzeitig erkennen, bewerten und mit denen wir vorausschauend Maßnahmen zur Risikominimierung festlegen.

Externe Risiken sind zum Beispiel:
- Unklare Aufträge
- Veränderungen im Markt (wie Preisverfall, Auftragsrückgänge, veränderte Wettbewerbssituation)
- Zu späte Nutzung neuer Arbeitsverfahren, Technologien, Arbeitsstoffe
- Nichtbeachtung neuer Rechtsvorschriften

Verfahren sind zum Beispiel:
- Bewertung der Auftragsrisiken vor Angebotsabgabe
- Vertragsprüfung
- Marktbeobachtung
- Kunden-/Lieferantenbefragung
- Verantwortlichkeiten für Veränderungen in Technologie, Rechtssprechung, ...

Praxishilfen zur Umsetzung im Internet

vorrangig angehen

zurzeit kein Handlungsbedarf

3.2 Produkte und Leistungen

Wir haben Verfahren, mit denen wir die Qualität der Produkte und Leistungen feststellen und Maßnahmen zur Qualitätssicherung festlegen.

Zum Beispiel:
- Messverfahren
- Befragungen
- Qualitätskontrollen
- Beschwerdemanagement
- Qualitätsmanagementsystem

Praxishilfen zur Umsetzung im Internet

vorrangig angehen

zurzeit kein Handlungsbedarf

3.3 Kunden

Wir haben Verfahren, mit denen wir Defizite im Kundenkontakt feststellen und die Informationen der Kunden für Verbesserungen der Produkte und Leistungen nutzen. > Kundenpflege

Zum Beispiel:
- Beschwerdemanagement
- Kundenbefragungen
- Testaufträge, -käufe

Praxishilfen zur Umsetzung im Internet

vorrangig angehen

zurzeit kein Handlungsbedarf

Risikobewertung

Grundlegende Checkpunkte	Handlungsbedarf

3.4 Arbeitsbedingungen

Wir erfassen die Risiken, die durch Gefährdungen und Belastungen bei der Arbeit verursacht werden. Wir legen Maßnahmen und Wirkungskontrollen fest (Gefährdungsbeurteilung).

Zum Beispiel:
- Vorlagen von Berufsgenossenschaften, Arbeitsschutzämtern und arbeitsmedizinischen Diensten nutzen

Praxishilfen zur Umsetzung im Internet

vorrangig angehen

zurzeit kein Handlungs- bedarf

3.5 Kommunikation

Wir haben Verfahren, mit denen wir die Risiken durch ungenügende Information der Beschäftigten und mangelhafte Kommunikation feststellen und entsprechende Maßnahmen festlegen.

Zum Beispiel:
- Regelmäßige Besprechungen
- Einsatzvorbereitungsbesprechungen
- Schriftliche Arbeitsaufträge
- Arbeits- und Verfahrensanweisungen

Praxishilfen zur Umsetzung im Internet

vorrangig angehen

zurzeit kein Handlungs- bedarf

3.6 Gesellschaftliche Verantwortung

Wir achten bei der Beschaffung von Produkten und Leistungen auf soziale Regeln wie Arbeits- und Herstellungsbedingungen (Corporate Social Responsibility).

Zum Beispiel:
- Kinderarbeit
- Missachtung von Menschenrechten
- Korruption
- Arbeits- und Gesundheitsschutz
- Umweltschutz (Umweltmanagement)

vorrangig angehen

zurzeit kein Handlungs- bedarf

Weitere Checkpunkte sowie Praxishilfen zu diesem Thema finden Sie im Internet: www.offensive-mittelstand.de

Check Guter Mittelstand: Erfolg ist kein Zufall, 2010, S. 14–15

7   Umsetzungshilfe

Die neun wesentlichen Risikobereiche eines Unternehmens		
Strategie		
Risikobereich Beispiele	**Gefahr > Schaden**	**Chance > Nutzen**
Ziele und Strategien	spät erkannte Abweichung > Wettbewerbsnachteile, Produkte/Leistungen, die nicht nachgefragt werden	kontinuierliche Anpassung > Wettbewerbsvorteile, wettbewerbsfähige Produktpalette
Kernkompetenzen	nicht bekannt und genutzt > geringe Effektivität und Produktivität	bekannt und gezielt genutzt > hohe Effektivität und Produktivität
Kundengruppe	ungeeignete Kundengruppe > geringer Umsatz	geeignete Kundengruppe > guter Umsatz
Änderungen im Kaufverhalten	nicht rechtzeitig erkannt > Umsatzrückgang	rechtzeitig erkannt > Umsatzsteigerung
Allgemeiner Preisverfall	nicht rechtzeitig erkannt > Umsatzrückgang	rechtzeitig erkannt und strategisch reagiert > Umsatzsteigerung
Entwicklung der Wettbewerber	Entwicklungen nicht erkannt > Einbußen an Marktposition	Entwicklungen erkannt > Verbesserung der Marktposition
soziale Regeln bei Beschaffung (Kinderarbeit, Korruption, Arbeitsschutz, Umweltschutz)	Missachtung > schlechtes Image bei Kunden	Beachtung und offensive Darstellung > gutes Image bei Kunden
Finanzen		
Risikobereich Beispiele	**Gefahr > Schaden**	**Chance > Nutzen**
Liquidität	gering > wenig bis gar kein Handlungsspielraum	hoch > umfassender Handlungsspielraum
Rechnungswesen	Fehler, Forderungsausfälle > Liquiditätsprobleme	Systematisches Zahlungswesen > gute Liquidität
Verträge	keine klaren Regelungen > Streitigkeiten, Unzufriedenheit bei allen Beteiligten, Zahlungsprobleme; Probleme bei Nutzungsrechten	klare Regelungen > Kundenzufriedenheit, klare Kalkulationsgrundlagen, planbare Zahlungseingänge
Controlling	unsystematisch und unregelmäßig > Schwachstellen werden nicht abgestellt	systematisch und regelmäßig > Schwachstellen werden sofort festgestellt

Die neun wesentlichen Risikobereiche eines Unternehmens		
Businessplan	kein Businessplan > schlechte Kreditbedingungen	Businessplan > gute Kreditbedingungen
Kunden		
Risikobereich Beispiele	**Gefahr > Schaden**	**Chance > Nutzen**
Marketing-Mix	schlechtes Marketing > kein gutes Image bei Kunden	gutes Marketing > gutes Image bei Kunden
Änderungen im Kaufverhalten	nicht rechtzeitig erkannt > Umsatzrückgang	rechtzeitig erkannt > Umsatzsteigerung
Preise	nicht marktgerechte Preis- und Konditionspolitik > schlechter Absatz	marktgerechte Preis- und Konditionspolitik > guter Absatz
Verfahren, um Kundenbedarfe/ -zufriedenheit festzustellen	kein Verfahren > geringe Kenntnisse über Kundenbedarfe	gutes Verfahren > direkte Reaktion auf Kundenbedarfe
Marketing-Mix	schlechtes Marketing > kein gutes Image bei Kunden	gutes Marketing > gutes Image bei Kunden
Vertriebskanäle	schlechte Vertriebskanäle > schlechter Absatz	gute Vertriebskanäle > guter Absatz
Region	keine Aktivitäten > nicht wahrgenommen, Nachteile bei Personalgewinnung	aktiv in der Region > gutes Image, Vorteile bei Personalgewinnung
Führung und Unternehmenskultur		
Risikobereich Beispiele	**Gefahr > Schaden**	**Chance > Nutzen**
Führung und Unterstützung der Führung	schlechte Orientierung und Motivation > geringe Produktivität und Leitungsbereitschaft, hohe Fluktuation	klare Orientierung und hohe Motivation > hohe Produktivität und Leitungsbereitschaft, Personalbindung
Fairness und Wertschätzung	keine Fairness und Wertschätzung > Dienst nach Vorschrift, keine Identifikation, fehlende Leistungsbereitschaft	faires und wertschätzendes Führungsverhalten > Identifikation und Bindung, hohe Produktivität und Leistungsbereitschaft
Kontrolle und Ergebnisbewertung	keine vereinbarten Kriterien für Kontrolle und Bewertung > Unzufriedenheit, Reibungsverluste, Produktivitätsverluste	vereinbarte Kriterien für Kontrolle und Bewertung > wirkungsvolle Verbesserungsprozesse, Nutzung der Erfahrungen der Beschäftigten
Betriebsklima	schlecht > keine Leistungsbereitschaft, schlechte Produktivität	gut > hohe Leistungsbereitschaft und Produktivität

Die neun wesentlichen Risikobereiche eines Unternehmens		
Nachfolge	keine Regelung > Unternehmenszukunft nicht gesichert	Regelung > gesicherte Unternehmensperspektive
Personal		
Risikobereich Beispiele	**Gefahr > Schaden**	**Chance > Nutzen**
demografischer Wandel	Auswirkungen nicht erkannt > kein oder schlechtes Personal	Auswirkungen erkannt > gutes Personal
Personaleinsatz	nicht den Fähigkeiten entsprechend > Über- oder Unterforderung	den Fähigkeiten entsprechend > gute Arbeitsergebnisse, hohe Motivation
Personalförderung	keine Förderung > keine Personalbindung, schlechte Motivation	Förderung > Personalbindung, gute Motivation
Aus- und Weiterbildung	keine Maßnahmen > Kompetenz- und Qualitätsproblem	Maßnahmen > Kompetenz auf aktuellem Stand, effektives Arbeiten, leistungsbereite Beschäftigte
Organisation und Prozesse		
Risikobereich Beispiele	**Gefahr > Schaden**	**Chance > Nutzen**
Weisungsbefugnisse Verantwortlichkeiten	nicht klar geregelt > Unsicherheit, Unzufriedenheit, Probleme bei Abläufen	klar geregelt > klare Abläufe und Abstimmungen, Zufriedenheit
Kommunikations- und Berichtswege	nicht geregelt > großer Mehraufwand, Missverständnisse	klar geregelt > effektive Abläufe
Informationsfluss	schleppend > Zeitverzögerungen, Stress	fließend und direkt > produktive Abläufe, Zufriedenheit
Entscheidungsfindungsprozess	kompliziert > Unzufriedenheit, fehlende Effizienz	klar und schnell > Effizienz, Zufriedenheit
Umweltschutz	keine Planungen und Maßnahmen > Belastungen der Umwelt, Bußgelder, Störungen im Ablauf	Planungen und Maßnahmen > Schutz der Umwelt, Rechtssicherheit, ungestörter Ablauf
Notfallvorsorge	keine Notfallvorsorge > keine Versorgung Verletzter, Brandschäden, negative Auswirkungen von Naturkatastrophen	Notfallvorsorge > schnelle Versorgung Verletzter, geringere Brandschäden, angemessener Schutz gegen Naturkatastrophen

Die neun wesentlichen Risikobereiche eines Unternehmens		
Technik, Arbeitsstoffe		
Risikobereich Beispiele	**Gefahr > Schaden**	**Chance > Nutzen**
Arbeitsmittel	keine sicheren und geeigneten Arbeitsmittel > Störungen, Unfälle, Ausfallzeiten	sichere und geeignete Arbeitsmittel > störungs-, unfallfreies Arbeiten
Beschaffung	keine Qualitätskriterien für Produkte > ungeeignete, störungsanfällige Arbeitsmittel keine Qualitätskriterien für Leistungen > Qualitätsprobleme, hohe Aufwände, Nachforderungen	Qualitätskriterien für Produkte > geeignete Arbeitsmittel, lange Nutzungsdauer Qualitätskriterien für Leistungen > passgenaue, wirtschaftliche Leistungen, die den Erwartungen entsprechen
Arbeitsstoffe	gefährliche Stoffe > Gesundheitsprobleme, Ausfallzeiten	Ersatzstoffe Schutzmaßnahmen > störungsfreies Arbeiten
Software	schlechte Gebrauchstauglichkeit > Zeitverluste bei Arbeit, Unzufriedenheit keine Sicherung > Angriffe von außen, Datenverlust	gute Gebrauchstauglichkeit > effektives Arbeiten, Zufriedenheit Sicherung > sichere Software
Gefährdungsbeurteilung	keine Gefährdungsbeurteilung > Störungen, Unfälle, Bußgelder	Gefährdungsbeurteilung > reibungslose Abläufe, störungsfreier Arbeitsmitteleinsatz, Rechtssicherheit
Produkte und Leistungen		
Risikobereich Beispiele	**Gefahr > Schaden**	**Chance > Nutzen**
Produktsicherheit	keine Kontrolle > Qualitätsprobleme, unzufriedene Kunden keine Absicherung > existenzbedrohende Haftungsprobleme	Kontrolle > zufriedene Kunden Absicherung > keine Haftungsprobleme
Lebensmittelsicherheit	keine Kontrolle > Qualitätsprobleme, unzufriedene Kunden keine Absicherung > existenzbedrohende Haftungsprobleme	Kontrolle > zufriedene Kunden Absicherung > keine Haftungsprobleme
Sicherheit von Leistungen	keine Kontrolle > Qualitätsprobleme, unzufriedene Kunden keine Absicherung > existenzbedrohende Haftungsprobleme	Kontrolle > zufriedene Kunden Absicherung > keine Haftungsprobleme

Die neun wesentlichen Risikobereiche eines Unternehmens		
Innovation		
Risikobereich Beispiele	**Gefahr > Schaden**	**Chance > Nutzen**
Trends und Entwicklungen des Marktumfelds	nicht wahrgenommen > Gefahr, dass das Unternehmen den Anschluss an die Wettbewerber verliert	rechtzeitig erkannt > Unternehmen kann Vorreiterrolle einnehmen
technologische Veränderungen	zu spät erkannt > Einbußen an Produktivität	rechtzeitig erkannt > Vorteile in der Produktivität
neue Gesetze und Vorschriften	keine Kenntnisse > rechtliche Verstöße	Kenntnisse > Rechtssicherheit und Wettbewerbsvorteil bei offensiver Nutzung

Führung

Oleg Cernavin*

1	Worum geht es beim Thema Führung?
2	Was bringt das Thema meinem Unternehmen?
3	Wie führe ich mein Unternehmen erfolgreich?
4	Die fünf wichtigsten Tipps für eine gute Führung
5	Literatur
6	Checkauszug Führung
7	Umsetzungshilfe

* Oleg Cernavin, geschäftsführender Gesellschafter der BC GmbH Forschung, Wiesbaden und stellvertretender Vorsitzender der Offensive Mittelstand – Gut für Deutschland.

—

1   Worum geht es beim Thema Führung?

In Unternehmen gibt es immer Menschen, die Führungsfunktionen ausüben. Unter den momentanen Marktbedingungen sind andere Konzepte für ein Unternehmen kaum vorstellbar – wenn es auch einige Beispiele meist kleiner Unternehmen oder kleiner Projekte gibt, in denen die Beteiligten vollkommen gleichberechtigt miteinander arbeiten.

Die Führungskraft eines Unternehmens oder einer Arbeitsgruppe bestimmt durch ihr Verhalten wesentlich den wirtschaftlichen Erfolg. Die Qualität der Führung bestimmt den Erfolg und die Produktivität des Unternehmens – diese Aussage ist weitgehend unbestritten in der modernen Managementforschung.

Warum ist die Qualität der Führung so wichtig? Ein Unternehmen oder ein Arbeitsbereich besteht immer aus Menschen, die zusammenarbeiten, um gemeinsam eine Leistung zu erbringen. Führung hat die Aufgabe, dafür die bestmöglichen Voraussetzungen zu schaffen. Gut zu führen bedeutet, die folgenden drei Voraussetzungen möglichst erfolgreich umzusetzen:

- **Gestaltung der Rahmenbedingungen**: Die beteiligten Menschen benötigen einen eindeutigen Rahmen (einen Kontext) für die Zusammenarbeit, damit sie gemeinsam handlungsfähig sind sowie ihre Kompetenzen und Erfahrungen einbringen wollen und können.
- **Lenkung der Prozesse**: Die beteiligten Menschen brauchen klare Ziele und Arbeitsaufgaben, um effektiv arbeiten zu können.
- **Entwicklung des Unternehmens**: Das Unternehmen braucht eine Perspektive, um sich weiterentwickeln zu können und um wettbewerbsfähig zu bleiben. Dazu ist die Strategie des Unternehmens kontinuierlich weiterzuentwickeln. Gleichzeitig sind aktivierende Kontexte für alle Beschäftigten zu gestalten, um alle Ressourcen für die Entwicklung der Produkte und Leistungen des Unternehmens und der Arbeitsgruppe gemeinsam nutzen zu können.

Abb. 1: Funktion der Unternehmensführung (vgl. Bleicher 2011, S. 54; Malik 2000, S. 50)

Gestalten, Lenken und Entwickeln – darum geht es beim Thema Führung. Führung schafft die Voraussetzungen, damit Produkte effektiv erarbeitet werden können, und damit das Unternehmen sich weiterentwickeln und existieren kann.

Ziel der Führung ist es, einen effizienten, produktiven und innovativen Wertschöpfungsprozess zu gestalten. Mittlerweile können wir sehr genau beschreiben, welche Stellschrauben in der wissensorientierten Arbeitswelt entscheidend sind. Was gute Führung heute bedeutet, zeigen die Beispiele erfolgreicher mittelständischer Unternehmen sowie viele Ergebnisse der Arbeits- und Managementforschung.

Dabei ist deutlich eine Abkehr vom Heldenverständnis in der Führung zu erkennen. Die Vorstellungen über die Führungskraft als dominanter Macher und hierarchischer Machtmensch, der alles bestimmt, sind nicht mehr tragfähig. Vielmehr wird die Führungskraft als Prozesssteuerer gesehen, der das Ziel hat, Ressourcen zu aktivieren. Das moderne Führungsverständnis hat sich vom Mythos verabschiedet, dass Führungskräfte alles im Griff haben müssen.

Führung wird verstanden als zielbezogene Einflussnahme auf Arbeitsprozesse. Die Menschen sollen bewegt und motiviert werden, bestimmte Ziele zu erreichen, wobei sie alle ihre Kompetenzen und Fähigkeiten einbringen sollen. Führung soll auch dazu beitragen, alle anderen Ressourcen wie Arbeitsmittel, -stoffe oder -verfahren effizient einzusetzen. Die Führung soll dafür optimale Bedingungen schaffen. Ihre Qualität entscheidet, ob Menschen gerne und zufrieden ihre Arbeit erledigen, ob sie Sinn in der Arbeit sehen und sich positiv mit neuen Gedanken einbringen, oder ob sie Dienst nach Vorschrift machen. Führung ist als ein Beeinflussungsprozess zu verstehen, der das Unternehmen lebendig hält.

2   Was bringt das Thema meinem Unternehmen?

Die Führungsqualität eines Unternehmers entscheidet über seinen Erfolg. Das Gleiche gilt natürlich auch für die Führung von einzelnen Teams oder Bereichen. Die Führung gibt die Ziele und Arbeitsaufgaben vor, sie sorgt dafür, wie die zur Verfügung stehenden Ressourcen genutzt werden und wie das Budget eingesetzt wird.

Vor allem aber beeinflusst Führung wesentlich die entscheidenden Produktivkräfte im Wertschöpfungsprozess: den Menschen und die sozialen Beziehungen bei der Arbeit. Beide sind der Motor des Betriebes. Kein Werkzeug würde eingesetzt und keine Maschine würde laufen, ohne Personen die sie einstellen, bedienen, programmieren oder warten. Weder Produkte noch Leistungen würden den Kunden erreichen, wenn nicht Beschäftigte dafür sorgten. Keine Idee oder neue Lösung, Innovation würde entstehen, wenn nicht Menschen auf Grundlage ihrer Kompetenzen und Erfahrungen neue Entwicklungen einleiten würden.

Der Erfolg und die Produktivität des Wertschöpfungsprozesses hängen davon ab, wie sehr Menschen willens sind, sich in die Arbeitsprozesse einzubringen. Sind die Beschäftigten bereit, ihre Kompetenzen zur Verfügung zu stellen oder nicht? Darüber entscheidet wesentlich die Führungskraft. Ist das soziale Klima im Unternehmen so, dass die Beschäftigten gerne zur Arbeit kommen und sich gegenseitig unterstützen oder empfinden die Beschäftigten den menschlichen Umgang im Unternehmen eher als belastend und demotivierend? Auch dies beeinflusst die Führungskraft wesentlich.

Der Erfolg von Unternehmen ist davon abhängig, ob es Führungskräften gelingt, die Menschen und die sozialen Beziehungen im Unternehmen so zu gestalten, dass die Beschäftigten ihre Kompetenzen und ihre Fähigkeiten einbringen, und dass sie gerne zur Arbeit kommen. Dies wird in vielen arbeitswissenschaftlichen Studien belegt.

So wurde beispielsweise in einer umfassenden Studie zur Arbeitsqualität festgestellt, dass in wirtschaftlich besonders erfolgreichen Unternehmen die Führungsqualität von den Beschäftigten als deutlich besser bewertet wurde als im repräsentativen Durchschnitt aller Unternehmen (siehe Abbildung 2). Signifikant besser sind in diesen Unternehmen Führungseigenschaften wie Kommunikation, Kompetenz, Integrität und Förderung von Beschäftigten. Die Führung dort ist auch in Fragen der Förderung des einzelnen Beschäftigten wie in der Förderung der sozialen Beziehungen deutlich besser als die Führung in durchschnittlichen Unternehmen. So werden die Führungskräfte von ihren Beschäftigten deutlich besser bewertet in Fragen der Partizipation der Beschäftigten, der Fürsorge, der Fairness und der Teamorientierung. Die Folge einer solchen Unternehmensführung ist eine deutlich höhere Identifikation der Beschäftigten mit der Arbeit und dem Unternehmen (siehe Abbildung 2).

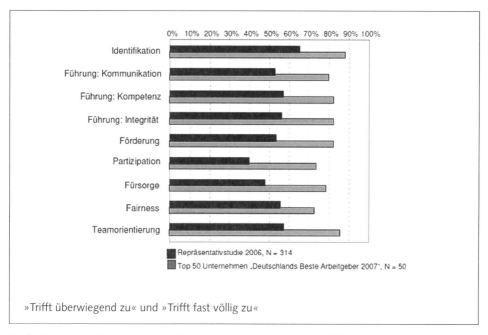

»Trifft überwiegend zu« und »Trifft fast völlig zu«

Quelle: Hauser, F.; Schubert, A.; Aicher, M.: Unternehmenskultur, Arbeitsqualität und Mitarbeiterengagement in den Unternehmen in Deutschland, Forschungsprojekt Nr. 18/05 des Bundesministeriums für Arbeit und Soziales; Berlin 2008 (37.151 befragte Mitarbeiter in 314 Unternehmen)

Abb. 2: Identifikation und Führungseigenschaften in wirtschaftlich erfolgreichen und durchschnittlichen Unternehmen

In der gleichen Studie wurde konstatiert, dass die Produktivität der Beschäftigten in wirtschaftlich besonders erfolgreichen Unternehmen deutlich höher ist als in durchschnittlichen Betrieben. In den Firmen mit hoher Führungsqualität ist der Anteil der Aktiv-Engagierten und der Passiv-Zufriedenen deutlich höher als in durchschnittlichen Betrieben (siehe Abbildung 3).

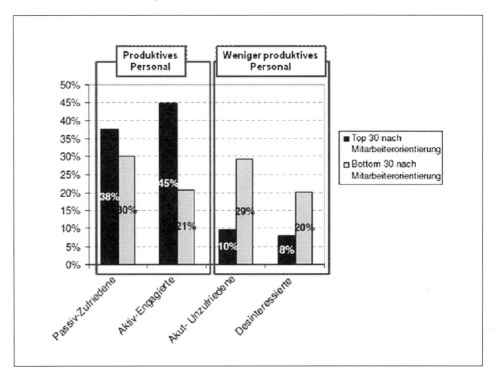

Quelle: Hauser, F.; Schubert, A.; Aicher, M.: Unternehmenskultur, Arbeitsqualität und Mitarbeiterengagement in den Unternehmen in Deutschland, Forschungsprojekt Nr. 18/05 des Bundesministeriums für Arbeit und Soziales; Berlin 2008 (37.151 befragten Mitarbeitern in 314 Unternehmen)

Abb. 3: Arbeitszufriedenheit und Produktivität in wirtschaftlich erfolgreichen und durchschnittlichen Unternehmen

Neben den entscheidenden Ressourcen Mensch (humane Ressource) und soziale Beziehungen (soziale Ressourcen) entscheidet die Führungskraft immer auch über den Einsatz der Finanzmittel (finanzielle Ressourcen). Damit dreht sie an den drei zentralen Stellschrauben des betrieblichen Erfolgs.

Führung gestaltet und entscheidet aber auch über andere Ressourcen, die für das Betriebsergebnis und den Wertschöpfungsprozess wichtig sind (siehe Abbildung 4). Dazu gehören zum Beispiel:

• der Einsatz von Arbeitsmitteln und -stoffen, die ein fehlerfreies, ergonomisches und gesundheitsgerechtes Arbeiten mit hoher Produktqualität ermöglichen: materielle Ressourcen,

- eine Arbeitsumgebung, die die Arbeitsabläufe und die Leistungsfähigkeit der Beschäftigten unterstützt und erleichtert – zum Beispiel durch Gestaltung des Arbeitsplatzes, Beleuchtung, Raumklima: Raumressourcen.

Letztendlich gestaltet, lenkt und entwickelt die Führungskraft das komplette Arbeits- und das soziale System des Betriebs. Darin liegt die zentrale Bedeutung des Themas Führung für das Unternehmen.

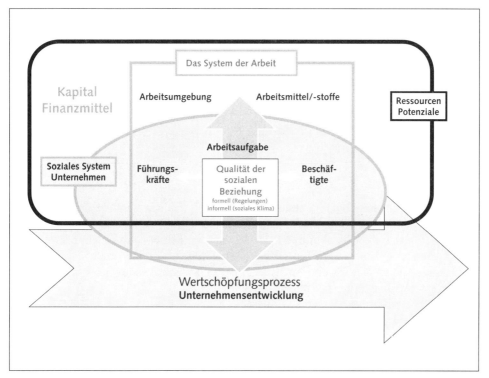

Abb. 4: Führung entscheidet über die wirkungsvolle Nutzung von Ressourcen und Potenzialen

3   Wie führe ich mein Unternehmen erfolgreich?

Für das erfolgreiche Führen eines Unternehmens oder einer Arbeitsgruppe gibt es keinen Königsweg und keine einfachen fertigen Rezepte. Führen ist immer ein spezifischer Prozess, der permanent andere Bedingungen vorfindet. Insofern ist es schwierig, eindeutig zu sagen, was Führung erfolgreich macht. Oft werden spezielle Führungsstile empfohlen, jedoch sind diese Empfehlungen wenig tragfähig.

In Studien werden nämlich sowohl erfolgreiche Führungspersonen identifiziert, die einen autoritären und patriarchalischen Stil pflegen, wie Führungspersonen, die mit einem kooperativen und partizipativen Stil leiten. Beide Führungsstile können zum Erfolg aber auch zum Misserfolg führen. Beide Führungsstile finden sich in Betrieben, in denen Beschäftigte zufrieden und produktiv arbeiten.

Tragfähiger sind Aussagen aus seriösen Studien, die beschreiben, was Führungskräfte in erfolgreichen Unternehmen ausmacht. Erfolgreiche Führung basiert eher auf Eigenschaften wie:

- **Glaubwürdigkeit der Person**: Führungskräfte sind erfolgreicher, die von sich selbst das Gleiche verlangen wie von anderen, und die meinen, was sie sagen.
- **Einem Menschenbild, das den Beschäftigten als eigenständige Person wertschätzt**: Führungskräfte sind erfolgreicher, die den Beschäftigten etwas zutrauen und ihnen vertrauen, die ihre Kompetenzen und Erfahrungen schätzen und sie einbeziehen.
- **Einer Orientierung auf die Sache und nicht auf die persönliche Karriere**: Die Wirkung von Führung ist stark mit den persönlichen Intentionen und Zielen der Führungsperson verbunden: Geht es der Führungskraft um die Sache, um die Qualität der Arbeit, um das gemeinsame Gestalten eines guten Produktes? Oder verfolgt sie individuelle Interessen, um in der eigenen Karriere voranzukommen? Beschäftigte spüren die Intentionen ihrer Führungskräfte genau. Führungspersonen, denen es um die Sache geht, können deutlich stärker auf die Unterstützung und das Engagement der Beschäftigten zählen als diejenigen, denen es nur um ihre Karriere geht.

Die hier beschriebenen Eigenschaften für den Erfolg hängen wesentlich von der Persönlichkeit der Führungskraft ab und weniger von der Form der Führung (autoritär oder kooperativ). Persönlichkeit aber muss sich entwickeln, keiner kann sie an- oder ablegen wie ein Hemd, und niemand kann sie in einem Zweitagesseminar im Schnellverfahren erlernen. Persönlichkeit basiert – neben Einflüssen der Sozialisation – vor allem auf

- bewusst verarbeiteten Erfahrungen,
- einem Prozess des kontinuierlichen Lernens und
- der ständigen persönlichen Weiterentwicklung.

Gute Führungskräfte zeigen, dass dieser Prozess nie an ein Ende kommt.

Als erstes Fazit lässt sich festhalten: Der Erfolg von Führung basiert eher auf der Persönlichkeit der Führungskraft, auf ihrer Glaubwürdigkeit, ihrem Menschenbild und ihrer Sachorientierung, als auf irgendwelchen Methoden und Formen der Führung. Die Entwicklung dieser Persönlichkeit ist ein kontinuierlicher Lernprozess.

Die Beispiele guter Unternehmensführung zeigen aber auch, dass es neben der Persönlichkeit der Führungskraft einige Faktoren gibt, die immer wieder in Zusammenhang mit erfolgreicher Führung zu beobachten sind. Diese Faktoren beschreiben idealtypisch die Aspekte, die Führungskräften als Anregung für ihre täglich neuen Anforderungen dienen können. Diese Faktoren werden im Folgenden genauer dargestellt.

Sich so verhalten, dass Beschäftigte ihre Leistungen gerne einbringen

Wenn Führungskräfte mit ihren Beschäftigten unzufrieden sind, liegt das meistens daran, dass sie etwas anders machen, als es sich die Führungskraft vorgestellt hat. Das kann viele Ursachen haben, wie beispielsweise:

- Der Beschäftigte hat etwas falsch verstanden.
- Der Beschäftigte ist fachlich oder zeitlich überfordert und kann so die gewünschte Aufgabe gar nicht umsetzen.
- Der Beschäftigte ist unterfordert und ist nicht motiviert, diese Aufgabe umzusetzen.
- Der Beschäftigte kann seine Ideen und Erfahrungen nicht einbringen und fühlt sich nicht gefordert und ernst genommen.
- Der Beschäftigte weiß nicht, warum er die Aufgabe erledigen soll und sieht keinen Sinn in der Arbeit.
- Der Beschäftigte spürt, dass sein Chef kein Vertrauen in seine Leistung hat, und sieht deswegen nicht ein, seine Leistungen voll einzubringen.
- Der Beschäftigte hat private Sorgen und kann sich nicht richtig auf die Aufgabe konzentrieren.

Es kann also viele Gründe geben, warum ein Beschäftigter anders handelt, als die Führungskraft es erwartet. Das gilt übrigens für alle Qualifikationsebenen. Die hier beschriebenen Prozesse spielen sich beim weniger qualifizierten Helfer genauso ab wie beim Akademiker. Beschäftigte sind eigenständig denkende und handelnde Menschen. Das ist genau der Schatz, den die Beschäftigten in die Arbeitsprozesse einbringen können und den die Führung heben kann – oder eben auch nicht.

Führung, die dieses Potenzial nutzen will, sollte sich vom Heldenmythos befreien, nachdem sie vermeintlich alles vorgeben muss, alles (besser) wissen und alles kontrollieren muss. Die Helden-Führungskraft erreicht eigenständig denkende und handelnde Menschen in der Regel nicht. Damit nimmt sie sich selbst die Möglichkeit, die eigenen Vorhaben umzusetzen.

Besser ist es, durch das eigene Führungsverhalten Bedingungen (Kontexte) zu schaffen, in denen die Beschäftigten gerne arbeiten und ihre Leistungen einbringen. Was kann eine Führungsperson hierzu beitragen? Hier einige Hinweise, wie solche aktivierenden Bedingungen erzeugt werden können:

- In Gesprächen Missverständnisse einkalkulieren und nicht gleich davon ausgehen, dass ein Beschäftigter nicht will, wenn er etwas nicht genau so umsetzt, wie man es erwartet. Missverständnisse sind in der Kommunikation wahrscheinlicher als Verstehen.
- Beim Übertragen von Arbeitsaufgaben dem Beschäftigten die Möglichkeit geben, eigene Erfahrungen und Ideen einzubringen.
- Nicht den Eindruck vermitteln, »alles im Griff« zu haben, sondern die Eigendynamik von Prozessen fördern und deutlich machen, dass es auf das gemeinsame gute Gestalten der Aufgabe ankommt. Entscheidend ist, dass alle Beteiligten gemeinsam versuchen, die Aufgabe möglichst optimal umzusetzen und nicht, dass die Führungskraft alles beherrscht und kontrolliert.
- Die Arbeitsinhalte, die -qualität und die sachliche sowie gemeinsame Problemlösung in den Mittelpunkt stellen, nicht Status-Symbole und die Position in der formalen Hierarchie.
- Auftretende Probleme konstruktiv zusammen lösen und aus Fehlern gemeinsam lernen – nicht nach Schuldigen suchen.
- Bei eigenen Fehlern den Mut haben, sich zu entschuldigen.

- Deutlich machen, dass Kritik im Unternehmen nicht persönlich verstanden werden soll, sondern dass es immer um die Verbesserung der gemeinsamen Sache geht. Auch selbst Kritik nicht persönlich nehmen.
- Die Kompetenzen der Beschäftigten fördern, anerkennen und sich freuen, wenn sie besondere Stärken haben. Ertragen, wenn andere »besser« sind.
- Sich selbst so verhalten, wie man es von anderen verlangt.

Klare Orientierungen geben, um maximalen Handlungsspielraum zu ermöglichen

Ein Unternehmen ist natürlich weder eine Selbsterfahrungs-Bude noch eine sozialtherapeutische Einrichtung. Es geht immer darum, Ziele zu erreichen. Unternehmen müssen sich am Markt realisieren, in einem zunehmend härteren Marktumfeld und unter wachsendem Zeitdruck. Damit alle vorhandenen Ressourcen für einen effektiven Wertschöpfungsprozess aktiviert werden, müssen alle wissen, worum es geht. Es müssen klare Orientierungen vorhanden sein.

Das komplexe soziale System eines Unternehmens – auch von kleinen Betrieben – funktioniert nur, wenn die Rollen, Regeln und Vorgaben für alle Beteiligten eindeutig sind. Nur dann werden alle gemeinsam handeln können. Es muss klare Orientierungen geben, über die nicht diskutiert wird, sondern die Voraussetzungen dafür sind, dass ein Unternehmen am Markt agieren kann. Sowohl die Produkte, die Leistungen und die Arbeitsaufgaben als auch der Ablauf der Arbeitsprozesse sind definiert. Wer einen Vertrag bei einem Unternehmen unterzeichnet, lässt sich auf diese Bedingungen ein.

Diese klaren Orientierungen werden immer wieder angepasst und verbessert – zumindest in guten Unternehmen. Aber zunächst einmal sind sie prinzipiell als eindeutige Rollenbeschreibungen, Regeln und Vorgaben festgelegt. Diese Richtlinien zu geben, ist Aufgabe der Führungskraft. Genauso ist es ihr Auftrag, sie an sich wandelnde Bedingungen anzupassen und ständig zu verbessern.

In der Praxis ist immer wieder zu beobachten, dass diese Rollen, Regeln und Vorgaben nicht eindeutig durch die Führungspersonen vermittelt werden. Beispielsweise setzt sie sie als bekannt voraus, weil sie für sie selbstverständlich sind. Oder die Führungskraft beschreibt sie nicht eindeutig, weil es bequemer ist, diffus zu bleiben, oder weil es manchmal unangenehm ist, klar zu sagen, was gilt und was nicht.

Hier wird ein zentrales Problem deutlich: Führung, die nicht eindeutig formuliert, macht es allen Beteiligten schwer. Die Beteiligten wissen dann nicht, was von ihnen erwartet wird. Das führt zu Verunsicherung und zu unklaren Verhältnissen. Dies wird besonders problematisch, wenn die Führungskraft dann – scheinbar aus dem Nichts heraus – Kritik übt, weil ihre Erwartung nicht erfüllt wird, da kein Beteiligter genau wusste, was erwartet wurde. Ohne Orientierung fällt gemeinsames zielgerichtetes Handeln schwer.

Eindeutige Orientierungen sind aber noch aus einem anderen Grunde wichtig: Sie beschreiben die Rahmenbedingungen und die Leitplanken des Handelns im Unternehmen. Nur wenn diese bekannt sind, kann den Beschäftigten der größte mögliche Spielraum für eigenverantwortliches Handeln und Entscheiden gegeben werden. Fehlen den Mitarbeitern diese Regeln, entscheiden und handeln sie im luftleeren Raum und sind einer willkürlichen Beurteilung ihrer Aktionen ausgesetzt.

Wenn Beschäftigte aber die Rollen, Regeln und Vorgaben kennen, kennen sie die Kriterien, in deren Rahmen sie entscheiden, und in dem sie ihre Ideen, Gedanken und Erfahrungen einbringen können.

Die Faustregel lautet: Klare Orientierungen ermöglichen den größten möglichen Spielraum für zielgerichtete Entscheidungen der Beschäftigten. Nach dieser Regel handeln erfolgreiche Unternehmen. In diesen Betrieben besteht für Beschäftigte ein hoher Anreiz, sich in dem definierten Rahmen einzubringen, motiviert eigenständig Entscheidungen zu treffen und damit produktiv zu arbeiten.

Folgende Hinweise erleichtern es Führungskräften, klare Orientierungen zu geben:

- Den Beschäftigten eindeutig erklären, warum das Unternehmen welche Produkte und Leistungen erbringt, und wie dies im Unternehmen geschieht.
- Die Weisungsbefugnisse und Verantwortungsbereiche eindeutig festlegen. Dabei kann es sinnvoll sein, die Beteiligten einzubeziehen.
- Die Weisungsbefugnisse und Verantwortungsbereiche allen bekannt geben.
- Die Regeln des Umgangs miteinander festlegen und beschreiben. Am besten diese gemeinsam mit den Beschäftigten entwickeln und vereinbaren.
- Regeln für das Lösen von Konflikten aufstellen und mit den Beschäftigten vereinbaren.
- Die Arbeitsaufgaben sowie die Fristen klar definieren.
- Eindeutig festlegen, was an den Arbeitsaufgaben nicht veränderbare Vorgabe ist und welche eigenverantwortlichen Entscheidungsmöglichkeiten der Beschäftigte bei der Umsetzung hat.
- Die Kriterien für die Arbeitsqualität definieren und die **Erwartungen** an das Ergebnis mitteilen.
- Die Beschäftigten bei der Arbeitsplanung und -gestaltung einbeziehen. Hier auch den Entscheidungsspielraum bei der Umsetzung festlegen.

Arbeitszufriedenheit fördern, damit die Prozesse lebendig bleiben und sich jeder gerne einbringt

»Mache die Menschen zufrieden, dann werden sie leisten« schreibt Malik in seinem zum Standard gewordenen Buch *Führen, Leisten, Leben* (2000, S. 28). Wer zufrieden arbeitet, ist bereit, seine Fähigkeiten und Kompetenzen in den Arbeitsprozess einzubringen. Wer unzufrieden ist, wird nicht motiviert und produktiv arbeiten. Die Voraussetzungen dafür zu schaffen, dass Beschäftigte zufrieden und produktiv arbeiten können, ist klassische Führungsaufgabe.

Die Zufriedenheit eines Beschäftigten wird von zwei wesentlichen Faktoren beeinflusst:
1. **Die Aufgabe**: Zum einen bestimmt die Arbeitsaufgabe die Zufriedenheit des Beschäftigten. Entspricht sie seinen Vorstellungen, Erwartungen, Kompetenzen und Werten, dann wird sein Interesse an der Arbeit geweckt. In der Regel führt solch ein Auftrag eher zu Zufriedenheit sowie Identifikation und damit zu Handlungsbereitschaft und Aktivität. Eine Aufgabe, die dem Beschäftigten entspricht, fördert sein Interesse und sein Engagement.

2. **Das Verhalten der Führungskraft:** Zum anderen beeinflusst das Verhalten der Führungskraft die Zufriedenheit des Beschäftigten. Sie hat mehrere Möglichkeiten, die Leistungsbereitschaft positiv oder negativ zu beeinflussen:

- Sie entscheidet, welche Arbeitsaufgabe ein Beschäftigter erhält. Damit legt sie wesentliche Voraussetzungen für die Arbeitszufriedenheit fest. Bei der Verteilung der Aufträge geht es immer um Fragen wie: Verfügt der Beschäftigte überhaupt über die Kompetenzen, um diese Aufgabe erfüllen zu können? Ist er vielleicht überfordert und kann sie gar nicht erledigen? Oder ist er unterfordert und fühlt sich nicht ausgelastet sowie nicht entsprechend ernst genommen mit seinen eigentlichen Fähigkeiten? Entspricht diese Aufgabe den Erwartungen und Vorstellungen des Beschäftigten? Mit dem Arbeitsauftrag stellt die Führungskraft die Weichen, ob der Beschäftigte lustlos und unproduktiv arbeitet oder engagiert und leistungsbereit.

- Zum anderen beeinflusst die Führungskraft die Leistungsbereitschaft durch die Art seines Umgangs mit den Beschäftigten. Der Motivations-Experte Sprenger fasst seine Erkenntnisse so zusammen: »Wenn Sie die Mitarbeiter für unselbständig halten, werden sie es.« (Sprenger, 1997, S. 211) Dahinter steht die Erkenntnis, dass Führungskräfte, die ihren Beschäftigten misstrauen und sie nicht als eigenständige Persönlichkeit akzeptieren, ein Verhalten auslösen, das ihren Erwartungen entspricht. Hier wird der Prozess einer Selffulfilling Prophecy in Gang gesetzt. Ein Mensch, dem misstraut wird, und der sich nicht akzeptiert fühlt, wird nicht mit Vertrauen und Akzeptanz antworten. Warum sollte er sich engagieren, wenn ihm kein Vertrauen entgegengebracht wird? Eine Führungskraft, die seinem Beschäftigten keine Leistung zutraut, wird von ihm auch keine Leistung erhalten.

  Dagegen fühlt sich ein Mensch in einer vertrauensvollen und wertschätzenden Umgebung wohl und sicher. Er wird sich für die gemeinsame Sache engagieren und auch Aufgaben motiviert erledigen, die nicht unbedingt seinen Erwartungen und Vorstellungen entsprechen. Dies wird er umso eher tun, wenn ihm seine Führungskraft erklärt, warum eine Arbeit erledigt werden muss. Jeder Mensch benötigt Sinn für seine Tätigkeiten: Warum soll ich etwas machen? Was für einen Beitrag leiste ich für »das Ganze«? Führungskräfte, die den Beschäftigten diese Fragen beantworten, wecken zusätzlich das Interesse an dem Auftrag. Sein Sinn kann für den Beschäftigten oft erst deutlich werden, wenn er erfährt, welche Bedeutung sein Beitrag hat. Die meisten arbeitswissenschaftlichen Studien zu dieser Frage belegen, dass für die Beschäftigten nicht Geld verdienen das Wichtigste bei der Arbeit ist, sondern interessante Arbeit, gutes Arbeitsklima oder Zufriedenheit. Diese Ergebnisse unterstützen die Notwendigkeit, Beschäftigten den Sinn ihrer Tätigkeit zu vermitteln und ihnen als eigenständige Persönlichkeit zu vertrauen. Mit der weit verbreiteten Auffassung: »Denen geht es doch nur ums Geld«, wird die Tür zu den Potenzialen der Beschäftigten geschlossen.

Ein wesentliches Rezept vieler erfolgreicher Unternehmen liegt darin, über die Förderung von Arbeitszufriedenheit Leistungsbereitschaft zu erzeugen. So werden das Interesse und das Engagement der Beschäftigten für den gemeinsamen Auftrag geweckt. Wer durch Führungsverhalten Desinteresse und Unzufriedenheit bei den Beschäftigten auslöst, wird kein

Engagement erwarten dürfen und nur »Dienst nach Vorschriften« erzeugen. An dieser Stellschraube der Führung wird in Deutschland viel Leistungsbereitschaft und Produktivität zerstört. Oder besser gesagt: Hier schlummert immer noch ein großes Potenzial an Produktivität (siehe Abbildung 5). Die Förderung von Arbeitszufriedenheit ist für die Führungskraft gleichzeitig auch die Voraussetzung, um die Prozesse im Unternehmen dynamisch zu halten. Denn nur engagierte und aktive Beschäftigte werden ihre Ideen und Erfahrungen zur ständigen Weiterentwicklung der Prozesse und der Produkte einbringen.

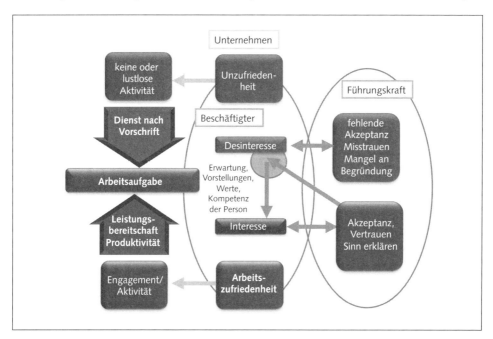

Abb. 5: Leistungsbereitschaft vs. Dienst nach Vorschrift

Folgende Denkanstöße erleichtern es Führungskräften, die Arbeitszufriedenheit bei ihren Beschäftigten zu fördern:
• Bei der Übertragung von Aufgaben darauf achten, dass sie den Kompetenzen der Beschäftigten entsprechen, um sie nicht zu über- oder unterfordern.
• Den Beschäftigten erklären, warum die Arbeit erforderlich ist, und welchen Beitrag sie für den Gesamtprozess und das -produkt leistet.
• Den Beschäftigten alle Informationen für die Aufgabe geben und sie nicht nur bruchstückhaft informieren.
• Den Beschäftigten die Möglichkeiten geben, ihre Fähigkeiten in den Arbeitsprozess einzubringen, sie nach ihren Erfahrungen fragen.
• Den Beschäftigten Mitsprache bei wichtigen Entscheidungen in ihrem Bereich ermöglichen und ihre Meinungen ernst nehmen und berücksichtigen.
• Die Kenntnisse und Erfahrungen der Beschäftigten bezüglich Fehler, Störungen und Probleme im Arbeitsablauf nutzen.

- Den Beschäftigten die Möglichkeit geben, regelmäßig mit ihren Führungskräften über ihren Arbeitsplatz (zum Beispiel Über-, Unterforderung) zu sprechen. Gemeinsam Lösungen für auftretende Probleme finden.
- Die Beschäftigten als eigenständige, intelligente und eigenverantwortliche Personen betrachten und sie so akzeptieren, wie sie sind. Ihnen nicht von vornherein mit Misstrauen begegnen oder sie als unmotiviert ansehen.
- Den Beschäftigten zutrauen, was sie machen sollen und nicht an ihren Fähigkeiten zweifeln. Ihnen helfen und sie unterstützen, wenn zu sehen ist, dass sie die Aufgabe nicht bewältigen.
- Wenn ein Beschäftigter unzufrieden und unmotiviert ist, das Gespräch suchen und versuchen, die Ursachen herauszufinden und sie mit ihm gemeinsam auszuräumen.
- Deutlich machen, dass es im Unternehmen nicht um kurzfristige Gewinnmaximierung, sondern um gute Produkte und gute Arbeit geht. Den Beschäftigten erklären, dass neben wirtschaftlichen auch menschliche und soziale Ziele für Entscheidungen und Handlungen wichtig sind.
- Jeden Beschäftigten mit seinen ganz persönlichen Eigenarten und Fähigkeiten achten, anerkennen und fördern. Die einzelnen Beschäftigten nicht unterschiedlich sondern möglichst gerecht behandeln.
- Die Beschäftigten als Menschen sehen, die im Prinzip gerne arbeiten, auch wenn das nicht immer gleich sichtbar wird. Sie nicht als Personen betrachten, denen es in erster Linie nur um das Geld geht.
- Gemeinsam mit dem Beschäftigten überlegen, wie er sich entwickeln und gefördert werden kann.

Nach vereinbarten Kriterien kontrollieren, um gemeinsam die Prozesse zu verbessern

Es gibt kaum ein zweites Thema, das so verkrampft behandelt wird wie das Thema **Kontrolle**. Die einen kontrollieren permanent und nutzen Kontrolle, um ihre Machtposition zu dokumentieren. Viele Führungskräfte zucken dagegen beim Wort Kontrolle zusammen, weil sie ungern kontrollieren. Das ist wohl noch die Auswirkung einer Zeit, in der alles Autoritäre negativ bewertet und Freiheit idealisiert wurde. Was könnte einer grenzenlosen Freiheit mehr im Wege stehen als Kontrolle? Hinter dieser Auffassung steht jedoch ein Bild, das den Menschen nicht in seiner sozialen Bedingtheit sieht.

Ist Kontrolle sinnvoll und falls ja, welche? Menschen, die mit anderen zusammenleben, müssen immer die Regeln des Zusammenlebens akzeptieren, um nicht willkürlich zu handeln und andere zu verletzen. Das Gesetz des Wolfsrudels, in dem es keine vereinbarten Regeln gibt, sondern in dem der Stärkere siegt, ist eine fragwürdige Basis der Zusammenarbeit. Da, wo Menschen zusammenkommen und zusammenarbeiten, gibt es deswegen sinnvoller Weise Regeln. Allerdings sind sie nur dann wirkungsvoll, wenn sie kontrolliert werden. Eine fehlende Bereitschaft, vereinbarte Regeln zu überprüfen, signalisiert, dass sie nicht ernst genommen werden und beliebig sind. Zwar wurden sie vereinbart, aber es ist egal, was daraus wird, und ob sich jemand daran hält. Die Kontrolle der gemeinsamen Regeln ist also wesentliche Voraussetzung für eine menschliche Gemeinschaft. Vor allem der Grundsatz, unter Achtung der Interessen des anderen und der Interessen der Gemeinschaft die Freiheit des Einzelnen zu bewahren, sollten auf seine Wirksamkeit kontrolliert werden.

Ein Betrieb ist ebenfalls eine soziale Gemeinschaft mit gemeinsamen Regeln. Auch hier sollte jeder, der sie ernst nimmt, darauf achten, dass sie auch kontrolliert werden. Dass dies geschieht, dafür sind die Führungskräfte verantwortlich. Kontrolle ist eine originäre Aufgabe jeder Führungskraft. Nicht, ob man kontrolliert, sondern wie man kontrolliert, sollte allerdings die Frage lauten.

Kontrolle kann als Überwachung der Beschäftigten gesehen und zur Disziplinierung genutzt werden. Auch kann sie nach vollkommen unsinnigen Kriterien durchgeführt werden. In vielen Unternehmen grassiert beispielsweise die Kennzahlen-Euphorie. Über Kennzahlen soll scheinbare Objektivität der Kontrolle erzeugt werden. Oft werden Zahlen aber als unsinnige Zahlenfriedhöfe ohne Aussagekraft produziert, weil sie tatsächliche Prozesse und qualitative Aspekte ignorieren (es gibt natürlich auch sehr sinnvolle Kennzahlen-Systeme). Viele Führungskräfte nutzen die Kontrolle auch, um ihr Misstrauen gegenüber Beschäftigten bestätigt zu finden, indem sie ihnen Fehler nachweisen und ihnen entsprechende Vorwürfe machen.

Alle diese Methoden sind für die Kontrolle unbrauchbar und konterkarieren ihren Sinn, weil sie letztendlich nur die Machtposition von Führungskräften festigen sollen. Dahinter steht der alte Heldenmythos der Führungskraft. Mit derartigen Kontrollen erreicht man das genaue Gegenteil von dem, was sie tatsächlich bewirken sollten: Sie produzieren Unwillen und Widerstand bei den Beschäftigten, weil Menschen ungern auf diese Weise kontrolliert werden. Sie bestätigen die latent vorhandenen sowie historisch begründeten Vorbehalte gegen Kontrollen. Als Mittel der Dokumentation der eigenen Machtposition sind Kontrollen genau so sinnlos, wie keine Kontrollen durchzuführen.

Wie aber sollte kontrolliert werden, um die Überprüfung als wirkungsvolles Instrument einzusetzen? Kontrollen sollten glaubwürdig die gemeinsamen Vorgaben überprüfen mit dem Ziel, Schwachstellen in dem Vereinbarten aufzudecken und gemeinsam zu verbessern. Grundlagen für eine so verstandene Kontrolle sind:

- **Ziel der Kontrolle ist, Fehler kennenzulernen und die Situation zu verbessern.** Kontrollziel ist nicht, Fehler nachzuweisen und Schuld zuzuweisen, sondern Fehler und Probleme aufzudecken und gemeinsam mit den Betroffenen die Schwachstelle zu beseitigen.
- **Grundlage der Kontrolle ist Vertrauen.** Die Führungskraft muss als Grundlage für die Kontrolle Vertrauen in die Leistungsfähigkeit und -bereitschaft der Beschäftigten haben. Ansonsten wären die Beschäftigten falsch eingesetzt. Dann bestände ein Führungsproblem. Kontrolle muss auf Vertrauen basieren, um sie nutzen zu können, gemeinsam mit den Beschäftigten Fehler und Schwachstellen zu suchen und Verbesserungen einzuleiten. Ohne gegenseitiges Vertrauen ist eine wirkungsvolle Kontrolle nicht möglich.
- **Kontrollkriterien bekannt machen oder noch besser: gemeinsam vereinbaren.** Allen Beteiligten sollte vorher bekannt sein, nach welchen Kriterien die Führungskraft die Prozesse und Produkte im Unternehmen kontrolliert. Ist das nicht der Fall, werden die Beschäftigten verunsichert und bekommen den Eindruck von Willkür. Als besonders hilfreich hat sich erwiesen, die Kriterien gemeinsam mit den Mitarbeitern zu entwickeln und zu vereinbaren, denn sie wissen sehr genau, welche Kriterien zur Kontrolle in ihrem Bereich sinnvoll sind und welche nicht.

- **Kontrolle als Nachweis der Ernsthaftigkeit der vereinbarten Arbeitsaufgaben darstellen.** Die Führungskraft sollte den Beschäftigten vermitteln, dass die Kontrolle die Ernsthaftigkeit der vereinbarten Arbeitsaufgaben deutlich macht. Nur wenn es egal wäre, welche Ergebnisse die Arbeit hätte, könnte man auf die Kontrolle der Ergebnisse verzichten. Ohne Kontrolle kann ein Eindruck entstehen, die Arbeit eines Beschäftigten sei für das Ganze unwichtig. Gleichzeitig bestätigen Kontrollen den Beschäftigten die Qualität ihrer Arbeit und sie sind ein Anlass, gute Leistungen anzuerkennen und zu würdigen.

Folgende Hinweise erleichtern Führungskräften die Kontrolle von Aufgaben:
- Die Ziele, die Kriterien für die Kontrolle und die Kontrollgrößen (zum Beispiel Wirtschaftlichkeit, Qualität, Quantität, Termine, Sicherheit) klar festlegen.
- Die Kontrolle auf die wesentlichen Prozesse und Arbeitsergebnisse beschränken. Nicht übertrieben alles im Detail kontrollieren. Die Kontrolle sollte sich auf die unerledigten Angelegenheiten und die auftretenden Probleme konzentrieren.
- Falls mit Kennzahlen gearbeitet wird, genau überlegen, ob sie aussagekräftig sind. Keine Kennzahlen verwenden, nur weil sie sich in einem Bereich leicht erheben lassen.
- Die Ziele und Kriterien der Kontrollen mit den Beschäftigten vereinbaren.
- Die Kriterien für die Kontrolle, die Zeitpunkte und die Kontrollgrößen den Beschäftigten frühzeitig bekannt geben.
- Die Kontrollen möglichst mit den Beschäftigten gemeinsam durchführen, um ihre Sichtweisen einzubeziehen.
- Die Ergebnisse der Kontrollen gemeinsam mit den Beschäftigten besprechen: Nach Ursachen für Probleme suchen, Verbesserungsmaßnahmen festlegen und deren Durchführung vereinbaren.
- Kaum ein Beschäftigter erzeugt vorsätzlich Fehler. Nicht jeden kleinen Fehler aufzeigen, es sei denn, er ist schwerwiegend.
- Die Kriterien für die Kontrolle und Kontrollgrößen regelmäßig an die Entwicklungen anpassen.

4 Die fünf wichtigsten Tipps für eine gute Führung

Tipp 1: Geben Sie klare Orientierungen vor und ermöglichen Sie in diesem Rahmen möglichst eigenverantwortliche Entscheidungen Ihrer Beschäftigten.
Klare Orientierungen bedeutet: Klare Ziele und Strategien vorgeben; eindeutige Verantwortungsbereiche und Weisungsbefugnisse, die sich nicht überschneiden; Aufgaben eindeutig beschreiben und Kriterien für die Arbeitsergebnisse formulieren.

Tipp 2: Sehen Sie sich nicht als der Macher, der alles kann und alles im Griff hat, sondern als derjenige, der dafür sorgt, dass alle gerne bei Ihnen arbeiten.

Dazu gehört beispielsweise, in Gesprächen Missverständnisse einzukalkulieren. Aus Fehlern gemeinsam lernen, nicht nach Schuldigen suchen. Bei eigenen Fehlern den Mut haben, sich zu entschuldigen. Sich selbst so verhalten, wie man es von anderen verlangt.

Tipp 3: Sorgen Sie dafür, dass Ihre Beschäftigten zufrieden und produktiv arbeiten können.

Betrachten Sie Ihre Beschäftigten als eigenständige und eigenverantwortliche Personen, und akzeptieren Sie sie so, wie sie sind. Verteilen Sie Arbeitsaufgaben so, dass Beschäftigte möglichst nicht über- oder unterfordert werden. Erklären Sie, warum Aufgaben erforderlich sind und welchen Beitrag sie für »das Ganze« leisten. Gewinnen Sie Kenntnisse und Erfahrungen der Beschäftigten über Fehler, Störungen und Probleme im Arbeitsablauf.

Tipp 4: Machen Sie deutlich, dass es Ihnen um die gemeinsame Sache und um gute Produkte sowie Leistungen geht und nicht um Ihre persönlichen Ziele.

Stellen Sie zum Beispiel Arbeitsinhalte, Arbeitsqualität und eine sachliche sowie gemeinsame Problemlösung in den Mittelpunkt, nicht Status-Symbole und die Position in der formalen Hierarchie.

Tipp 5: Kontrollieren Sie die Arbeitsergebnisse zusammen mit den Beschäftigten, um gemeinsam die Ergebnisse zu verbessern.

Zum Beispiel ist das Kontrollziel nicht, Fehler nachzuweisen und Schuld zuzuweisen, sondern Fehler zu erkennen und gemeinsam Verbesserungsmöglichkeiten zu suchen. Vereinbaren Sie die Ziele, die Kriterien für die Kontrolle und die Kontrollgrößen. Nutzen Sie Kontrollen auch dazu, um die Qualität der Arbeit anzuerkennen und die Beschäftigten zu würdigen.

5 Literatur

Bleicher, K. (Hrsg.): Das Konzept integriertes Management, 8. Aufl., Frankfurt 2011.
Der Klassiker, in dem das St.-Gallener-Managementsystem beschrieben wird, das eine systematische Führung ermöglicht. Bleicher hat wie nur wenige andere die Management-Wissenschaften beeinflusst und geprägt.

Cernavin, O./Holland, U./Keller, S./Rehme, G.: Prävention und soziale Ressourcen in KMU, München 2006.
In einem Theorie- und einem Empirie-Kapitel wird in dieser Publikation nachgewiesen, welche Rolle eine vorausschauende Gestaltung von Arbeits- und Organisationsprozessen hat.

Mailk, F.: Führen, Leisten, Leben, Düsseldorf 2000.
Malik beschreibt in dieser Publikation die Grundsätze, die Aufgaben und die Werkzeuge wirksamer Führung. Malik kommt aus der St.-Gallener Schule.

Neuberger, O.: Führen und führen lassen, 6. Aufl., Stuttgart 2002.
Ein Lehrbuch zum Thema Führung aus psychologischer Sicht. Ausführlich behandelt werden Theorien der Führung, Führungsstile und -formen, Führungsverhalten sowie Fragen der Identität und der Rolle einer Führungskraft.

Von Rosenstiel, L./Regnet, E./Domsch, M. (Hrsg.): Führen von Mitarbeitern, 6. Aufl., Stuttgart 2009.
In diesem Klassiker der Führungsliteratur werden alle Aspekte der Personalführung umfassend erläutert. Viele Darstellungen und Praxishinweise helfen beim Verständnis der Inhalte.

Sprenger, R.K.: Mythos Motivation. Frankfurt 1997.
Ein leicht verständlicher Klassiker zum Thema Führungsverhalten und Motivation.

Steinmann, H./Schreyögg, G.: Management, 6. Aufl., Wiesbaden 2005.
Ein Standard-Lehrbuch der systemischen Managementlehre. Beschrieben werden die Funktionen sowie die Methoden und Instrumente guter Führung.

6   Checkauszug Führung

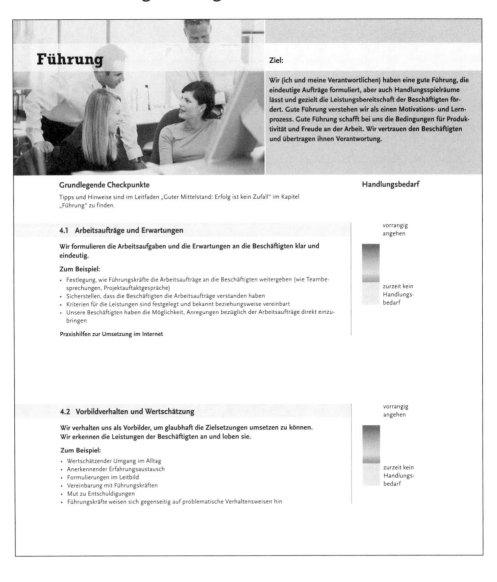

Führung

Grundlegende Checkpunkte	Handlungsbedarf

4.3 Beschäftigte einbeziehen

Wir beziehen die Beschäftigten in die Arbeitsplanung und -gestaltung mit ein.

Zum Beispiel bei täglichen Besprechungen:

- Über die Arbeitsabläufe
- Bei der Beschaffung von Arbeitsmitteln
- Bei der Veränderung von Arbeitsplätzen
- Beim Auftreten von Problemen im Arbeitsablauf

vorrangig
angehen

zurzeit kein
Handlungs-
bedarf

4.4 Handlungsspielräume

Wir schaffen Bedingungen, dass die Beschäftigten eigenständig handeln sowie ihre Kompetenzen und Erfahrungen einbringen können.

Zum Beispiel:

- Entscheidungsspielraum ermöglichen bei klarer Festlegung der Grenzen
- Möglichkeit für Beschäftigte, ihre Meinung über das Führungsverhalten zu äußern
  (offene Kommunikationskultur, Meckerkasten, Teambesprechungen, kurze Mitarbeiterbefragungen)

→ Check Unternehmenskultur

vorrangig
angehen

zurzeit kein
Handlungs-
bedarf

4.5 Kontrolle und Ergebnisbewertung

Wir kontrollieren und bewerten unsere Ziele, Vereinbarungen und Arbeitsergebnisse.

Zum Beispiel:

- Prüfen der Zielerreichung
- Qualitätskontrollen
- Termineinhaltung
- Prüfung der Umsetzung der Vereinbarungen
- Leistungsbewertung

vorrangig
angehen

zurzeit kein
Handlungs-
bedarf

4.6 Meine eigene Gesundheit

Ich denke bewusst an meine eigene Gesundheit, setze konkrete Maßnahmen um und bin damit auch Vorbild für die Belegschaft.

Zum Beispiel:

- Hilfen zum Zeit- und Selbstmanagement nutzen
- Sport/Bewegung/Ernährung verbindlich einplanen und nutzen
- Angebote der Krankenkassen und Berufsgenossenschaften nutzen

vorrangig
angehen

zurzeit kein
Handlungs-
bedarf

Weitere Checkpunkte sowie Praxishilfen zu diesem Thema finden Sie im Internet: www.offensive-mittelstand.de

Check »Guter Mittelstand: Erfolg ist kein Zufall, 2010, S. 16–17

7   Umsetzungshilfe

Selbsttest – Motivation Ihrer Beschäftigten	
Dieser Test hilft Ihnen, Potenziale zur Verbesserung Ihres Führungserfolges zu erkennen. Vergleichen Sie die Aussagen in der linken Spalte mit Ihrem eigenen Verhalten und überlegen Sie, ob Sie etwas verbessern können.	
Vergleichen Sie diese Aussagen mit Ihrem eigenen Verhalten	**Handlungsbedarf**
Ich betrachte meine Beschäftigten als eigenverantwortliche selbstständige Personen. Ich unterstelle ihnen nicht, dass sie unmotiviert sind.	
Ich vertraue meinen Beschäftigten und achte die Persönlichkeit jedes Einzelnen. Ich weiß: Misstrauen führt zum »Dienst nach Vorschrift«.	
Ich achte darauf, dass ich meine Beschäftigten nicht unterschiedlich behandele. Ich fördere jeden Einzelnen mit seinen persönlichen Eigenarten und Fähigkeiten.	
Ich gehe davon aus, dass meine Beschäftigten gerne arbeiten. Ich sehe in meinen Beschäftigten nicht Menschen, denen es nur um das Geld geht.	
Ich gebe meinen Beschäftigten alle Informationen, die sie für die Arbeit benötigen.	
Meine Beschäftigten wissen, welcher Anteil ihrer Aufgabe für das Gesamtprodukt oder die -dienstleistung im Unternehmen zukommt. Ich versuche ihnen deutlich zu machen, welchen Beitrag sie »zum Erfolg des Ganzen« leisten.	
Ich lobe meine Beschäftigten, wenn sie ihre Arbeit gut erledigen. Ich lobe nur, wenn ich es auch so empfinde. Ich weiß: Meine Beschäftigten merken, wenn ich nur oberflächlich daherrede.	
Ich sorge dafür, dass eine Atmosphäre in unserem Betrieb entsteht, in der Kritik und Kontrolle als Maßnahmen gesehen werden, mit denen man sich gegenseitig hilft, sich zu verbessern.	
Ich lasse auch Kritik an meiner eigenen Person zu, ohne dünnhäutig zu reagieren.	
Ich ermögliche meinen Beschäftigten Mitsprache bei wichtigen Entscheidungen in ihrem Arbeitsbereich. Ich frage die Beschäftigten nach ihren Erfahrungen und Verbesserungsideen und berücksichtige ihre Meinungen.	
Ich fördere die spezifischen Fähigkeiten und Kompetenzen meiner Beschäftigten gezielt – zum Beispiel durch Fortbildung oder Trainings.	

10 Tipps zur Gesprächsführung

Wenn es Ihnen gelingt, diese Tipps möglichst weitgehend zu berücksichtigen, werden Sie viel bei Ihren Gesprächspartnern erreichen und sich Belastungen und Ärger ersparen. Dabei sollten Sie davon ausgehen, dass es mal besser und mal schlechter gelingen wird, die Tipps zu berücksichtigen. Es ist ein ständiger Lernprozess.

1. Hören Sie zu und versuchen Sie, den Gesprächspartner zu verstehen. Versuchen Sie, das Gesprächsthema »durch die Augen des anderen« zu sehen. Gehen Sie davon aus, dass Missverständnisse wahrscheinlicher sind als Verstehen.

2. Behandeln Sie andere so und sprechen Sie mit ihnen so, wie Sie selbst behandelt oder angesprochen werden möchten: höflich, klar und respektvoll.

3. Beobachten Sie den Gesprächspartner bewusst und versuchen Sie, seine Probleme und Gefühle zu erkennen und darauf einzugehen – spielen Sie nichts herunter und werten Sie nicht ab.

4. Greifen Sie nicht das Selbstwertgefühl anderer an. Lassen Sie dem Gesprächspartner immer die Möglichkeit, das Gesicht zu wahren.

5. Setzen Sie Ärger nicht in Vorwürfe, Belehrungen und Besserwisserei um. Sprechen Sie Ihre Gefühle je nach Situation mit klaren Worten an.

6. Vermischen Sie nicht Fakten, Annahmen, Meinungen.

7. Decken Sie Konflikte nicht zu, sondern sprechen Sie Differenzen offen an.

8. Stehen Sie zu eigenen Fehlern und gestehen Sie sie offen ein. Versuchen Sie nicht, sich herauszureden, zu rechtfertigen oder Alibis zu schaffen.

9. Fragen Sie bei Unklarheiten nach. Interpretieren Sie möglichst nichts in Aussagen hinein und vermeiden Sie Unterstellungen. Suchen Sie keine Sündenböcke.

10. Sehen Sie Kritik als Verbesserung einer Situation an, nehmen Sie sie auf keinen Fall persönlich und betrachten Sie sie nicht als Bedrohung. Kritik ist ein Weg, neugierig zu sein und zu lernen.

Verbesserungsprozess – Vorschläge des Beschäftigten	
Ich schlage vor	
Bei meiner Arbeit habe ich die Erfahrung gemacht, wie einiges verbessert werden könnte. Deswegen schlage ich vor:	
Arbeitsbereich	**Mein Vorschlag**
Arbeitsmittel (zum Beispiel Computer, Bildschirm, Tastatur, Drucker, Blendung, Spiegelung, Arbeitsstuhl, Arbeitstisch)	
Software (zum Beispiel Kenntnisstand, Erledigung der Aufgabe, Erläuterungen bei Fehlern, Korrektur von Fehlern, Aufwand der Arbeit, Verständnis der Bedienung)	
Arbeitsumgebung (zum Beispiel Beleuchtung, Lärm, Klima, Platzverhältnisse/Bewegungsraum, Raum, Regale)	
Arbeitsorganisation (zum Beispiel Arbeitsanweisungen, Beurteilung der Arbeitsbedingungen, Pausen, Arbeitszeit, Zeitdruck, Abläufe, Entscheidungsbereich, Information und Kommunikation, Beteiligung, Absprachen, Verantwortungsbereiche)	
Kompetenzen (zum Beispiel Informationen, Ausbildung/ Training, Unterlagen, Eigenverantwortung)	
Soziale Beziehungen (zum Beispiel zu Kollegen, Vorgesetzten, Probleme im Team, Betriebsklima)	

Kundenpflege

Patrick Lentz*/Richard Merk**

1   Worum geht es bei dem Thema Kundenpflege?
2   Was bringt das Thema meinem Unternehmen?
3   Wie setze ich Kundenpflege erfolgreich in meinem Unternehmen um?
4   Die fünf wichtigsten Tipps zur Kundenpflege
5   Literatur
6   Checkauszug Kundenpflege
7   Umsetzungshilfe

*   Prof. Dr. Patrick Lentz ist Professor für Marketing und Prodekan des Fachbereichs Wirtschaft an der Fachhochschule des Mittelstands (FHM) in Bielefeld.
** Prof. Dr. Richard Merk ist Geschäftsführer der Fachhochschule des Mittelstands (FHM) in Bielefeld und Vorstandsmitglied der Stiftung Bildung und Handwerk.

1   Worum geht es bei dem Thema Kundenpflege?

Das Thema Kundenpflege beschäftigt sich mit Mitteln, um Kundenbeziehungen langfristig aufzubauen und zu pflegen. Dieses stellt insbesondere die Mitarbeiter eines Unternehmens, die direkten Kontakt zu den Kunden haben, vor besondere Herausforderungen, da hierdurch die Grundlagen und Voraussetzungen für die langfristige Bindung von Kunden geschaffen werden. Ein Unternehmen ohne festen Kundenstamm wird auf Dauer nicht am Markt existieren können, weil der ständige Versuch der Neukundengewinnung zu viele Ressourcen bindet. Dies gilt besonders für mittelständische Unternehmen, die zumeist nur über stark eingeschränkte Kapazitäten verfügen. Nichtsdestotrotz ist aber auch die Akquirierung neuer Kunden ein wichtiges Ziel, das von Unternehmen verfolgt werden soll. Dieses ist jedoch nicht Hauptbestandteil der Kundenpflege. Für eine entsprechende Anleitung hierzu sei daher an dieser Stelle auf das Kapitel Strategie verwiesen.

Bei Kundenpflege handelt es sich um die systematische Analyse, Planung, Durchführung sowie Kontrolle sämtlicher auf den aktuellen Kundenstamm gerichteten Maßnahmen mit dem Ziel, dass diese Kunden auch in Zukunft die **Geschäftsbeziehung** aufrechterhalten. Wenngleich hierbei die Pflege existierender Kunden und Kundenbeziehungen im Mittelpunkt steht, so beschäftigt sich das Thema darüber hinaus auch mit dem **Beschwerde**- oder **Kundenrückgewinnungsmanagement**. Um Maßnahmen zur Kundenpflege adäquat umsetzen zu können, bedarf es jedoch darüber hinausgehender Informationen zu den **Bedürfnissen der Kunden**, den **eigenen Stärken**, der Ausprägung der **Kundenzufriedenheit** sowie dem eigenen **Verhalten gegenüber Kunden**.

In diesem Beitrag wird zunächst aufgezeigt, weshalb Unternehmer aus dem Mittelstand sich intensiv mit der Kundenpflege beschäftigen müssen. Es wird darüber hinaus dokumentiert, welche Möglichkeiten jedem Unternehmen zur Kundenpflege zur Verfügung stehen, und wie diese optimal angewandt werden können. Es folgen kurze zusammenfassende Tipps zur verbesserten Kundenpflege, bevor Literaturhinweise und eine Checkliste das Kapitel beschließen.

2   Was bringt das Thema meinem Unternehmen?

Ein existierender, sich jedoch kontinuierlich verändernder Kundenstamm reicht nicht aus, um erfolgreich am Markt bestehen zu können. Dies hängt damit zusammen, dass sich sowohl die Bedürfnisse der aktuellen Kunden als auch die des Markts insgesamt verändern. Während beispielsweise früher viele Handwerkerleistungen einzeln eingekauft wurden, besteht heutzutage das Bedürfnis, alle Leistungen koordiniert aus einer Hand zu erhalten, um sich nicht mit vielen unterschiedlichen Ansprechpartnern abstimmen zu müssen. Handwerkerunternehmen müssen sich also beispielsweise auf diese veränderten Bedürfnisse der Kunden einstellen, um sie nicht zu verlieren. Als Alternative bliebe nur noch die Akquise neuer Kunden – dies raubt jedoch Zeit und die Ressourcen, existierende Kundenkontakte weiterzuentwickeln.

Aus diesem Grund spielt die Pflege der Kundenbeziehungen bzw. die aktive Berücksichtigung der Kundenbedürfnisse insgesamt eine immer größer werdende Rolle. Dies lässt sich mit den beiden folgenden Beobachtungen begründen:

- **Der Ertragswert eines Kunden beim Erstkauf ist gering**: Kunden sind bei ihren ersten Geschäften mit neuen, bislang noch unbekannten, Unternehmen eher vorsichtig, da sie das Risiko der Geschäftsbeziehung mit einem unbekannten Betrieb im Vorfeld nur bedingt einschätzen können. Um dieses Risiko so gering wie möglich zu halten, neigen sie dazu, bei Erstkäufen eher vorsichtig zu agieren, wodurch das Unternehmen keine hohen Erträge erwirtschaften kann. So wird zum Beispiel ein Malerbetrieb durch einen neuen Kunden nicht gleich mit dem Streichen des gesamten Hauses von innen und von außen beauftragt, sondern es wird zunächst nur ein Teil in Auftrag gegeben, einfach um zu schauen, ob der Betrieb sein Handwerk auch wirklich beherrscht und letztlich hält, was er verspricht.
- **Die Kosten, einen neuen Kunden zu akquirieren, sind hoch**: Bevor Kunden zu einem neuen Anbieter wechseln, bedarf es in der Regel umfangreicher akquisitorischer Maßnahmen, die mit einem erhöhten Aufwand verbunden sind. Hierunter fällt der Bereich Werbung und Kommunikation, um den neuen Kunden erst einmal auf das Unternehmen aufmerksam zu machen. Diese entstehenden Kosten können zumeist nicht beim ersten Kauf durch einen Kunden wieder aufgefangen werden (s.o.), sodass Unternehmen auf wiederholte Käufe desselben Kunden angewiesen sind, bevor von einem Ertrag durch ihn gesprochen werden kann.

Beide Punkte zusammengenommen zeigen, wie wichtig es ist, sich auf die Pflege von existierenden Kundenbeziehungen zu konzentrieren, um Geschäftsbeziehungen so gut und langfristig wie möglich entwickeln zu können.

Neben den geringeren Kosten, die zufriedene Kunden verursachen, zeigen sich in der Praxis weitere positive Nebeneffekte, wie die folgenden Beobachtungen aus der Unternehmenspraxis (vgl. Schüller) dokumentieren:

- Weiterempfehlung kann gefördert werden. Im Rahmen einer Studie gaben 57 Prozent der treuen Kunden an, dass sie ihren bevorzugten Anbieter weiterempfehlen würden. Bei den weniger treuen Kunden haben nur 27 Prozent eine Weiterempfehlung ausgesprochen. Durch diese Empfehlung können neue Kunden auf das Unternehmen aufmerksam werden, ohne dass es dafür werben muss.
- Treue und zufriedene Kunden helfen einem Anbieter zu 94 Prozent über Reklamationen und zu 74 Prozent über die Teilnahme an Kundenbefragungen, noch besser zu werden. Somit kann Kundenpflege dazu beitragen, dass das Unternehmen seine Leistungen verbessert. Für einen Handwerker bedeutet eine Reklamation beispielsweise einen wertvollen Hinweis darauf, dass etwas unbefriedigend läuft.
- 82 Prozent der treuen Kunden würden ihr Unternehmen warnen, bevor sie die Geschäftsbeziehung beenden. Wenn beispielsweise ein Unternehmen bereits seit langem mit einem Anbieter zusammenarbeitet, sich dessen Leistungen aber nicht verbessern, würde man vor Beendigung der Geschäftsbeziehung im Regelfall darauf hinweisen, dass man mit den Leistungen nicht mehr zufrieden ist. Da die Zusammenarbeit lange Zeit gut funktioniert hat, hofft der Auftraggeber, dass der Anbieter durch diesen Hinweis zu seiner alten Stärke zurückfindet.

Dies zusammengenommen zeigt, wie wichtig das Thema nicht nur für große, sondern auch für kleine und mittelständische Unternehmen ist. Trotzdem wird Kundenpflege und -bindung in vielen Unternehmen nur am Rande betrachtet. Dabei sind Maßnahmen relativ einfach umsetzbar, Kunden an das eigene Unternehmen zu binden. Die Abbildung 1 zeigt Gründe auf, warum sich Kunden nicht auf die Suche nach neuen Unternehmen begeben, sondern bei dem Anbieter bleiben, mit dem sie schon länger zusammenarbeiten.

Ursachen – Warum lassen sich Kunden binden?	
Situative Bindung	Kunden halten die Geschäftsbeziehung mit einem Unternehmen aufrecht, weil es einen günstigen Standort hat. Für den Kunden ist es bequem, bei dem aktuellen Anbieter zu bleiben. Ist ein Handwerksunternehmen für den Kunden stets gut erreichbar, hat er die Sicherheit, sich an einen Mitarbeiter wenden zu können, wann immer Probleme auftreten.
Vertragliche Bindung	Durch Verträge lassen sich – quasi zwangsweise – Geschäftsbeziehungen aufrechterhalten und Kundenpflege wird dadurch in idealer Form möglich. Bei vertraglichen Geschäftsbeziehungen ist der Kunde namentlich bekannt, das Unternehmen kann ihn gezielt ansprechen (über Telefonnummer) oder anschreiben (postalisch oder per E-Mail). Dabei bedarf es jedoch einer Überzeugung des Kunden, eine vertragliche Geschäftsbeziehung einzugehen. Hierbei spielt in der Regel der folgende Grund eine gewichtige Rolle.
Ökonomische Bindung	Der Kunde erkennt, dass die Aufgabe der Geschäftsbeziehung für ihn wirtschaftliche Nachteile hat. Hierbei spielen die für den Kunden entstehenden finanziellen Aufwände eine entscheidende Rolle. Eine vertragliche Bindung – und somit auch Sicherheit für das Unternehmen – wird zumeist in Kombination mit monetären Anreizen umgesetzt.
Technisch-funktionale Bindung	Ein Wechsel des Anbieters ist mit Kompatibilitäts- oder Beschaffungsproblemen verbunden. Hierbei spielen technische Besonderheiten eine Rolle, aufgrund derer ein Wechsel nicht oder nur unter großem Aufwand möglich ist. Dazu gehören zum Beispiel Verbrauchsmaterialien, die nur von einem bestimmten Anbieter geliefert werden.
Psychologische Bindung	Dies ist wahrscheinlich die relevanteste Bindungsursache. Kunden halten die Geschäftsbeziehung mit einem Unternehmen aufrecht, weil sie sich dort wohl fühlen und ihm gegenüber eine positive Einstellung haben. Eine psychologische Bindung äußert sich beim Kunden durch einen hohen Grad an Zufriedenheit mit den Leistungen und Angeboten des Unternehmens.

Abb. 1: Ursachen für Kundenbindung

Speziell die Kundenbindung aufgrund von Zufriedenheit, d. h. die psychologische Bindung, wird im Folgenden genauer betrachtet.

Wie entsteht Kundenzufriedenheit? Die subjektive Einschätzung, ob Zufriedenheit besteht oder nicht, basiert auf einem Vergleich zwischen den **Erwartungen des Kunden** und der **tatsächlich wahrgenommenen Leistung**. Sollten die Erwartungen des Kunden erfüllt oder gar übertroffen werden, ist dieser zumeist zufrieden. Lediglich in dem Fall, dass seine Erwartungen nicht erfüllt werden, ist er unzufrieden. Die Kenntnis der Erwartungen und **Bedürfnisse des Kunden** sowie das **Verhalten gegenüber dem Kunden** sind wichtige Punkte, um psychologische Bindung über Kundenzufriedenheit erreichen zu können. Um darüber hinaus die richtigen Argumente zur Pflege und Aufrechterhaltung der Geschäftsbeziehung vermitteln zu können, ist zusätzlich die Kenntnis **eigener Stärken und Alleinstellungsmerkmalen** bei einem Vergleich mit den relevanten Wettbewerbern notwendig. Analysen der Kundenzufriedenheit ermöglichen eine kontinuierliche Überprüfung all dieser Facetten.

Sollte es einem Unternehmen gelingen, seine Kunden zufriedenzustellen, kann es im Regelfall auch mit den bereits genannten Konsequenzen rechnen, die in der Abbildung 2 zusammengefasst werden.

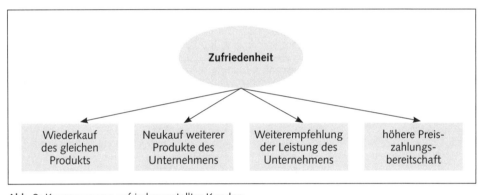

Abb. 2: Konsequenzen zufriedengestellter Kunden

Wie kann ein Unternehmen sich diese positiven Konsequenzen der Kundenzufriedenheit und der -pflege zunutze machen? Dies ist Gegenstand des folgenden Abschnitts.

3   Wie setze ich Kundenpflege erfolgreich in meinem Unternehmen um?

Um seine Kunden möglichst lange zu halten, an das Unternehmen zu binden und das Ziel eines möglichst stabilen Kundenstamms erreichen zu können, müssen entsprechende Informationen gesammelt werden. Hierzu gehören u.a. die in der Abbildung 3 dargestellten Aufgaben und Methoden.

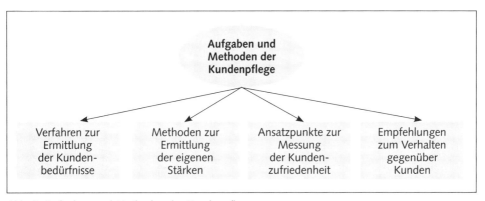

Abb. 3: Aufgaben und Methoden der Kundenpflege

Verfahren zur Ermittlung der Kundenbedürfnisse

Kundenbedürfnisse lassen sich auf unterschiedlichen Wegen ermitteln. Auch wenn es sich hierbei in den meisten Fällen um einfache und standardisierte Vorgehensweisen handelt, führen doch nur wenige Unternehmen systematische und vor allem regelmäßige Erhebungen durch, um die Kundenbedürfnisse zu ermitteln. Dabei ist der Nutzen einer nur einmalig oder selten wiederholten Befragung gering, da Veränderungen im Zeitablauf nicht festgehalten werden können. Die einmalige Durchführung von Kundenbefragungen zur Ermittlung des Status quo – quasi als Alibi – reicht bei Weitem nicht aus.

Dabei muss in vielen Fällen noch nicht einmal der Kunde selbst befragt werden, um eine Vorstellung von seinen Bedürfnissen zu bekommen. Meist sind **Mitarbeiter des Unternehmens**, die im Außen- bzw. im Kundendienst tätig sind, kompetent und geeignet, um die Bedürfnisse der Kunden wiederzugeben. Hier ist eine systematische Herangehensweise hilfreich, um diese Bedürfnisse zu dokumentieren und um aus dem Tagesgeschäft heraus bereits Ansatzpunkte zu generieren. Dies bedeutet beispielsweise, dass ein Mitarbeiter im Kundenkontakt gebeten wird, sämtliche Informationen über den Kunden, die sich im Gespräch ergeben (z. B. produktbezogene Vorlieben oder auch Hobbys), festzuhalten, um in Zukunft direkt auf diese Wünsche des Kunden eingehen zu können.

Insbesondere der **Kundendienst** bietet eine ideale Gelegenheit, etwas über die Wünsche und Bedürfnisse der Kunden zu erfahren. Der direkte Kontakt zwischen Mitarbeitern und Kunden ermöglicht die optimale Aufnahme der Kundenbedürfnisse und Ermittlung von eventuellen Verbesserungsvorschlägen. Wenn beispielsweise der Kundendienst beim Kunden ist, werden neben dem eigentlichen Thema auch darüber hinausgehende Punkte – z. B. leichte Probleme mit dem Produkt – angesprochen. Hält der Kundendienstmitarbeiter diese Informationen fest und gibt sie weiter, kann das Unternehmen alles dafür tun, dass diese Probleme in Zukunft nicht mehr auftreten.

Eine besondere Schnittstelle zwischen Unternehmen und Kunden stellt das **Beschwerdemanagement** bzw. die Abteilung dar, die Reklamationen und Beschwerden bearbeitet. Vielen Unternehmen ist nicht bewusst, welche hochwertigen Inhalte und Anregungen dort generiert werden können. Beschwerden können Verbesserungen von

Produkten und Dienstleistungen anregen, wobei der Kunde diese Informationen freiwillig und kostenlos dem Unternehmen anbietet. Allerdings setzen viele Unternehmen noch immer eine niedrige Beschwerdequote mit hoher Kundenzufriedenheit gleich. Dies muss aber nicht zwingend der Fall sein. Eine niedrige Beschwerdequote kann beispielsweise auf die folgenden, aus Unternehmenssicht wenig positiven, Punkte zurückgeführt werden:

- **Fehlende Möglichkeiten sich zu beschweren**: Dem Kunden werden keine Ansprechpartner oder Kontaktmöglichkeiten geboten, über die er mit dem Unternehmen in persönlichen Kontakt treten kann.
- **Resignation der Kunden**: Die Beziehung mit dem Unternehmen ist aus Kundensicht bereits beendet. Das Unternehmen hat keine Möglichkeit mehr, auf den Kunden einzugehen.
- **Nutzung anderer, nicht unternehmensbezogener Kanäle, um Unzufriedenheit zu äußern**: Viele Kunden bevorzugen die Weitergabe der negativen Informationen an andere Kunden über persönlichen Kontakt (z. B. Stammtisch oder private Feiern) oder über soziale Netzwerke wie Facebook.

Die Annahme – niedrige Beschwerdequote = hohe Kundenzufriedenheit – greift also zu kurz. Ermuntert man die Kunden, Beschwerden zu äußern, gewinnt man einen hilfreichen Ansatzpunkt, um die Kundenbeziehung zu intensivieren und zu pflegen.

Allerdings müssen Unternehmen sich dessen bewusst sein, dass bei einem entsprechenden Angebot von Beschwerdekanälen (z. B. Telefonnummer) dieses auch gut und schnell durch das Unternehmen bearbeitet werden muss. Eine Beschwerdehotline reicht beispielsweise nicht aus, wenn auf die hier eingehenden Anrufe nicht in entsprechender Art und Weise reagiert wird. Dazu gehört, dass das Unternehmen schnell reagiert und das fragliche Problem bearbeitet.

Eine gute und aus Sicht der Kunden umfassend durchgeführte Bearbeitung von Reklamationen bietet eine ideale Möglichkeit, nicht nur die Bedürfnisse des Kunden zu hinterfragen, sondern auch die Beziehung zu dem Kunden langfristig zu sichern. In der Vergangenheit hat sich gezeigt, dass Kunden nach einer erfolgreich bearbeiteten Beschwerde oftmals zufriedener waren als vor dem entsprechenden Problem.

Ermittlung eigener Stärken und Schwächen

Auch die Ermittlung der eigenen Stärken – aber zum Teil auch der eigenen Schwächen – stellt eine wichtige Grundlage zur Umsetzung von Kundenpflege dar. Über die **Kommunikation der eigenen Stärken** ist ein Unternehmen in der Lage, sich positiv im Wettbewerb zu differenzieren und somit a) existierende Kunden stärker als zuvor an sich zu binden und unter Umständen sogar b) Kunden des Wettbewerbers auf sich aufmerksam zu machen. Gleichzeitig ist ein Unternehmen bei Kenntnis eigener Schwächen in der Lage, sie a) in der Kommunikation aufzugreifen und dadurch abzuschwächen sowie b) diese adäquat im Rahmen des weiteren Entwicklungsprozesses von Unternehmen und Produkten zu bearbeiten. Dabei existiert eine Vielzahl von Verfahren, mit deren Hilfe die eigenen Stärken und Schwächen umfassend und zum Teil auch kostengünstig ermittelt werden können.

Interne Workshops beispielsweise sind auf einfachem Weg in der Lage, Stärken und Schwächen des Unternehmens – zumindest aus Sicht der Mitarbeiter – zutage zu fördern. Dabei können durch **Brainstorming** zusätzlich Verbesserungsvorschläge erarbeitet werden. Der Nachteil dieser Vorgehensweise ist jedoch, dass es sich hierbei um die subjektive Sicht der Mitarbeiter handelt, die nicht unbedingt identisch sein muss mit der Wahrnehmung des Kunden. Ein Unternehmen kann das Gefühl haben, alles Notwendige für die Kundenbeziehung zu tun – der Kunde kann das durchaus ganz anders sehen, ohne dass das Unternehmen dies bemerkt.

Trotzdem vermögen interne Workshops, grundlegende Aussagen zu den Stärken und Schwächen eines Unternehmens zu machen. Inhalte, die thematisiert werden können, umfassen zum Beispiel folgende Punkte:

- **Ermittlung der Wahrnehmung der Kunden**: »Welches Image haben Unternehmen und Produkte?« »Welchen Bekanntheitsgrad besitzen Unternehmen und Produkte?«
- **Situation des Unternehmens bei den Kunden**: Hierzu gehören Aspekte, die beispielsweise a) die Zufriedenheit der Kunden mit den Unternehmensleistungen betrachten, b) die Loyalität der Kunden gegenüber dem Unternehmen beschreiben, c) eine Aussage zur Erschließung des Absatzpotenzials treffen, d) eine Einschätzung des erzielten Preisniveaus vornehmen oder e) die kundenbezogene Profitabilität ermitteln.
- **Situation des Unternehmens im Wettbewerbsumfeld**: Hier geht es um die Ermittlung der Marktanteile der jeweiligen Branche. Zusätzlich wird in diesem Bereich versucht, explizit Aussagen über die Stärken und Schwächen des Unternehmens in Relation zu den wichtigsten Wettbewerbern zu treffen. Wichtig ist hierbei auch, die Wettbewerbsvorteile des Unternehmens zu identifizieren.

Anhand der beschriebenen, intern orientierten Prozesse und Vorgehensweisen lassen sich kostengünstig umfassende Aussagen zu den Stärken und Schwächen eines Unternehmens ermitteln. Darüber hinaus werden aber auch weiterführende Ansätze thematisiert, die im Folgenden kurz dargestellt werden.

Neben den internen Workshops bieten sich für Unternehmen Möglichkeiten, die eigene Kommunikation und insbesondere die Reaktion darauf umfassend auszuwerten. Hierzu gehört die **Auswertung von Messebesuchen** (z. B. über Befragungen des Außendiensts nach der Messe), aber auch die **Bewertung von Reaktionen auf Anzeigen und Internetauftritte**.

Für manche Unternehmenszweige bzw. Branchen bietet es sich an, durch umfangreiche **Testkäufe** ein möglichst objektives Bild von den Stärken und Schwächen im Hinblick auf den Umgang mit Kunden zu gewinnen. Im Einzelhandel sowie bei Banken und Versicherungen sind Testkäufer ein gängiges Mittel, um Aussagen über die Leistungsfähigkeit und über die Stärken und Schwächen der eigenen Mitarbeiter zu treffen. Auf diesem Wege lassen sich möglicherweise Verbesserungsansätze identifizieren, die sich positiv auf die Kundenbindung auswirken.

Die beschriebenen Punkte bieten für Unternehmen ideale Möglichkeiten, ein so objektives Bild wie möglich über die eigenen Stärken und Schwächen zu bekommen. Letztere helfen dabei, sich im Wettbewerb weiter zu verbessern und den Bedürfnissen der existierenden und potenziellen Kunden besser entgegenzukommen.

Messungen von Kundenzufriedenheit und -bindung als Qualitätsindikatoren für Kundenpflege und Kundenbeziehung

Die Messung von Kundenzufriedenheit und -bindung stellt ein geeignetes Instrument dar, um etwas über die Qualität und Intensität der Kundenpflege auszusagen. Hierzu existieren sowohl konzeptionell als auch empirisch vielfältige Möglichkeiten, um beide Indikatoren zu ermitteln und zu quantifizieren, wobei im Folgenden auf die wichtigsten Punkte eingegangen wird.

Eine grundlegende Möglichkeit zur Ermittlung der Kundenzufriedenheit bietet der **persönliche und direkte Kundenkontakt**. Ohne dem Kunden hierbei bei jeder Gelegenheit einen Fragebogen überreichen zu müssen, lassen sich bereits in Gesprächen mit ihm Rückschlüsse auf seine Zufriedenheit ziehen.

Im Rahmen des Kundenkontakts lässt sich beispielsweise aktiv nach Informationen suchen, die zukünftig zur Verbesserung der Kundenpflege verwendet werden können. Allein die **Offenheit für neue Ideen** und Vorschläge gibt dem Kunden ein Gefühl, wahrgenommen und verstanden zu werden, was sich zumeist darin auswirkt, dass sie freiwillig und umfassend weiterführende Informationen im Rahmen eines lockeren Gesprächs geben. Gleichzeitig können dabei Ideen für neue Produkte oder Produktverbesserungen entstehen.

Darüber hinaus bedarf es in einem zweiten Schritt jedoch der umfassenden **Verbreitung dieser Informationen**, speziell im Unternehmen selbst. Die aktive Weiterleitung ist zwingende Voraussetzung dafür, dass mit den Informationen auch tatsächlich Verbesserungen erzielt werden. Hierzu bedarf es einer entsprechenden Unternehmenskultur, damit bei den Mitarbeitern nicht das Gefühl entsteht, Informationen aus Konkurrenzgründen für sich behalten zu müssen. Durch regelmäßige Diskussionsrunden im Mitarbeiterkreis wird dies beispielsweise ermöglicht. Um diese Runden zu initiieren und durchzuführen, bedarf es jedoch einer geeigneten Unternehmenskultur und -struktur. Beispielsweise müssen Organisatoren benannt oder Personen identifiziert werden, die für die Verbreitung der neu gewonnenen Ideen sorgen.

Der einfachste und direkteste Weg sind aber sicherlich entsprechende **Kundenbefragungen**, die auf unterschiedlichsten Wegen durchgeführt werden können. Neben der persönlichen Erhebung sind darüber hinaus schriftliche, telefonische und auch Online-Erhebungen denkbar. Zusätzlich zur operativen Durchführung bedarf es aber einer konzeptionellen Phase, in der der Fragebogen inhaltlich entwickelt wird. Hierbei stellt sich die Frage nach den grundlegenden Inhalten, wobei man bei Kundenzufriedenheitserhebungen typischerweise auf die folgenden drei Ebenen abzielt:

- **Produktebene**: Hierbei wird die Zufriedenheit mit dem grundlegenden Produkt erhoben, wobei u.a. Fragen zur Zufriedenheit mit Ausstattungs- und Leistungselementen, zum Preis, zur Haltbarkeit oder Instandsetzbarkeit sowie zum Design gestellt werden können.
- **Serviceebene**: Ein sehr wichtiges Feld für die Bindung und Pflege des Kunden umfasst die Zufriedenheit mit dem Service. Hierzu zählen u.a. die Aspekte Produktzustellung, Installation, Kundenschulung und -beratung sowie Instandsetzung.
- **Beziehungsebene**: Gleichermaßen relevant ist die Zufriedenheit mit der Kundenbeziehung. Im Rahmen der Kundenpflege spielt dieser Aspekt eine wichtige Rolle bei

der Aufrechterhaltung und Gestaltung der Kundenbeziehung. Inhalte, mittels derer die Kundenzufriedenheit erfasst werden kann, beschäftigen sich beispielsweise mit der Vertrauenswürdigkeit, dem Einfühlungsvermögen, der Freundlichkeit oder auch der Reaktionsgeschwindigkeit.

Bei der Entwicklung der Fragen zu den oben genannten Ebenen sollte darauf geachtet werden, dass auf Fragen weitestgehend verzichtet wird, die sich mit einem schlichten »Ja« oder »Nein« beantworten lassen. Fragen wie »Sind Sie mit unseren Produkten zufrieden?« ermöglichen weder tiefergehende Aussagen zum Grad der Kundenzufriedenheit noch zu Aspekten, die die Kundenzufriedenheit beeinflussen und verbessern können.

Hierbei geht man im Rahmen der konzeptionellen Gestaltung typischerweise den Weg, dass mit Aussagen und weniger mit Fragen gearbeitet wird. Zusätzlich sollte die Aussage sich spezifisch auf einzelne Teilbereiche der genannten Ebenen beziehen, sodass auch inhaltlich eine entsprechende Handlungsempfehlung auf Basis jeder einzelnen Frage möglich ist. Fragen können beispielsweise wie folgt lauten:

- »Wie zufrieden sind Sie mit dem Preis-Leistungs-Verhältnis für das Produkt XY?«, auf einer Skala von 1 = sehr zufrieden bis 6 = sehr unzufrieden.
- »Wie wahrscheinlich ist es, dass Sie auch zukünftig Kunde unseres Unternehmens bleiben?«, auf einer Skala von 1 = sehr wahrscheinlich bis 6 = sehr unwahrscheinlich.
- »Die Mitarbeiter von Unternehmen XY sind in der Regel sehr höflich.«, auf einer Skala von 1 = Stimme voll und ganz zu bis 6 = stimme ganz und gar nicht zu.

Diese Beispielfragen dokumentieren die Möglichkeiten im Rahmen der Kundenzufriedenheitserhebung. Auf diesem Weg lassen sich Stärken und Schwachstellen identifizieren, die in einem zweiten Schritt bearbeitet werden, um die Kundenbeziehung bzw. die -pflege zu verbessern.

Verhalten gegenüber Kunden

Zur intensiven Pflege von Kundenbeziehungen bedarf es eines grundlegenden Verständnisses im Umgang mit den Kunden des Unternehmens. Hierzu ist wichtig, dass jeder Beschäftigte eine Vorstellung davon hat, wie der eigene Kontakt mit dem Kunden das Bild von dem gesamten Unternehmen prägt. Daraus ableitend sollte es dem Mitarbeiter gelingen, sich gegenüber dem Kunden angemessen zu verhalten, um im Sinne des Unternehmens bzw. im Sinne der Kundenpflege zu handeln.

Dabei hilft es beispielsweise, in Leitsätzen entsprechende Vereinbarungen niederzuschreiben. Eine zu entwickelnde **Unternehmensphilosophie** bzw. **Unternehmensgrundsätze** sind bei der Pflege und Entwicklung tragfähiger Beziehungen zum Kunden hilfreich, um in verschiedenen Situationen unterschiedliche Reaktionen einschätzen und bewerten zu können. Dabei wird speziell der Unternehmenszweck betrachtet, der sich in die folgenden beiden Komponenten gliedert:

1. **Unternehmensmission**: Hierbei werden Grundlagen für die Bestimmung der Ist-Situation eines Unternehmens abgeleitet. Fragen wie »Wofür stehen wir?« oder »Warum existieren wir?« ermöglichen eine Einschätzung der aktuellen Situation und bieten

eine Orientierungshilfe für Gespräche mit Kunden und für entsprechende Verhaltensweisen.

2. **Unternehmensvision**: Hierbei geht es um die Soll-Situation eines Unternehmens. Fragen wie »Wo müssen wir in Zukunft hin?«, »Wie müssen wir uns weiterentwickeln?« oder »Wie können wir Existenz und Wachstum sichern?« bieten adäquate Orientierungsmöglichkeiten.

Der **Unternehmenszweck** gibt einen konkreten Handlungsrahmen für sämtliche Aktivitäten im Unternehmen vor. Eine Vorstellung von der Tragweite dieser konzeptionellen Entscheidung bietet das folgende Beispiel:

> »Unser Selbstverständnis: Wir sind das deutschlandweit führende Unternehmen im Bereich Farben und Lacke. Wir bieten intelligente Lösungen mit innovativen Produkten und maßgeschneiderte Dienstleistungen. Wir eröffnen Erfolgschancen durch eine vertrauensvolle und verlässliche Partnerschaft.«

Von dieser Mission lässt sich beispielsweise für jeden Mitarbeiter in den unterschiedlichen Abteilungen des Unternehmens ableiten, wie er sich in bestimmten Situationen dem Kunden gegenüber verhalten sollte. Die Eigenschaften »vertrauensvoll« und »verlässlich« sind Inhalt der Unternehmensmission und sollten in allen Gesprächen mit dem Kunden im Vordergrund stehen. Sämtliche Verhaltensweisen des Mitarbeiters sollten darauf ausgerichtet sein, beim Kunden Vertrauen aufzubauen und ihm das Gefühl zu vermitteln, sich in allen Situationen auf ihn und das Unternehmen verlassen zu können.

Mit der Niederschrift dieser Grundlagen erhofft sich das Unternehmen, den Mitarbeitern eine **Orientierung in ihrem täglichen Handeln** zu ermöglichen. Letztlich sollen alle genannten Punkte dazu dienen, eine höhere Kundenbindung durch aktive Pflege der Kundenbeziehung zu erreichen. Die aufgeführten Aspekte tragen in Summe dazu bei, die Geschäftsbeziehungen nachhaltig zu festigen.

Im Kontakt zum Kunden sind darüber hinaus bestimmte Grundregeln unabdingbar. Sie umfassen einfache Maßgaben, an denen sich Beschäftigte orientieren und ihr Verhalten entsprechend trainieren können, unabhängig von der jeweils gegebenen Situation. Hierbei handelt es sich um die folgenden, einfach umzusetzenden Punkte:

* **Interesse zeigen** – Einfache Beispiele aus dem täglichen Leben (z. B. »Wie geht es Ihnen?«, »Was genau machen Sie da?«) sind vollkommen ausreichend, manchmal hilft auch ein Hinweis auf gemeinsame berufliche Interessen.
* **Höflichkeit und gute Umgangsformen** – Nicht nur bezogen auf Worte, auch bezogen auf die Körpersprache (z. B. Arme nicht verschränken, keine Blicke auf die Uhr usw.) sollte bewusst auf das Verhalten geachtet werden. Dazu gehört auch die Sprache (z. B. wie Kritik vermittelt wird). Darüber hinaus sollte gleichzeitig versucht werden, Äußerungen und Körpersprache in Einklang zu bringen. Der Eindruck von einem Menschen entsteht zu 80 Prozent auf der Gefühlsebene und nur zu 20 Prozent auf sachlicher Ebene.
* Eine Orientierung an der **Sprache des Gegenübers** schafft Verständnis und Einsicht. Dabei sollte an jeder Stelle des Gesprächs Zeit gegeben werden, das Gesagte zu verarbeiten. Eine klare und präzise Aussprache sowie ein hohes Maß an Konzentration auf das Gespräch erhöhen den Erfolg.

- **Namen sind Identität**. Der Name des Gesprächspartners sollte präsent sein. Dabei spielt auch der Blickkontakt bei der persönlichen Ansprache eine wichtige Rolle.
- Die **ersten und letzten Minuten eines Gesprächs prägen die Kundenbeziehung.** Am Ende sollten möglichst noch einmal die Ergebnisse zusammengefasst werden.
- **Wahrung von Distanz** sowohl sprachlich (förmliche Ansprache) als auch durch das eigene Auftreten sollte beachtet werden. Eine zu geringe körperliche Distanz wirkt störend und kann als bedrohlich aufgefasst werden.

Die genannten Punkte ermöglichen eine einfache, aber gezielte Beeinflussung des Verhaltens der Mitarbeiter, allesamt ausgerichtet auf das Ziel, Kundenpflege möglichst effektiv und einfach umzusetzen.

4 Die fünf wichtigsten Tipps zur Kundenpflege

Tipp 1: Belohnen Sie Kundentreue
Der Fokus vieler Unternehmen liegt unnötigerweise auf der Gewinnung von Neukunden. Stammkunden werden trotz höherer Rentabilität vernachlässigt. Aber gerade die letztgenannte Gruppe muss belohnt werden, z. B. mit besonderen Angeboten, Sonderkonditionen oder Privilegien für langjährige Kunden. Nur dies ermöglicht eine weiterführende Pflege von Stammkunden, z. B. zu engagierten, aktiven Empfehlern.

Tipp 2: Demonstrieren Sie emotionale Aufmerksamkeit
Stammkunden bemängeln häufig, dass sie nicht die Aufmerksamkeit erfahren, die sie verdient hätten. Sie sollten daher mit Aufmerksamkeit, Wertschätzung und gegenseitiger Anerkennung bei jeder sich bietenden Gelegenheit belohnt werden. Darüber hinaus sollten durch Zwischen-Aktivitäten positive Erinnerungen stattfinden, z. B. durch das Bedanken für prompt erledigte Zahlungen.

Tipp 3: Überlassen Sie so viele Entscheidungen wie möglich dem Kunden.
In vielen Fällen müssen sich Kunden in Abläufe integrieren, ohne die Möglichkeit, diese beeinflussen zu können. Der Kunde sollte daher so häufig wie möglich in der Lage sein, selbst zu entscheiden, wie die Zusammenarbeit ausgestaltet wird. Idealerweise sollte das vom Kunden präferierte Verhalten schriftlich fixiert werden, sodass alle Mitarbeiter darauf Zugriff haben und in Folgegesprächen ohne Nachfrage die gewünschte Vorgehensweise anbieten können.

Tipp 4: Halten Sie Versprechen gegenüber den Kunden ein
Bei Zusagen gegenüber dem Kunden sollte deren Realisierbarkeit zwingend vorab geprüft werden. Nicht eingehaltene Zusagen führen zu einem hohen Grad an Unzufriedenheit. Die Kunden sollten

daher bei jeder Gelegenheit gefragt werden, ob eventuell Gründe für Unzufriedenheit existieren. Hierzu bietet sich die Entwicklung eines »Frühwarnsystems« an, das abwanderungsbereite Kunden identifiziert.

Tipp 5: Seien Sie flexibel bei Reklamationen

Jede Reklamation sollte geprüft und den Details hierzu nachgegangen werden. Das Unternehmen sollte dabei dem Kunden gegenüber demonstrieren, dass es ihm dankbar für seine Hinweise ist. Es sollte auch die emotionale Seite der Reklamation berücksichtigt werden, nicht nur der monetäre Aspekt.

5   Literatur

Brendel, M. (Hrsg.): CRM für den Mittelstand – Voraussetzungen und Ideen für eine erfolgreiche Implementierung, Wiesbaden 2003.
Praxisorientiertes Sammelwerk, das Möglichkeiten zur Umsetzung und Erhöhung der Kundenbindung aufzeigt.

Bruhn, M.: Kundenorientierung, München 2011.
Grundlagenbuch, das neben den praktischen Instrumenten auch eine theoretische Perspektive bietet.

Homburg, C./Krohmer, H.: Marketingmanagement, Wiesbaden 2006.
Grundlagenbuch, das die Umsetzung anhand von praktischen Beispielen dokumentiert.

Kotler, P./Keller, K. L./Bliemel, F.: Marketing-Management, München 2007.
Grundlagenbuch, das zusätzlich zu den praktischen Instrumenten auch eine theoretische Perspektive bietet.

Schüller, M.: Kundenloyalität – Wissen, wie Loyalität zu erreichen ist, http://www.4managers.de/management/themen/kundenloyalitaet-wissen-wie-loyalitaet-zu-erreichen-ist/ (15.11.2011)

6 Checkauszug Kundenpflege

Kundenpflege

Ziel:

Wir wollen einen möglichst stabilen Kundenstamm. Wir können unseren Kunden konkret sagen, wo unsere Stärken liegen, um uns gegenüber Wettbewerbern abzuheben. Durch unsere Kundenpflege und das Einbinden unserer Kunden wissen wir, welche Kundenbedarfe es gibt und welche unserer Stärken für den jeweiligen Kunden besonders nützlich sind.

Grundlegende Checkpunkte

Tipps und Hinweise sind im Leitfaden „Guter Mittelstand: Erfolg ist kein Zufall" im Kapitel „Kundenpflege" zu finden.

Handlungsbedarf

5.1 Kundenbedarfe

Wir haben ein Verfahren, mit dem wir die Kundenbedarfe erkennen können.

Zum Beispiel systematische Auswertungen von:
- Kundenbefragungen
- Kundengesprächen
- Reklamationen
- Fachpresse
- Informationen von Innungen/Kammern/Verbänden
- Lieferanteninformationen

Praxishilfen zur Umsetzung im Internet

vorrangig
angehen

zurzeit kein
Handlungs-
bedarf

5.2 Eigene Stärken

Wir haben ein Verfahren, mit dem wir unsere spezifischen Stärken im Vergleich zu Wettbewerbern ermitteln und weiterentwickeln.

Zum Beispiel:
- Interne Workshops
- Auswertung von Messebesuchen, Anzeigen, Internetauftritten
- Testkäufe/Testaufträge
- Überregionale strategische Unternehmerkreise

Praxishilfen zur Umsetzung im Internet

vorrangig
angehen

zurzeit kein
Handlungs-
bedarf

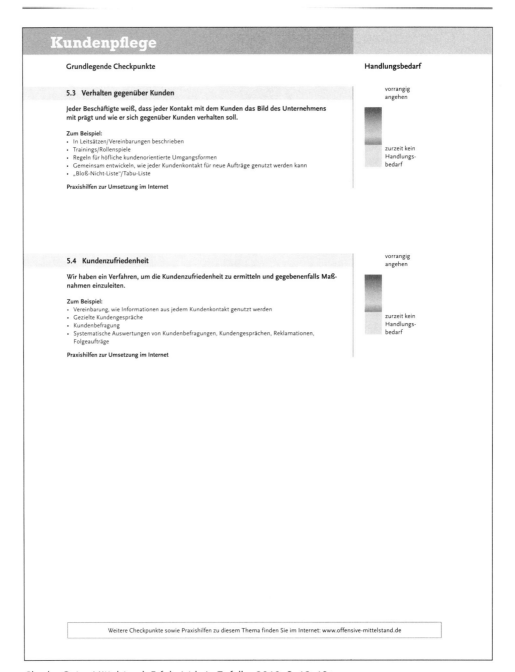

Check »Guter Mittelstand: Erfolg ist kein Zufall«, 2010, S. 18–19

7   Umsetzungshilfe

Die folgende Checkliste vermittelt Ihnen ein Bild davon, wie gut Sie sich mit dem Thema Kundenpflege auskennen. Je mehr Fragen Sie mit »Ja« beantworten können, desto besser sind Sie in dem Feld aufgestellt.

Ich kann meinen typischen Kunden beschreiben.	
Ich weiß, warum ich anstelle der Neukundenakquise eher auf die Bindung meiner existierenden Kunden setzen sollte.	
Ich weiß, warum es sich lohnt, meine Kunden zufriedenzustellen, und was ich von zufriedenen Kunden zu erwarten habe.	
Ich kenne die einzelnen Tätigkeitsfelder, die sich mit »Kundenpflege« beschäftigen.	
Ich weiß, auf welchen Wegen ich Kunden an mein Unternehmen binden kann.	
Ich bin in der Lage, die Bedürfnisse meiner Kunden systematisch zu ermitteln.	
Ich habe eine gute Vorstellung davon, wie ich mit Reklamationen meiner Kunden umgehe.	
Ich weiß, warum es gut ist, Beschwerden von Kunden adäquat zu bearbeiten.	
Ich bin in der Lage, die Stärken und Schwächen meines Unternehmens systematisch zu ermitteln.	
In meinem Unternehmen werden regelmäßig Mitarbeiterworkshops durchgeführt.	
Ich weiß, wie ich die Zufriedenheit meiner Kunden systematisch erheben kann.	
In meinem Unternehmen werden regelmäßig Kundenbefragungen durchgeführt.	
In bin in der Lage, meinen Mitarbeitern zu vermitteln, wie sie sich gegenüber Kunden zu verhalten haben.	
Ich weiß, was unter Kundenorientierung zu verstehen ist und bin in der Lage, das hierzu notwendige Verhalten an meine Mitarbeiter weiterzugeben.	

Organisation

Tim Vollborth*

1   Worum geht es beim Thema Organisation?
2   Was bringt meinem Unternehmen eine gute Organisationsgestaltung?
3   Wie setze ich in meinem Unternehmen eine gute Organisation richtig um?
4   Die fünf wichtigsten Tipps für eine gute Organisation
5   Literatur
6   Checkauszug Organisation
7   Umsetzungshilfe

*   Tim Vollborth, Projektleiter im RKW Kompetenzzentrum und Mitglied im Leitungskreis der Offensive Mittelstand – Gut für Deutschland

1   Worum geht es beim Thema Organisation?

Organisation koordiniert die Tätigkeiten, um die Unternehmensziele zu erreichen. Sie stellt sicher, dass jeder Kundenauftrag in möglichst kurzer Zeit wirtschaftlich und flexibel erledigt und das Produkt pünktlich und in der erforderlichen Qualität geliefert wird. Die Organisation im Betrieb entscheidet über die Qualität und Effektivität aller **Prozesse** im Unternehmen.

Arbeit muss im zunehmenden Maße organisiert werden. Zwar wird durch Handy und E-Mail eine permanente Erreichbarkeit sichergestellt, diese birgt jedoch die Gefahr, genau deshalb auf die Organisation und Planung von Arbeitsaufgaben zu verzichten. Demzufolge schleichen sich Zeitfresser in die Arbeitsabläufe ein. Eine Entwicklung, die in Kombination mit der Fülle von Aufgaben, ihrer steigenden Komplexität und dem Anspruch, diese kurzfristig zu erfüllen, umso schwerer wiegt. Die Arbeit zu organisieren und Ressourcen effizient einzusetzen bedeutet deshalb, die Beschäftigten zu entlasten, Stress zu reduzieren und Ergebnisorientierung besser umzusetzen. In der Folge verbessert sich auch die Möglichkeit, Beruf und Familie miteinander zu vereinbaren deutlich.

Arbeitsabläufe so gestalten, dass sie effizient, wirtschaftlich und menschengerecht umgesetzt werden – das ist die Aufgabe der **Arbeitsorganisation**. Dazu gehört insbesondere die Gestaltung der bestehenden Rahmenbedingungen wie zum Beispiel:
* Wer arbeitet wie und wann mit wem zusammen?
* Wer braucht dazu welche Kompetenzen und Qualifikation?
* Welche Infrastruktur und Technologie ist erforderlich?
* Wie sind die Arbeitsabläufe und Prozesse gestaltet?

Vor allem innovative und erfolgreiche Unternehmen haben den Wert einer mitarbeiterorientierten Strategie erkannt: Etwa sieben von zehn dieser Firmen praktizieren eine familienfreundliche Personalpolitik, die zudem alle Mitarbeitergruppen gleich behandelt. Etwa genauso viele gewähren ihren Mitarbeitern Freiräume, um Ideen zu entwickeln, die dem Unternehmen zugutekommen. Gut die Hälfte dieser Unternehmen fördert zudem aktiv die Teilnahme der Mitarbeiter an innerbetrieblichen Arbeitskreisen. Auch die Teilnahme an Strategiesitzungen der Geschäftsführung ist für Mitarbeiter in diesen Unternehmen durchaus üblich (IW Personal Panel 2010).

2   Was bringt meinem Unternehmen eine gute Organisationsgestaltung?

In Zeiten des demografischen Wandels und dem steigenden Mangel an Fachkräften wird es für Arbeitgeber immer wichtiger, attraktive Arbeitsbedingungen anzubieten. Dabei stellt der Einsatz moderner Informations- und Kommunikationstechnologien eine besondere Herausforderung dar.

Eine vernünftige Gestaltung der **Arbeitsprozesse** soll für das Unternehmen, die Beschäftigten und Kunden gleichermaßen von Nutzen sein. Die dafür entscheidenden

Faktoren sind klar definierte Tätigkeitsspielräume und die Selbstverantwortung der Beschäftigten, damit jeder weiß, was von ihm erwartet wird und welche Entscheidungskompetenzen er besitzt. Durch eine transparente Aufgabenverteilung weiß jeder, was in seinem Aufgabenbereich liegt und was nicht. Dadurch werden auch Stellvertreter- und Nachfolgeregelungen vereinfacht und nachvollziehbar.

Darüber hinaus kann durch ein gezieltes **Zeitmanagement** Arbeitskraft effektiver eingesetzt werden, indem Arbeits- und Freizeit systematisch und diszipliniert geplant wird. Zweck des Zeitmanagement ist es, mehr Zeit für die wichtigen Dinge im Beruf und im Privatleben zu haben und damit die Work-Life-Balance, also Arbeit und Privatleben, in ein ausgewogenes Verhältnis zu bringen. Durch eine tägliche systematische Zeitplanung kann erstaunlich viel Zeit gewonnen werden.

Außerdem führt Klarheit und Transparenz in den Abläufen nicht zuletzt dazu, dass Aufträge reibungslos abgewickelt und dem Kunden entsprechend dargestellt werden können, was die Außendarstellung des Unternehmens verbessert.

3   Wie setze ich in meinem Unternehmen eine gute Organisation richtig um?

Zur Optimierung der Arbeitsprozesse und gleichzeitiger Motivation der Beschäftigten sind Maßnahmen zur Vereinbarkeit von Familie und Beruf, wie flexible Arbeitszeitgestaltung, gerechte Verteilung der Arbeitsfelder, multifunktionaler Personaleinsatz, Mitarbeiterbeteiligung und Teamarbeit besonders geeignet.

Bei der Zuordnung der Arbeitsinhalte im Team, kann auch die Lebenssituation der Mitarbeiter berücksichtigt werden. So lassen sich individuelle Vereinbarungen schließen, wie z. B. das Reduzieren der Reisetätigkeit, weniger Termine am Abend, freie Zeiteinteilung bei fester Vereinbarung eines Arbeitsergebnisses usw.

Eine optimale Organisation der **Arbeitsabläufe** zeichnet sich sowohl durch Kunden- als auch durch Mitarbeiterorientierung aus. Die Orientierung an den Bedürfnissen der Mitarbeiter und die Einbeziehung ihrer außerberuflichen Verpflichtungen setzen eine rechtzeitige Planung und eine gleichmäßige Verteilung der Arbeit voraus. Geeignete Informationswege und feste Besprechungstermine erleichtern es, Aufgaben bei Bedarf an Kollegen abzugeben. Weniger Stress für die Mitarbeiter und die Qualitätssteigerung ihrer Arbeitsleistungen sind die Resultate. Bei der (Re-)Organisation von Arbeitsabläufen werden diese außerdem oft besser an die Gegebenheiten angepasst und effizienter gestaltet, womit eine Win-win-Situation sowohl für den Mitarbeiter als auch für das Unternehmen und den Kunden entsteht. Zusätzlich bietet die Auswahl der passenden **Arbeitszeitmodelle** weiteren Gestaltungsspielraum. Um diese richtig umzusetzen und negative Auswirkungen wie die Überlastung von Mitarbeitern zu vermeiden, helfen Instrumente wie Arbeitszeitkonten (Gleitzeit-, Ampel- und Langzeitkonten) den Beschäftigten und Führungskräften ihre Kapazitäten optimal zu nutzen.

Ein qualifizierter Einsatz der modernen Informations- und Kommunikationstechnologien ist wichtig, wenn es um die Gestaltung des Betriebes in Richtung Familienfreundlichkeit geht. Handy, E-Mail, Laptop, Telefonumleitungen und der Zugriff zum Server von unterwegs helfen den Beschäftigten, ihre Aufgaben zeitlich und örtlich flexibel zu erledigen. Zusätzlich ist die klare und verbindliche Vermittlung von Arbeitsaufträgen, Verfahren und Methoden im Team durch die Führungskräfte unerlässlich. Nur durch die optimale Ausnutzung der beschriebenen Gestaltungspielräume wird der Betrieb erfolgreich organisiert.

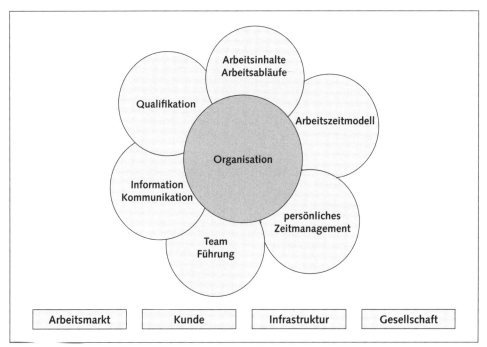

Abb 1: Gestaltungsfelder Organisation

Weiterhin ist es wichtig, die Arbeit so zu organisieren, dass Unfälle und Gefahren für die Gesundheit so weit wie möglich ausgeschlossen werden können. Bei der Gestaltung von Schichtplänen sollte jedes Unternehmen darauf achten, diese an die betrieblichen Erfordernisse und an die Bedürfnisse der Arbeitnehmer anzupassen. Hierbei kann es kein festgelegtes Standardmodell geben, da jeder Betrieb unterschiedlich ist.

Durch flexible und altersgerechte Arbeitszeitenmodelle können die Bedürfnisse von Betrieben und Beschäftigten besser aufeinander abgestimmt werden. Dies erleichtert besonders älteren Arbeitnehmern den Übergang in den Ruhestand. Letztendlich haben diese Maßnahmen und Handlungsempfehlungen zur Arbeitsorganisation und -zeitgestaltung das Ziel, den Arbeitnehmern ein längeres Arbeitsleben zu ermöglichen und deren Leistungsfähigkeit zu erhalten.

Um erfolgreich die Arbeitsorganisation umzusetzen, sollte man sich über die Anreize und Hemmnisse im Klaren sein, die bei der Gestaltung eine Rolle spielen. Diese sind im Folgenden dargestellt:

Anreize	Hemmnisse
Optimierung der Arbeitsabläufe und der Aufgaben	Aufwand für die Analyse der Arbeitsabläufe und fortlaufende Priorisierung der Arbeitsaufgaben
Besseres Ausnutzen der Arbeitszeit, interessengerechter Arbeitseinsatz	Selbstkritische Auseinandersetzung mit der Arbeitsbelastung zeigt evtl. Führungsschwächen auf
Besserer Einsatz aller Ressourcen (Material, Arbeit, Energie usw.)	Planung kostet anfangs viel Zeit
Persönliche Zeiteinteilung optimieren	Angst vor Machtverlust durch Delegation von Aufgaben ins Team
Vorausschauende Planung und Information	Mangelndes Vertrauen der Führungskräfte in die Mitarbeiter
Transparente und aktuelle Informationen, um kurzfristig reagieren zu können	Aufwand durch Qualifizierungsbedarf
Reduzieren von ungeplanten Arbeitseinsätzen schafft Entlastung für Mitarbeiter	Eventuelle Umstrukturierungen kosten Zeit
Stellvertreterregelungen und Delegation befreien von Stress	
Abflachen der Hierarchien durch verstärktes Delegieren	
Erhöhung der Produktivität und Leistung der Mitarbeiter	

Arbeitsabläufe so zu gestalten, dass sie sowohl wirtschaftlich und effizient als auch im Interesse der Beschäftigten sind – das ist die Aufgabe der Arbeitsorganisation. Für die erfolgreiche Gestaltung der Arbeitsorganisation im Unternehmen geben folgende Leitfragen Orientierung:

- Wie kann der Aufgabenzuschnitt/Arbeitsablauf optimiert werden?
- Wie können gleichzeitig die Interessen der Beschäftigten besser berücksichtigt werden?
- Wie lassen sich Aufgaben so priorisieren, dass Stress reduziert und eine bessere Vereinbarkeit erzielt werden?
- Wie kann die zeitliche Abfolge je nach Wichtigkeit optimiert werden, um meine Beschäftigten/mich weiter zu entlasten?
- Wie lässt sich durch eine verbesserte Organisation die Qualität steigern?
- Wie können Aufgaben – angepasst an die Lebensphasen – neu zugeteilt werden?
- Wie können Aufgaben delegiert werden?
- Wie lassen sich Arbeitsinhalte detailliert(er) planen? Wie wird damit die Einsatzplanung für die Beschäftigten verbessert?
- In welchen Führungsrunden können Arbeitsumfang und -inhalte im Hinblick auf familiäre Belange erörtert und beschlossen werden?

- Welche Mitarbeitergruppen sind bei einer Reorganisation von Arbeitsabläufen zu beteiligen?
- Wie können Beschäftigte, die ihre Arbeit den familiären Bedürfnissen entsprechend selbst organisieren wollen, durch den Betrieb unterstützt werden?
- Welche Vertretungsregelungen sind erforderlich?
- Sollten Teams umstrukturiert oder vergrößert werden, um die Vertretungsregelung zu verbessern?
- Wer kann wen und wie qualifizieren, damit auf kurzfristige, familiär bedingte Veränderung der Arbeitszeit besser reagiert werden kann?
- Wie sehen geeignete Mittel und Wege der Information der Beschäftigten und der Kommunikation untereinander aus?

Für die Einrichtung eines Arbeitsplatzes sollte man zumindest die Grundsätze professioneller Arbeitsplatz-Ergonomie kennen, um zu wissen, worauf es ankommt. Dabei sind immer Fragen des Platzbedarfes, Raumklima, Beleuchtung, Lärmschutz, Belüftung und Ergonomie zu klären. Bei besonderen Arbeitsplätzen (bspw. Montagearbeitsplätze) gibt es natürlich spezielle Anforderungen. Dazu bieten die Berufsgenossenschaften entsprechende Beratung an.

Bei der Planung der Arbeitsplätze sollten auch sanitäre Einrichtungen, Umkleideräume, Pausenräume und Kommunikationsmöglichkeiten für die Beschäftigten vorgesehen werden.

4   Die fünf wichtigsten Tipps für eine gute Organisation

Tipp 1: Sorgen Sie für eine einfache und klare Organisation, vermeiden Sie Matrix-Organisationen, um doppelte Verantwortlichkeiten und Zuständigkeiten zu umgehen. Die Hierarchien müssen klar sein, jeder muss wissen, wer sein Chef ist.

Tipp 2: Organisationen sollten nicht ständig geändert werden! Viel produktive Zeit wird durch Diskussionen und womöglich noch Umzüge vergeudet.

Tipp 3: Motivieren Sie die Mitarbeiter, damit sich jeder für seinen Arbeitsbereich verantwortlich fühlt. Dann denkt der Ingenieur auch an Kosten und der Kaufmann an Technik.

Tipp 4: Jeder muss seinem Chef sagen dürfen, was er im Unternehmen für unsinnig hält. Das setzt eine gesunde Unternehmenskultur voraus.

Tipp 5: Halten Sie nicht nur Mitarbeiterbesprechungen ab, sondern besuchen Sie die Mitarbeiter auch regelmäßig am Arbeitsplatz und informieren Sie sich über eventuell auftretende Probleme. So können Sie wertvolle Anregungen von den »Experten vor Ort« einholen.

5   Literatur

Binner, H.: Handbuch der prozessorientierten Arbeitsorganisation: Methoden und Werkzeuge zur Umsetzung, München 2008.
Methoden und Instrumente zur Prozessoptimierung

Müller, H.: 100 Fehler bei der Arbeitsorganisation und was Sie dagegen tun können, Hannover 2006.
Praktische Hinweise zur Arbeitsorganisation angereichert mit Beispielen

Rudow, B.: Die gesunde Arbeit: Arbeitsgestaltung, Arbeitsorganisation und Personalführung, München 2011.
Betrachtet den Bereich Arbeitsorganisation unter Gesundheitsaspekten wie physische und psychische Belastungen

Sendlinger, A./Glahn I.: Selbstmanagement: gezielt organisieren und erfolgreich auftreten, München 2007.
Zeitmanagement und Büroorganisation mit vielen Tipps.

Simon, W.: GABALs großer Methodenkoffer – Grundlagen der Arbeitsorganisation, Offenbach 2008.
Methoden und Instrumente zur Prozessoptimierung

6   Checkauszug Organisation

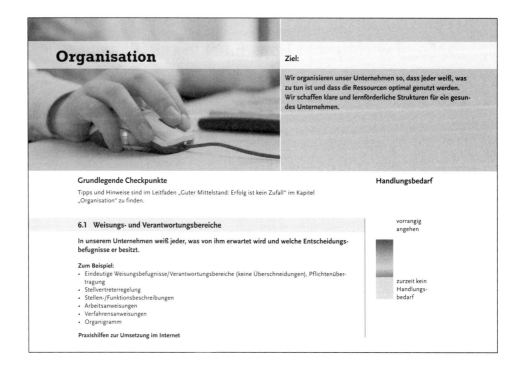

Organisation

Ziel:

Wir organisieren unser Unternehmen so, dass jeder weiß, was zu tun ist und dass die Ressourcen optimal genutzt werden. Wir schaffen klare und lernförderliche Strukturen für ein gesundes Unternehmen.

Grundlegende Checkpunkte

Tipps und Hinweise sind im Leitfaden „Guter Mittelstand: Erfolg ist kein Zufall" im Kapitel „Organisation" zu finden.

Handlungsbedarf

6.1   Weisungs- und Verantwortungsbereiche

In unserem Unternehmen weiß jeder, was von ihm erwartet wird und welche Entscheidungsbefugnisse er besitzt.

Zum Beispiel:
- Eindeutige Weisungsbefugnisse/Verantwortungsbereiche (keine Überschneidungen), Pflichtenübertragung
- Stellvertreterregelung
- Stellen-/Funktionsbeschreibungen
- Arbeitsanweisungen
- Verfahrensanweisungen
- Organigramm

Praxishilfen zur Umsetzung im Internet

vorrangig angehen

zurzeit kein Handlungsbedarf

Organisation

Grundlegende Checkpunkte   Handlungsbedarf

6.2 Organisation und Improvisation

Wir stellen kritisch gegenüber, was verbindlich geregelt werden muss und was situationsbezogen und flexibel gehandhabt werden kann.

Zum Beispiel:
- Regelungen nur dort, wo sie aus Qualitäts-, Effizienz- oder Sicherheitsgründen erforderlich sind
- Regelungen, die den Mitarbeitern entsprechend ihrer Qualifikationen Freiräume ermöglichen
- Auf den Einzelnen und die jeweilige Situation angepasste Mitarbeiterführung
- Eingehen auf „spontane" Kundenwünsche

Praxishilfen zur Umsetzung im Internet

vorrangig angehen

zurzeit kein Handlungsbedarf

6.3 Information und Kommunikation

Wir sorgen dafür, dass die Beschäftigten alle Informationen haben, die sie für ihre Arbeitsaufgabe benötigen. Es ist klar geregelt, wer, wen, wie informiert.

Zum Beispiel:
- Informationen und Materialien zur Erfüllung der Arbeitsaufgaben sind jedem zugänglich
- Regelmäßige Mitarbeiterbesprechungen
- Informationspflichten der Beschäftigten
- Erfahrungsaustausch
- Unterweisungen/Betriebsanweisungen
- Spezielle Einweisung bei neuen Arbeitsaufgaben und beim Einsatz neuer Arbeitsmittel/-stoffe

Praxishilfen zur Umsetzung im Internet

vorrangig angehen

zurzeit kein Handlungsbedarf

6.4 Arbeitsplatzgestaltung

Wir planen und gestalten unsere Arbeitsplätze so, dass unsere Beschäftigten sich wohlfühlen und reibungslos und produktiv arbeiten können.

Zum Beispiel:
- Ergonomische Gestaltung von Arbeitsplätzen, -mitteln und -räumen
- Softwareergonomie
- Raumklima, Beleuchtung, Lärm
- Sanitäreinrichtungen
- Umkleideräume
- Pausenräume/-bereiche
- Kommunikationsmöglichkeiten

Beratung der Berufsgenossenschaft in Anspruch nehmen.

Praxishilfen zur Umsetzung im Internet

vorrangig angehen

zurzeit kein Handlungsbedarf

6.5 Arbeitsmitteleinsatz

Wir setzen geeignete, sichere und funktionsfähige Arbeitsmittel ein, um störungsfrei arbeiten zu können.

Zum Beispiel:
- Nur geprüfte Arbeitsmittel
- Prüfer und Prüffristen festlegen
- Intervalle für Instandhaltung und Wartung einplanen und in den laufenden Betrieb integrieren

Praxishilfen zur Umsetzung im Internet

vorrangig angehen

zurzeit kein Handlungsbedarf

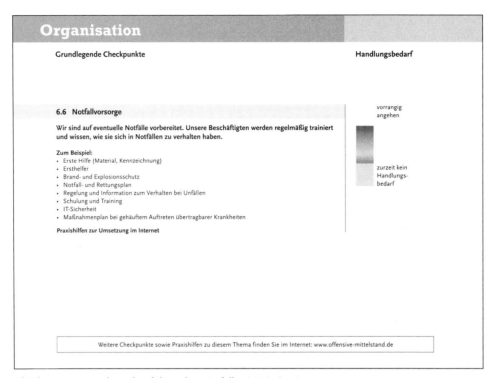

Organisation

Grundlegende Checkpunkte	Handlungsbedarf

6.6 Notfallvorsorge

Wir sind auf eventuelle Notfälle vorbereitet. Unsere Beschäftigten werden regelmäßig trainiert und wissen, wie sie sich in Notfällen zu verhalten haben.

Zum Beispiel:
- Erste Hilfe (Material, Kennzeichnung)
- Ersthelfer
- Brand- und Explosionsschutz
- Notfall- und Rettungsplan
- Regelung und Information zum Verhalten bei Unfällen
- Schulung und Training
- IT-Sicherheit
- Maßnahmenplan bei gehäuftem Auftreten übertragbarer Krankheiten

Praxishilfen zur Umsetzung im Internet

vorrangig angehen

zurzeit kein Handlungs- bedarf

Weitere Checkpunkte sowie Praxishilfen zu diesem Thema finden Sie im Internet: www.offensive-mittelstand.de

Check »Guter Mittelstand: Erfolg ist kein Zufall«, 2010, S. 19

7 Umsetzungshilfe

Checkliste Stellenbeschreibung

Folgende Fragen sind für *jede* Stelle zu beantworten:

Fragestellung	Eindeutig geregelt?		Änderungsbedarf/Maßnahme
	Ja	Nein	
1. Wo wird die Stelle in unserer Unternehmensorganisation eingeordnet? (Organigramm)			
2. Gibt es eine Stellvertretungs-regelung?			
3. Sind alle Tätigkeiten der Stelle eindeutig beschrieben?			
4. Haben wir eine Zielsetzung (Hauptaufgabe) für die Stelle formuliert?			
5. Welche Aufgaben (Führungs-, Fachaufgaben, besonderen und personenbezogenen Aufgaben) sind zu erfüllen?			
6. Welche Kompetenzen werden vor-ausgesetzt? (Anforderungen an den Stelleninhaber)			
7. Sind die Weisungsbefugnisse und Verantwortungsbereiche festge-legt?			
8. Welche Arbeitsmittel müssen vor-handen sein? (Werkzeug, Maschi-nen, Material)			
9. Welche Informationen (Arbeitsan-weisungen, Verfahrensanweisun-gen) benötigt der Mitarbeiter?			
10. Sind die Zusammenarbeit mit anderen Stellen und Schnittstellen zu anderen Stellen geregelt?			
11. Welche Weiterbildungsmöglich-keiten sind vorgesehen?			
12. Ist die Entlohnung eindeutig geregelt?			

Unternehmenskultur

Annette Icks*

1   Worum geht es beim Thema Unternehmenskultur?
2   Was bringt dem Unternehmen eine gute Unternehmenskultur?
3   Wie setze ich in meinem Unternehmen eine gute Unternehmenskultur um?
4   Die fünf wichtigsten Tipps für eine gute Unternehmenskultur
5   Literatur
6   Checkauszug Unternehmenskultur
7   Umsetzungshilfe

*   Dr. Annette Icks ist wissenschaftliche Mitarbeiterin im Institut für Mittelstandsforschung Bonn und stellvertretende Vorsitzende der Offensive Mittelstand – Gut für Deutschland.

1 Worum geht es beim Thema Unternehmenskultur?

Jedes Unternehmen hat eine Kultur. Kultur bildet sich immer dort aus, wo Menschen interagieren. Da in Unternehmen soziale Interaktion besonders intensiv und komplex erfolgt, bildet sich dort kulturelles Wissen sehr spezifisch aus. Jedes Unternehmen und jede Organisation haben ihre individuelle Kultur, die sich durch **Werte**, Unternehmensethik, Normen und Haltungen ergibt. Sie zeigt sich im Umgang der Mitarbeiter untereinander und in der Außendarstellung des Unternehmens.

Der Begriff Unternehmenskultur ist schwer zu charakterisieren. Das Unternehmen selbst lässt sich zwar mit harten Fakten wie z. B. Geschäftsfeld, Mitarbeiterzahl, Umsatz etc. beschreiben, eine tiefergehende Charakterisierung dessen, was ein Unternehmen ausmacht, nach welchen spezifischen Werten und Normen agiert wird und welche Auswirkungen dies sowohl intern als auch extern hat, zeigt sich dadurch nicht.

Beispiele von Unternehmenskultur sind:
- Jeder Beschäftigte weiß, was seine Kollegen und Vorgesetzen und seine internen Kunden von ihm erwarten und er handelt entsprechend.
- Die Beschäftigten sind hilfsbereit auch über Ressort- und Abteilungsgrenzen hinweg.

Aber auch:
- Die Beschäftigten archivieren genauestens jeden Vorgang, damit ihnen nicht irgendwann vorgeworfen werden kann, dass sie angeblich einen Fehler gemacht haben oder sich ein Versäumnis haben zuschulden kommen lassen.
- Die Führungskräfte kritisieren regelmäßig die Absicherungsmentalität der Beschäftigten und fordern mehr Entscheidungsfreude, gleichzeitig reagieren sie aber sehr ärgerlich auf Fehler.

Unter Unternehmenskultur versteht man die Grundgesamtheit gemeinsamer Werte, Normen und Einstellungen, die Entscheidungen, Handlungen und Verhalten der Mitarbeiter auf allen Ebenen der Hierarchie im Unternehmen prägen. Die Schwierigkeit, das Charakteristische einer Unternehmenskultur zu benennen, ergibt sich aus der Vielzahl der einfließenden Faktoren. Insbesondere für die Beschäftigten, die die Kultur leben, ist Unternehmenskultur schwer zu greifen und zu definieren, da viele Werte und Normen wirken, ohne explizit wahrgenommen zu werden.

Um sich der Kultur des eigenen Unternehmens zu nähern und sie zu analysieren, müssen sich Unternehmer und Führungskräfte u.a. mit folgenden Fragen auseinandersetzen:
1. Was motiviert die Menschen im Unternehmen?
2. Gibt es gemeinsame Werte im Unternehmen, in der Abteilung, in einem Bereich? Wenn ja, welche sind das?
3. Welche Geschichte prägt das Handeln der Mitarbeiter?
4. Welche Werte und Normen vertritt das Unternehmen nach außen? Existiert bereits ein Leitbild?
5. Wie beurteilen die Mitarbeiter den Führungsstil?
6. Welche Konflikte behindern eine optimale Zusammenarbeit?

Man nähert sich dem Begriff der Unternehmenskultur, indem man ihn als einen Entwicklungsprozess betrachtet, der sich während des gesamten Lebenszyklus eines Unternehmens vollzieht, wobei diese Entwicklung nur bedingt steuerbar ist, da viele Prozesse ungeplant und z.T. auch ungewollt ablaufen.

Der Unternehmenskultur werden die in Abbildung 1 gezeigten Funktionen zugesprochen.

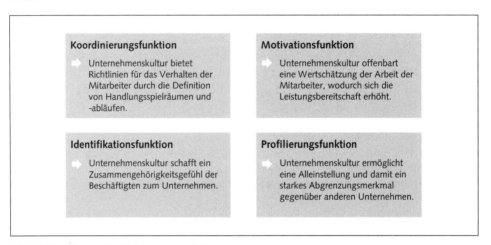

Abb. 1: Funktionen der Unternehmenskultur

2 Was bringt dem Unternehmen eine gute Unternehmenskultur?

Viele Unternehmer und Führungskräfte befassen sich ungern mit dem Thema Unternehmenskultur, weil es in der öffentlichen Diskussion sehr häufig mit dem Thema Mitarbeiterhege und -pflege assoziiert wird. Dies spiegelt sich auch in zahlreichen Artikeln zum Thema wider. In der Regel ist dort von Förderprogrammen für Mitarbeiter, von Vereinbarkeit von Familie und Beruf und Social Events die Rede, um das Klima innerhalb des Betriebs zu verbessern. Damit wird suggeriert, wenn der Unternehmer nur genügend soziale Projekte auflegt, wird sich die interne Stimmung automatisch verbessern. Auch wenn damit sicherlich einige Teilaspekte angesprochen sind, um eine gute Unternehmenskultur zu erreichen, greift dieser Ansatz jedoch zu kurz.

Die Wirkung, d.h. der Nutzen einer motivierenden Unternehmenskultur lässt sich auf den ersten Blick nur schwer in Zahlen fassen. Wie bei fast allen weichen Faktoren des Unternehmens sind die Kosten zwar deutlich sichtbar, der konkrete Ertrag jedoch nur schwer zu erheben. Kosten entstehen z.B. durch Personalentwicklungsmaßnahmen, Aufwendungen zur unternehmensspezifischen Förderung der Vereinbarkeit von Familie und Beruf, Einführung und Intensivierung von Mitarbeiterbeteiligungskonzepten, transparenzfördernde Maßnahmen nach innen und außen, aufwendige Kunden- und Investorbindungsprogramme oder durch ein Engagement in gemeinnützigen Projekten, um gesellschaftliche Verantwortung vonseiten des Unternehmens wahrzunehmen. Dass sich eine gute Unternehmenskultur auch aus Kosten-/Nutzen-Überlegungen heraus lohnen kann, zeigen wiederum die zahlreichen positiven Effekte. Leicht nachzuvollziehen sind Vorteile guter Unternehmenskultur z. B. dadurch, dass Kunden Anbieter bevorzugen, die freundlich und kooperativ sind, auf ihre Wünsche eingehen und Reklamationen umgehend und professionell bearbeiten. Ähnliches gilt für Lieferanten. Auch Beschäftigte werden sich eher für Unternehmen mit einer guten Unternehmenskultur entscheiden, oder aber, falls sie bei ihrem Eintritt die Kultur noch nicht beurteilen konnten, früher oder später einen Arbeitgeber suchen, bei dem sie ihre Leistungsfähigkeit voll entfalten können, anstatt ihre Energie auf unnötige Macht- und Intrigenspiele zu verschwenden.

Nutzen aus einer guten Unternehmenskultur lässt sich also durch eine bessere Kunden- und Lieferantenbindung, eine geringere Personalfluktuation und damit verbunden geringeren Akquise- und Einarbeitungskosten erzielen. Das Unternehmen mit einer guten Kultur wird dies aber auch an der höheren Leistungsbereitschaft der Beschäftigten, geringeren Fehlerquoten und geringeren Fehlzeiten bemerken. Insgesamt wird der Ertrag durch eine kooperativ-leistungsorientierte Unternehmenskultur gesteigert.

Dass eine gute Unternehmenskultur die Produktivität und Effizienz eines Unternehmens erhöhen kann, belegen empirische Studien anhand harter betriebswirtschaftlicher Zahlen. Die Untersuchungen zeigen, welche Faktoren in welcher Ausprägung besonders erfolgsrelevant sind. So konnte in einer repräsentativen Befragung im Auftrag des Bundesministeriums für Arbeit und Soziales nachgewiesen werden, dass eine mitarbeiterorientierte Unternehmenskultur signifikanten Einfluss auf den Unternehmenserfolg hat. Dies äußert sich sowohl in dem höheren finanziellen Ertrag – gemessen an Umsatzkennzahlen und Gewinn(erwartung) – als auch in einer höheren Arbeitsproduktivität mit geringeren Fehlzeiten und geringerer Fluktuation der Beschäftigten.

Dieser Erfolg kann dadurch erreicht werden, dass eine gute Unternehmenskultur:

- dem Unternehmen eine Identität gibt, die den Beschäftigten eine Identifizierung mit dem Unternehmen ermöglicht,
- den Beschäftigten einen Orientierungsrahmen gibt, der denk- und handlungsanleitend wirkt und so aufwendige Kontrollmechanismen erübrigt,
- Komplexität reduziert, Entscheidungen vereinfacht und beschleunigt und so den Koordinierungsaufwand verringert,
- Ziele des Unternehmens und die der Beschäftigten harmonisiert,
- Loyalität und Leistung der Beschäftigten fördert und damit ihre Motivation steigert,
- klare Verhaltensregeln in Konfliktsituationen bietet,
- die Attraktivität und Professionalität des Unternehmens in der Außenwirkung erhöht,
- in serviceorientierten Märkten ein Wettbewerbsvorteil sein kann, da die Qualität der Dienstleistung von den Denk- und Handlungsweisen der Beschäftigten beeinflusst wird.

Eine gute Unternehmenskultur führt dazu, dass die Beschäftigten gerne im Unternehmen arbeiten und dies nicht nur deshalb, weil die internen Arbeitsbedingungen so »kuschelig« sind, sondern weil sie Teil eines Ganzen sind, sich mit dem Unternehmen und damit auch mit seinen Werten und Normen identifizieren und daher motiviert sind, gemeinsam den Erfolg des Unternehmens voranzutreiben.

3 Wie setze ich in meinem Unternehmen eine gute Unternehmenskultur um?

Die Unternehmenskultur ist das Ergebnis eines langen informellen **Lernprozesses**, insofern kann sie nicht durch rationale Entscheidung, sondern nur durch organisatorisches Umlernen verändert werden.

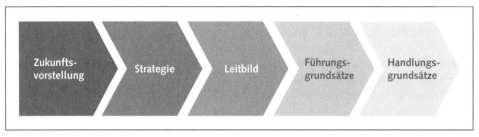

Abb. 2: Entwicklung einer Unternehmenskultur

Möchte ein Unternehmer seine Unternehmenskultur verändern, sollte er sich grundsätzlich folgende Fragen stellen:

Was ist meine Zukunftsvorstellung? Welche Ziele habe ich für mein Unternehmen?

Jedes Unternehmen sollte eine Vorstellung darüber haben, was es erreichen will. Sie beschreibt einen idealen Zustand in der Zukunft. Die Zukunftsvorstellung dient als Richtschnur für die zu verfolgenden Unternehmensziele und der damit verbundenen Strategie.

Mit welcher Strategie setze ich diese Zukunftsvorstellung um?

Die meisten Versuche, Unternehmenskulturen zu verändern, scheitern kläglich. Am Ende verfügt das Unternehmen über Broschüren und gute Vorsätze, eine nachhaltige Umsetzung unterbleibt jedoch häufig. Oft liegt es daran, dass es an einem klaren Konzept fehlt, warum die Beschäftigten ihr Verhalten ändern sollten. Um eine gute Unternehmenskultur erfolgreich umzusetzen, sollte sich das Unternehmen zunächst darüber im Klaren sein, warum die bestehende Situation geändert werden soll. Dazu müssen grundsätzlich Überlegungen angestellt werden, wie z. B. welche Gewohnheiten fördern unseren Erfolg, welche behindern oder schaden uns? Ist die Produktivität in unserem

Unternehmen geringer als bei den Konkurrenten? Hat die Qualität der Produkte nachgelassen? Treten Absatzeinbrüche auf? Häufen sich Reklamationen von Kunden oder Lieferanten? In einem zweiten Schritt werden die Ursachen analysiert und entsprechende Maßnahmen ergriffen. Eine Strategie zur Veränderung der Unternehmenskultur wird umso eher durchzusetzen sein, je klarer der Nutzen aus der Veränderung sichtbar wird.

Welches Leitbild benötige ich hierzu und wie formuliere ich es?

Zum besseren Verständnis der Kulturveränderung und als Handlungshilfe ist es sinnvoll, dass die Führungskraft klar und deutlich sagt, wie man im Unternehmen arbeitet, wie man miteinander umgehen will und wo das Unternehmen hin will. Es empfiehlt sich, nicht nur darüber zu sprechen, sondern die Gedanken (Unternehmensleitbild) auch aufzuschreiben. Das Leitbild objektiviert die Unternehmenskultur. Es reflektiert die gemeinsame Wertebasis des Unternehmens und drückt die gemeinsamen Überzeugungen aus. Im Wesentlichen hat es eine Orientierungs-, Motivations-, Identifikations- und Legitimationsfunktion. Im Sinne der Orientierungsfunktion wird die angestrebte Identität des Unternehmens ausgedrückt. Hier geht es um die Unternehmensziele, aber auch um die Art, wie im Unternehmen miteinander umgegangen wird. Die Motivationsfunktion sichert die Identifikation der Beschäftigten mit dem Unternehmen. Durch die **Identifikation** erhöht sich die **Loyalität** der Beschäftigten und steigert deren **Leistungsbereitschaft**. Die Legitimationsfunktion vermittelt schließlich die ökonomischen, sozialen und ethischen Werte nach innen und außen. Durch die Verankerung des Leitbildes in die betriebliche Alltagsroutine werden gewünschte Verhaltensweisen der Führungskräfte und der Beschäftigten im Unternehmen umgesetzt. Nach außen dokumentiert das Unternehmen mit seinem Leitbild seine soziale, ökonomische und ökologische Verantwortung. Indem es sein Leitbild nach außen transparent macht, signalisiert es die Bereitschaft, gesellschaftliche Verantwortung zu übernehmen, wodurch sich auch die externe Reputation des Unternehmens erhöht.

Das Leitbild sollte das Erscheinungsbild des Unternehmens prägen, nach innen und nach außen transparent sein sowie mit klaren und griffigen Worten und Bildern für Beschäftigte und Kunden bzw. Lieferanten leicht nachzuvollziehen sein.

Welches Führungsverhalten ist für die Umsetzung der Zukunftsvorstellung sinnvoll?

Die Unternehmenskultur wird maßgebend durch die Führungskräfte gestaltet. Sie sind verantwortlich für die Strukturen mit ihren Wahrnehmungs-, Anreiz- und Belohnungsmechanismen, sie prägen die Kultur im Unternehmen. Führungskräfte müssen glaubhaft ihren Willen zur Veränderung kommunizieren, indem sie die Richtung bestimmen, wesentliche Eckpunkte vorgeben und die im Leitbild formulierten Wertvorstellungen durch ihre Handlungen vorleben. Dies kann zum einen dadurch geschehen, dass sie konkrete möglichst messbare Veränderungsziele bestimmen, Zwischenziele festlegen und benennen, wer für die Umsetzung verantwortlich ist und in welchem Zeitrahmen die Umsetzung zu erfolgen hat, aber auch indem sie kooperativ mit den Beschäftigten Gestaltungsmöglichkeiten erarbeiten und die Initiative der Beschäftigten würdigen.

Die Führungskräfte sollten die neuen Leitlinien auch in **Zielvereinbarungsgesprächen** verankern und deren Umsetzung in Zielerreichungsgesprächen überprüfen. Ebenso wichtig sind Hierarchie übergreifende Gespräche, in denen sich die Führungskräfte regelmäßig über die gelebte Unternehmenskultur informieren.

Um die Glaubwürdigkeit und Ernsthaftigkeit der Umsetzung der Kulturveränderung zu untermauern, sind Kontrollmaßnahmen notwendig. Die Führungskräfte sollten darauf achten, dass die Kontrollen von den Beschäftigten nicht als Misstrauenssignal empfunden werden. **Kontrolle** sollte vielmehr als gemeinsame Information verstanden werden, um die Kulturveränderung zu steuern.

Die Einhaltung der im Leitbild formulierten Grundsätze muss nicht nur mit Kontrollen, sondern auch mit Sanktionen bei groben Verstößen abgesichert werden. Halten die Beschäftigten das Leitbild nicht ein, müssen Konsequenzen folgen. Dies gilt nicht nur für die Beschäftigten, sondern selbstverständlich auch für die Führungskräfte.

Welche Handlungsgrundsätze müssen bei der Veränderung der Unternehmenskultur berücksichtigt werden?

Bei den Handlungsgrundsätzen sollte zwischen Prozessen und Strukturen einerseits und den Beschäftigten andererseits unterschieden werden. Zum einen geht es also darum, welche Arbeitszusammenhänge und -strukturen in dem Unternehmen bestehen. Ist mit den vorhandenen Strukturen eine erfolgreiche Kulturveränderung möglich oder besteht Anpassungsbedarf? Zum anderen geht es um die Fragestellung, welche Beschäftigten braucht das Unternehmen für eine gute Unternehmenskultur und wie kann man sie in den Veränderungsprozess einbeziehen?

Wichtig für einen reibungslosen Prozessablauf ist die vorausschauende Planung. So ist z. B. der Ressourcenbedarf systematisch festgelegt, jeder weiß, was von ihm erwartet wird und welche Entscheidungsbefugnisse er besitzt. Es muss in bestimmten Bereichen, z. B. aus Qualitäts-, Effizienz- oder Sicherheitsgründen ebenfalls verbindliche Regelungen geben, auf deren Einhaltung geachtet werden muss. Gleichzeitig erfordern bestimmte Situationen auch eine flexible Handhabung. Die Abstimmungen können fließend sein und im Sinne einer Kulturveränderung Anpassungen notwendig machen.

Die Beschäftigten einzubeziehen ist bei Veränderungsprozessen unerlässlich. Sie kennen im Zweifel die Praxis und damit den möglichen Veränderungsbedarf besser als das Management, da sie konkret vor Ort sind. Darüber hinaus ist eine Einbeziehung auch insofern sinnvoll, weil sie Vertrauen schafft und weil die Akzeptanz der festgelegten Maßnahmen viel höher ist, wenn die Betroffenen sie selbst mitgestaltet haben.

Eine Veränderung der Unternehmenskultur ist letztlich eine Veränderung der Gewohnheiten der Menschen im Unternehmen. Die Veränderung von Gewohnheiten ist mühsam, selbst dann, wenn die Motivation zur Veränderung prinzipiell vorhanden ist. Jeder kennt seine Neujahrsvorsätze, die nach kurzer Zeit in Vergessenheit geraten. Insofern muss sich das Unternehmen bewusst sein, dass die Entwicklung einer guten Unternehmenskultur immer auch auf Widerstände stoßen wird. Wesentliche Hindernisse können das individuelle Beharrungsvermögen sein, das z. B. aus Unsicherheit vor Unbekanntem oder Furcht vor einer größeren Belastung durch die Umstellungen entsteht.

Kulturveränderung wird dann umso erfolgreicher sein, je besser es gelingt, den Betroffenen eine ausreichend starke Motivation zu geben, sich die neuen Gewohnheiten zu eigen zu machen. Hierzu ist es erforderlich, den Nutzen der neuen Kultur für alle Beteiligten sichtbar zu machen.

Zur Transformation der eher weichen Aspekte einer Unternehmenskultur in messbare Zahlen steht inzwischen eine große Anzahl von Methoden und Instrumenten zur Verfügung. Methoden, wie z. B. OASIS, Repertory Grid oder Kulturassessment zeigen auf, dass Unternehmen mit einer stimmigen Unternehmenskultur erfolgreicher sind. Die Daten werden im Unternehmen bei den Führungskräften und/oder bei den Beschäftigten mittels einer Befragung über die derzeitige und zukünftig gewünschte Unternehmenskultur und über unternehmenskulturelle Stärken und Schwächen erhoben.

Die Veränderung einer Unternehmenskultur lässt sich nicht erzwingen oder in einem Workshop erlernen. Voraussetzung für die Veränderung ist das Verständnis für die bestehende Unternehmenskultur. Die aus den Werten und Normen resultierenden Verhaltensweisen lassen sich nur durch Beobachtung erfahren. Dabei muss auch die Geschichte des Unternehmens berücksichtigt werden. Kulturwandel und die damit verbundenen Verhaltensänderungen brauchen Zeit.

4   Die fünf wichtigsten Tipps für eine gute Unternehmenskultur

Tipp 1: Ermitteln Sie die Ziel- und Wertvorstellungen für Ihr Unternehmen und entwickeln Sie daraus eine umsetzbare Strategie.
Nur wenn man weiß, wo man hin möchte, kann die Unternehmenskultur eine Richtschnur für tägliches Handeln sein. Jede Führungskraft und jeder Beschäftigte im Unternehmen weiß, wofür er steht, worauf es ankommt und was zum Unternehmen passt und was nicht.

Tipp 2: Sorgen Sie für Transparenz und Offenheit im Unternehmen.
Alle sind darüber informiert, welche Ziele das Unternehmen verfolgt und wo das Unternehmen gerade steht. Dies beinhaltet sowohl wichtige Kennzahlen des Unternehmens, aber auch Verhaltensregeln und Werte, die das Unternehmen vertritt. Lob und Anerkennung werden nicht erst in Jahresgesprächen geäußert, sondern zeitnah. Aber auch Kritik darf kein Tabu sein. Wenn jemand die Spielregeln verletzt, wird er darauf hingewiesen. Dadurch wird Transparenz geschaffen, damit jeder Mitarbeiter weiß, wo er persönlich steht.

Tipp 3: Verfolgen Sie Ihre Ziele mit Ehrgeiz.
Eine gute Unternehmenskultur hat zum Ziel, besser zu sein als andere. Dahinter steckt die Überzeugung, dass Leistung Spaß machen kann. Dieser Qualitätsanspruch zieht sich wie ein roter Faden

durch alle Unternehmensbereiche – ob es gut gepflegte Firmen-
fahrzeuge, moderne Arbeitsmittel, ein hervorragender Kundenser-
vice, kreative Problemlösungen, Ideen oder Innovationsvorschläge
sind.

Tipp 4: Seien Sie gesprächsbereit.

Um eine gute Unternehmenskultur nachhaltig zu implementieren,
ist der gegenseitige Austausch wichtig. Durch ernst gemeinte Ge-
sprächsbereitschaft auf allen Unternehmensebenen fühlen sich die
Mitarbeiter nicht nur als Produktivkraft, sondern auch als Mensch
ernst genommen.

Tipp 5: Entwickeln Sie ein Wir-Gefühl.

Ein Wir-Gefühl kann weder verordnet noch über den jährlichen
Betriebsausflug bewirkt werden. Das Gemeinschaftsgefühl entsteht
über ein gemeinsames Ziel, das durch die Interaktion im Unternehmen erreicht werden kann. Dazu müssen nicht alle gute Freunde
sein, aber ein vorgelebter respektvoller Umgang trägt maßgeblich
dazu bei.

5   Literatur

Hagemann, G.: Methodenhandbuch Unternehmensentwicklung, 2. Aufl., Wiesbaden 2009.
*In diesem Buch werden Methoden und Instrumente zur Entwicklung einer Unternehmenskultur be-
schrieben, die Unternehmen sehr praxisorientiert anwenden können.*

Hauser, F./Schubert, A./Aicher, M.: Unternehmenskultur, Arbeitsqualität und Mitarbeiterengagement in
den Unternehmen in Deutschland, Forschungsprojekt des Bundesministeriums für Arbeit und Soziales, Berlin 2005.
*Hierbei handelt es sich um eine empirische Analyse, die den Nutzen einer guten Unternehmenskultur
aufzeigt. Die zahlreichen, mittels einer Unternehmensbefragung gewonnenen, Ergebnisse beschreiben
den Erfolg einer mitarbeiterorientierten Unternehmenskultur auf den Unternehmensertrag.*

Malik, F.: Führen, leisten, leben, Frankfurt am Main 2006.
*Das Buch vermittelt wissenschaftliche Erkenntnisse zum Führungsverhalten und beschreibt anwen-
dungsorientiert Wege und Maßnahmen für ein erfolgreiches Führungsverhalten im Unternehmen.*

Rohac, S.: Unternehmenskultur und ihre zielgerichtete Veränderung. Ein psychologisch fundierter und
prozessorientierter Leitfaden, Hamburg 2009.
*Das Buch beschreibt auf wissenschaftlicher Grundlage die Bedeutung der Unternehmenskultur als stra-
tegische Maßnahme. Es werden sowohl strategische als auch operationale Lösungsansätze vorgestellt.*

Sackmann, S.: Erfolgsfaktor Unternehmenskultur: Mit kulturbewusstem Management Unternehmensziele erreichen und Identifikation schaffen – 6 Best Practice Beispiele, Bertelsmann Stiftung Gütersloh,
Wiesbaden 2004.
*Die Autorin beschreibt Voraussetzungen für die Entwicklung einer guten Unternehmenskultur und
zeigt anhand von Fallbeispielen, wie dies umgesetzt wurde.*

Sackmann, S.: Messen, werten, optimieren – Erfolg durch Unternehmenskultur, 2. Aufl., Gütersloh 2007.
*Es werden sehr ausführlich verschiedene Instrumente und Methoden zur Messung einer Unternehmens-
kultur vorgestellt.*

6 Checkauszug Unternehmenskultur

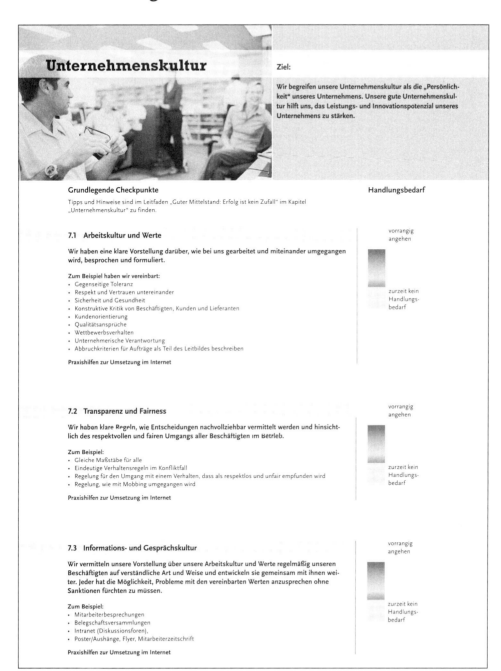

Unternehmenskultur

Ziel:

Wir begreifen unsere Unternehmenskultur als die „Persönlichkeit" unseres Unternehmens. Unsere gute Unternehmenskultur hilft uns, das Leistungs- und Innovationspotenzial unseres Unternehmens zu stärken.

Grundlegende Checkpunkte

Tipps und Hinweise sind im Leitfaden „Guter Mittelstand: Erfolg ist kein Zufall" im Kapitel „Unternehmenskultur" zu finden.

Handlungsbedarf

7.1 Arbeitskultur und Werte

Wir haben eine klare Vorstellung darüber, wie bei uns gearbeitet und miteinander umgegangen wird, besprochen und formuliert.

Zum Beispiel haben wir vereinbart:
- Gegenseitige Toleranz
- Respekt und Vertrauen untereinander
- Sicherheit und Gesundheit
- Konstruktive Kritik von Beschäftigten, Kunden und Lieferanten
- Kundenorientierung
- Qualitätsansprüche
- Wettbewerbsverhalten
- Unternehmerische Verantwortung
- Abbruchkriterien für Aufträge als Teil des Leitbildes beschreiben

Praxishilfen zur Umsetzung im Internet

vorrangig angehen

zurzeit kein Handlungsbedarf

7.2 Transparenz und Fairness

Wir haben klare Regeln, wie Entscheidungen nachvollziehbar vermittelt werden und hinsichtlich des respektvollen und fairen Umgangs aller Beschäftigten im Betrieb.

Zum Beispiel:
- Gleiche Maßstäbe für alle
- Eindeutige Verhaltensregeln im Konfliktfall
- Regelung für den Umgang mit einem Verhalten, dass als respektlos und unfair empfunden wird
- Regelung, wie mit Mobbing umgegangen wird

Praxishilfen zur Umsetzung im Internet

vorrangig angehen

zurzeit kein Handlungsbedarf

7.3 Informations- und Gesprächskultur

Wir vermitteln unsere Vorstellung über unsere Arbeitskultur und Werte regelmäßig unseren Beschäftigten auf verständliche Art und Weise und entwickeln sie gemeinsam mit ihnen weiter. Jeder hat die Möglichkeit, Probleme mit den vereinbarten Werten anzusprechen ohne Sanktionen fürchten zu müssen.

Zum Beispiel:
- Mitarbeiterbesprechungen
- Belegschaftsversammlungen
- Intranet (Diskussionsforen)
- Poster/Aushänge, Flyer, Mitarbeiterzeitschrift

Praxishilfen zur Umsetzung im Internet

vorrangig angehen

zurzeit kein Handlungsbedarf

Unternehmenskultur

Grundlegende Checkpunkte	Handlungsbedarf

7.4 Aus Fehlern lernen

Wir gehen mit Fehlern konstruktiv um und sehen sie als eine Verbesserungsmöglichkeit. („Aus Fehlern lernen")

Zum Beispiel:
- Motivieren, Fehler anzusprechen ohne mit Konsequenzen rechnen zu müssen
- Möglichkeit, Fehler zu melden
- Hinweise auf Fehler positiv aufgreifen
- Gemeinsame Ursachenanalyse
- Vereinbarungen, wie Fehler zu vermeiden sind – „Wir suchen nach Lösungen und nicht nach Schuldigen"
- Fehlerursache und die gefundene Lösung werden kommuniziert, damit auch andere Beschäftigte daraus lernen

Praxishilfen zur Umsetzung im Internet

vorrangig angehen

zurzeit kein Handlungsbedarf

7.5 Erscheinungsbild

Wir schaffen ein glaubwürdiges unverwechselbares „Bild" von unserem Unternehmen, unseren Produkten und Leistungen (Corporate Identity).

Zum Beispiel:
- Einheitliches Erscheinungsbild (Corporate Design)
- Erfolge und gute, fertige Produkte extern bekannt machen und intern würdigen
- Informationen über betriebliche Ereignisse in Zeitschriften
- Berichte in der Presse über das Unternehmen organisieren
- Tore öffnen für die Öffentlichkeit; „Tag der offenen Betriebe"

→ Check Strategie

Praxishilfen zur Umsetzung im Internet

vorrangig angehen

zurzeit kein Handlungsbedarf

7.6 Gemeinschaft pflegen

Wir organisieren gemeinsame Erfahrungen und Erlebnisse, um das Gefühl der Zusammengehörigkeit zu fördern.

Zum Beispiel:
- Informelle Treffen
- Betriebsfeste
- Betriebsausflüge
- Möglichkeiten für informelle Gespräche – Teeküche, Kommunikationsecke, Sesselecken
- Gemeinsame Freizeitaktivitäten – Sport, Kultur, Unterhaltung
- Gesundheitsförderungs-Kurse, Betriebssport

→ Check Strategie

Praxishilfen zur Umsetzung im Internet

vorrangig angehen

zurzeit kein Handlungsbedarf

Weitere Checkpunkte sowie Praxishilfen zu diesem Thema finden Sie im Internet: www.offensive-mittelstand.de

Check »Guter Mittelstand: Erfolg ist kein Zufall«, 2010, S. 20–21

7   Umsetzungshilfe

	Fragestellung/Überlegungen	Antwort
Allgemein das Unternehmen betreffend	Sie wissen, welche Ausrichtung Sie für Ihr Unternehmen möchten (z. B. Werte, Normen).	
	Sie kennen die Stärken Ihres Unternehmens (Abgrenzung gegenüber anderen Unternehmen).	
	Sie haben sich Gedanken darüber gemacht, wie sich das Unternehmen nach außen präsentiert (Corporate Identity, Arbeitgebermarke).	
	Sie haben gemeinsam mit Ihren Beschäftigten ein Leitbild entwickelt.	
	Sie kommunizieren das Leitbild im Unternehmen nicht nur verbal, sondern leben es auch vor (Workshops, Flyer, Gespräche).	
Die Führungsebene betreffend	Sie haben sich darüber Gedanken gemacht, wie Sie mit den Beschäftigten umgehen (partnerschaftlich, hierarchisch).	
	Ihnen ist bewusst, wie Sie mit Ihren Beschäftigten kommunizieren (konstruktiv offen, kooperativ, autoritär).	
	Sie stehen hinter der Veränderung der Unternehmenskultur und vertreten dies glaubhaft.	
	Sie haben in Ihrem Unternehmen eine Fehlerkultur entwickelt, die bei Führungskräften und Beschäftigten gleichermaßen angewandt wird (Fehler als Lernchance, Sanktionen).	
	Sie beziehen die Beschäftigten in die Arbeitsplanung und -gestaltung mit ein.	
Die Beschäftigten betreffend	Sie wenden in Ihrem Unternehmen Anreizsysteme an, um die Beschäftigten zu motivieren (materiell/immateriell, Lob, Druck).	
	Sie haben genaue Vorstellungen darüber, welches Verhalten Sie von den Beschäftigten erwarten (gegenseitiges Verständnis oder Konkurrenzkampf).	

	Fragestellung/Überlegungen	Antwort
Die Beschäftigten betreffend	Ihnen ist bewusst, von welchen Grundeinstellungen die Zusammenarbeit geprägt ist (teamorientiert, Einzelkämpfertum).	
	Sie beobachten, wie der Umgang der Beschäftigten untereinander ist (partnerschaftlich, respektvoll, desinteressiert).	
Das Umfeld betreffend	Sie wissen, was die Kunden wollen.	
	Sie haben ein Verfahren zur Ermittlung der Kundenzufriedenheit (Kundenbefragungen, Beschwerdemanagement).	
	Sie engagieren sich in ihrer Region (soziale Projekte, Sponsoring).	

Personalentwicklung

Annette Icks*

1   Worum geht es beim Thema Personalentwicklung?
2   Was bringt dem Unternehmen dieses Thema?
3   Wie setze ich in meinem Unternehmen eine gute Personalentwicklung um?
4   Die fünf wichtigsten Tipps für eine erfolgreiche Personalentwicklung
5   Literatur
6   Checkauszug Personalentwicklung
7   Umsetzungshilfe

* Dr. Annette Icks ist wissenschaftliche Mitarbeiterin im Institut für Mittelstandsforschung Bonn und stellvertretende Vorsitzende der Offensive Mittelstand – Gut für Deutschland.

1   Worum geht es beim Thema Personalentwicklung?

Jahrzehntelang wurde in Unternehmen rationalisiert und ausgegliedert, verschlankt und effizienter gemacht, was eben ging. Die Beschäftigten wurden dabei häufig lediglich als Kostenstelle Humankapital gesehen. Mittlerweile beginnt sich das Bild zu ändern. Nun werden die Beschäftigten aufgrund der wirtschaftlichen und gesellschaftlichen Veränderungen zunehmend zu einem kritischen Wettbewerbsfaktor. Zum einen wachsen die Anforderungen an jeden Beschäftigten durch den schnellen technischen Fortschritt, kurze Innovationszyklen, Verteuerung der **Ressourcen**, veränderte Formen der Zusammenarbeit und hohe Komplexität der zu bewältigenden Aufgaben. Zum anderen führt der demografische Wandel zu einer Verknappung qualifizierten Personals und zu der Notwendigkeit, sich auf eine älter werdende Belegschaft einzustellen. Insofern kann ein Unternehmen seinen wirtschaftlichen Erfolg nur dann aufrechterhalten, wenn es seine Personalpolitik langfristig auf die sich geänderten Bedingungen ausrichtet.

Was versteht man unter Personalentwicklung? Im Grundsatz geht es bei der Personalentwicklung um die Frage: Wie viele Beschäftigte mit welchen Qualifikationen braucht das Unternehmen in den kommenden Jahren und wie stellt es sicher, dass es die benötigten Mitarbeiter auch bekommt? Dabei muss der Betrieb viele Aspekte berücksichtigen – angefangen von der **Personalgewinnung** innerhalb und außerhalb des Unternehmens über Aus- und Weiterbildung bis hin zu Anreizformen und der Gestaltung der Arbeitsbedingungen.

Personalentwicklung ist nicht nur die Aufgabe der Personalverantwortlichen, sondern muss im Zusammenhang der gesamten Positionierung des Unternehmens gesehen werden. Sie steht in direktem Zusammenhang mit der Organisations-, Produktions-, Absatz- und der Finanzplanung. Nur wenn die Unternehmensplanung die Bedeutung der Personalentwicklung für den Erfolg erkennt, wird es auch in Zukunft ausreichend qualifizierte Fach- und Führungskräfte gewinnen und langfristig binden können. Personalentwicklung muss zunehmend bewusst und zielgerichtet erfolgen.

Personalentwicklung ist also die systematische Analyse des Personalbedarfs, sowohl in quantitativer als auch in qualitativer Hinsicht, die an den Unternehmenszielen ausgerichtet ist. Ziel sollte es sein, den richtigen Beschäftigten am richtigen Platz einzusetzen. Gute Personalentwicklung wird immer mehr die Grundvoraussetzung für einen nachhaltigen Unternehmenserfolg.

2   Was bringt dem Unternehmen dieses Thema?

Die Beschäftigten sollten im Mittelpunkt jedes Unternehmens stehen. Sie sind die eigentlichen Wertschöpfer und deshalb sollte die Führung sorgfältig mit diesem Potenzial umgehen. Dies gilt umso mehr, als die Gewinnung geeigneter Beschäftigter und die **Bindung** qualifizierter Mitarbeiter angesichts der demografischen Entwicklung zu einer großen strategischen Herausforderung werden.

Je passgenauer und aktiver ein Unternehmen Personal sucht, desto eher wird es Beschäftigte gewinnen und an das Unternehmen binden können, z. B. durch eindeutige und ehrliche Stellenbeschreibungen. Oft sind Firmen, die in der Lage sind, gute Mitarbeiter zu halten, auch bei der Personalauswahl im Einsatz ihrer Methoden und Instrumente fortschrittlich und innovativ. Unternehmen hingegen, die sich nicht aktiv um die Mitarbeiterbindung kümmern, riskieren, dass ihre Know-how- und Leistungsträger abwandern. Die Folge ist ein Abfluss von Wissen, der möglicherweise der Konkurrenz zugute kommt. Häufig lassen sich die entstandenen Lücken nur unter großem Zeit- und Kostenaufwand schließen. Mit jeder Neubesetzung einer Stelle besteht dann wiederum die Gefahr einer Fehlbesetzung und weiterer Fluktuation.

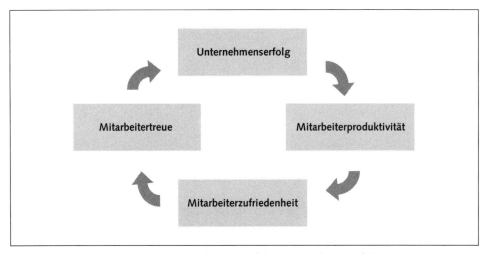

Abb. 1: Auswirkung der Mitarbeiterzufriedenheit auf den Unternehmenserfolg

Aber nicht nur der mögliche Fach- und Führungskräftemangel sowie die alternde Belegschaft führen zu einem Anpassungsbedarf der betrieblichen Personalpolitik, auch der Wandel von der produktions- zur dienstleistungsorientierten Wertschöpfungskette erfordert eine Veränderung der Personalentwicklung. Da im Informations- und Dienstleistungszeitalter die Bedeutung des Wissens ständig zunimmt, stellen die Menschen als Träger dieses Wissens das wichtigste Kapital dar. Sie sind der wettbewerbsentscheidende Faktor. Ihre Fähigkeiten, Kompetenzen und nicht zuletzt auch ihr spezifisches Wissen sind der strategische Erfolgsfaktor eines Unternehmens. Die strategische Personalentwicklung ermöglicht es, diese Fähigkeiten, Kompetenzen und das Wissen langfristig sicherzustellen und auch auf kurzfristige Veränderungen des Markts reagieren zu können.

Aus diesem Grund sollte die strategische Personalentwicklung verstärkt in den Fokus des Unternehmens gestellt und in die Unternehmensstrategie eingebunden werden. Erst mit Orientierung an den Unternehmenszielen kann Personalentwicklung nachhaltig und erfolgreich wirken.

Eine wichtige Aufgabe der Personalentwicklung ist daher, den aktuellen und zukünftigen Personalbedarf unter Berücksichtigung sowohl innerbetrieblicher als auch wirtschaftlicher und gesellschaftlicher Veränderungen zu erkennen und mit dem vorhandenen Bestand an Beschäftigten abzugleichen. Ziel ist es darüber hinaus, gleichzeitig auch die vorhandenen Fähigkeiten und Neigungen der Beschäftigten weiterzuentwickeln und diese mit den Anforderungen der Arbeitsplätze in Übereinstimmung zu bringen.

3 Wie setze ich in meinem Unternehmen eine gute Personalentwicklung um?

Personalentwicklung ist ein komplexer Prozess, der sich an dem Unternehmensziel ausrichtet. Hierzu sind verschiedene Schritte nachzuvollziehen (siehe Abbildung 2):

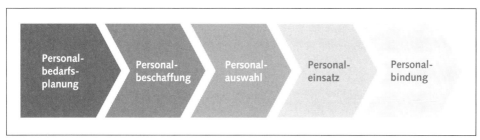

Abb. 2: Faktoren der Personalentwicklung (vgl. Berthel/Becker 2010)

Personalbedarfsplanung

Den Personalbedarf in einem Unternehmen zu planen, ist nicht einfach. Bei der Planung müssen zahlreiche Einflussfaktoren berücksichtigt werden. Letztlich geht es um die Frage: Auf welche zukünftig zu erwartenden Anforderungen muss ich reagieren?

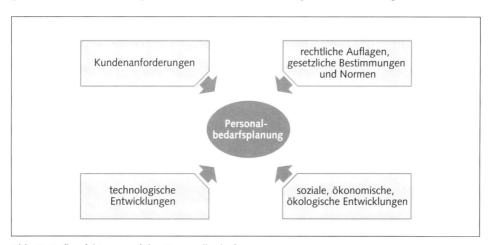

Abb. 3: Einflussfaktoren auf den Personalbedarf

Anforderungen von Kunden können sich mit der Zeit ändern. Neue Produkte erfordern unter Umständen neue Qualifikationen, eine Umstrukturierung des Produktionsablaufs oder der Vertriebswege können eine Neuorganisation der Prozesse notwendig machen. Darauf sollte das Unternehmen vorbereitet sein.

Technologische Entwicklungen können den Ertrag schnell steigern. Dazu benötigt man jedoch auch Beschäftigte, die mit den technologischen Neuerungen umgehen können. Hierzu müssen sie gegebenenfalls motiviert werden, sich auf die Neuerungen einzulassen, neue Qualifikationen zu erwerben oder sich weiterzubilden.

Änderungen von rechtlichen Auflagen oder gesetzlichen Vorschriften müssen in der Regel innerhalb einer bestimmten Frist umgesetzt werden. Für diese Umsetzungen können unter Umständen Qualifikationen erforderlich sein, die im Unternehmen (noch) nicht vorhanden sind. Aber auch die Verlängerung der Lebensarbeitszeit wird Auswirkungen auf das betriebliche Geschehen haben.

Soziale Veränderungen können z. B. darin bestehen, dass sich das Unternehmen mit einer höheren Fluktuation konfrontiert sieht, weil immer mehr Väter Elternzeit in Anspruch nehmen. Ebenso ist denkbar, dass neue ökologische Entwicklungen neue Produktionsverfahren erforderlich machen. Aber auch ökonomische Änderungen wie Umstrukturierungen oder Verlagerungen von Betriebsstätten ins Ausland haben Einfluss auf die Personalplanung.

Nachdem das Unternehmen eine Analyse dieser Einflussfaktoren vorgenommen hat, sollte es überprüfen, ob es die Anforderungen mit dem gegebenen Personalbestand bewältigen kann. Geeignete Hilfsmittel, um die Daten zu erfassen sind Stellenbesetzungspläne und Informationen zu den vorhandenen Qualifikationen und Interessen der Beschäftigten. Darüber hinaus können Befragungen der Vorgesetzten und Mitarbeiter, Arbeitsmarkt- und Umfeldanalysen sowie berufsbezogene Anforderungsanalysen genutzt werden.

Bestehen Diskrepanzen zwischen dem Ist- und Soll-Bestand müssen diese über Neueinstellungen, bessere Auslastung des vorhandenen Personals, Qualifizierung und Schulung der Mitarbeiter oder als letzten Ausweg gegebenenfalls Entlassungen ausgeglichen werden.

Personalsuche

Voraussetzungen für eine gezielte und erfolgreiche Suche sind zum einen die genaue Kenntnis der Stellenanforderungen, zum anderen ein Bewerberprofil mit Informationen zur gewünschten Qualifikation, Erfahrung und zu persönlichen Merkmalen, an dem sich alle Maßnahmen orientieren, und schließlich realistische Informationen der Kandidaten z. B. über die zu erwartende Tätigkeit, Aufstiegsmöglichkeiten und den Arbeitsplatz. Welche Bewerbergruppe sollte angesprochen und für das Unternehmen gewonnen werden? Was sind deren Bedürfnisse und Erwartungen? Eine Recherche z. B. bei kürzlich eingestellten Beschäftigten kann Auskunft darüber geben, ob die Bedürfnisse und Erwartungen damit übereinstimmen, was das Unternehmen den Bewerbern bieten kann oder ob die Erwartungen revidiert werden müssen.

Personalauswahl

Die Personalauswahl richtet sich nach den gestellten Anforderungen für die zu besetzende Stelle. Diese sollten sich auf vorher festgelegte Merkmale konzentrieren, denn wer bei der Besetzung von freien Stellen wenig sorgfältig vorgeht und zu wenig auf Potenziale und persönliche Eignung der Bewerber achtet, verursacht unnötige Kosten.

Bei der Überprüfung der Anforderungen sind neben den formalen Voraussetzungen wie Aus-/Weiterbildung, Berufserfahrung und fachliche Kompetenzen auch methodische, soziale und persönliche Kompetenzen sowie körperliche Eignung zu beachten. Je nach Anforderungsprofil gehört hierzu auch die Bewertung der Führungskompetenz.

Um die Qualifikation und das Entwicklungspotenzial der Bewerber zuverlässig zu ermitteln, können unterschiedliche Methoden wie z. B. Interviews, Assessment Center oder psychologische Tests angewendet werden. Unabhängig davon, welche Auswahlmethoden genutzt werden, sollte dem Bewerber in einem persönlichen Gespräch ein realistisches Bild über sein Tätigkeitsgebiet und seine prioritären Aufgaben vermittelt werden. Offene ehrliche und verbindliche Informationen über das Unternehmen und den Aufgabenbereich rentieren sich eher als eine realitätsferne Vermarktung des Arbeitsplatzes und des Unternehmens, auch wenn der eine oder andere Bewerber dann vielleicht doch von seinem zukünftigen Einsatz in dem Unternehmen absieht. Die realistische Darstellung ermöglicht also erstens die bessere Selbstselektion der Bewerber, hat zweitens die positive Konsequenz, dass der neue Mitarbeiter weiß, was ihn erwartet, wodurch innere Widerstände vermieden werden können, und drittens wird die Identifikation der Mitarbeiter mit der eigenen Eintrittsentscheidung unterstützt.

Personaleinsatz

Ziel des Personaleinsatzes ist der möglichst passgenaue Einsatz des Beschäftigten an den Arbeitsplatz. Es sollte sowohl eine Über- als auch eine Unterforderung vermieden werden. Dabei sind nicht nur die Qualifikation und beruflichen Fertigkeiten zu beachten, sondern auch die sozialen und persönlichen Kompetenzen sowie die körperlichen Fähigkeiten. Zur Planung des richtigen Einsatzes sind detaillierte Informationen über die Anforderungen der Arbeitsplätze, die Fähigkeiten und **Entwicklungsmöglichkeiten** der Beschäftigten und ihrer Bedürfnisse erforderlich. Während die Anforderungen aus den Stellenbeschreibungen und die Fähigkeiten weitestgehend aus den Personalbeurteilungen ermittelt werden können, sind die Bedürfnisse der Beschäftigten schwieriger zu erfassen. Hier müssen regelmäßige Gespräche geführt werden, in denen sowohl die Führungskräfte als auch die Mitarbeiter ihre Wünsche und Vorstellungen offenbaren.

Gelingt es, diese Passgenauigkeit zu erreichen, ziehen sowohl das Unternehmen, z. B. durch höhere Produktivität, höhere Loyalität, niedrige Fluktuation und geringe Fehlzeiten, als auch der Beschäftigte z. B. durch einen hohen Grad der Zufriedenheit aufgrund herausfordernder Aufgaben, Übernahme von Verantwortung, positives Betriebsklima, offener Umgang miteinander, Nutzen daraus.

Personalbindung

In Zeiten, in denen gut ausgebildete Fach- und Führungskräfte zunehmend knapper werden, kann ein Unternehmen es sich nicht leisten, seine Mitarbeiter nicht langfristig an sich zu binden und seine **Attraktivität als Arbeitgeber** nicht zu stärken. Dies gilt insbesondere für kleine und mittlere Betriebe, da sie im Vergleich zu Großunternehmen häufig im Wettbewerb um die besten Köpfe unterliegen. Deswegen muss es für die Firmen von Interesse sein, wie sie sich als guter Arbeitgeber einbringen können. In der Regel sind kleine und mittlere Unternehmen in der Lohn- und Gehaltsfrage limitiert, d. h. hier gibt es nur wenig Spielraum nach oben. Bei der Suche der Fach- und Führungskräfte nach einem geeigneten Arbeitgeber spielen jedoch nicht nur die harten Faktoren wie z. B. Einkommen eine wesentliche Rolle, ebenfalls von Bedeutung sind die sogenannten weichen Faktoren wie Arbeitsklima, abwechslungsreiche Tätigkeiten, gute Unternehmenskultur und familienfreundliche Arbeitszeitgestaltung. Hier können die kleinen Unternehmen durchaus punkten.

Eine wesentliche Möglichkeit der Personalbindung ist die Aus- und Weiterbildung der Beschäftigten. Durch die **Ausbildung** von Jugendlichen kann das Unternehmen eine für das Unternehmen ausgebildete Fachkraft längerfristig an sich binden. Dies hat zum einen den Vorteil, dass das Unternehmen weiß, welche Kompetenzen die zukünftige Fachkraft hat, denn es hat sie ja schließlich ausgebildet, und zum zweiten weiß das Unternehmen, ob die Person in das Unternehmen passt.

Eine weitere Möglichkeit, die Personalbindung aktiv anzugehen, ist die **Weiterbildung** im Betrieb. Durch das Angebot an attraktiven Weiterbildungsmaßnahmen zeigt das Unternehmen seine Wertschätzung gegenüber seinen Beschäftigten und kann so kontinuierlich ihr Know-how und ihre sozialen Kompetenzen verbessern. Dabei sollten sich Weiterbildungsangebote nicht nur auf die rein fachlichen Fähigkeiten ausrichten, sondern auch soziale Kompetenzen berücksichtigen.

Die positiven Unternehmensbedingungen müssen durch aktives Personalmarketing nach außen kommuniziert werden. Dabei hat eine Firma, die sich glaubhaft für eine nachhaltige Entwicklung engagiert, und der die Anliegen der eigenen Mitarbeiter am Herzen liegen, die besten Voraussetzungen dafür, eine attraktive Arbeitgebermarke aufzubauen. Sie zeichnet sich durch ein unverwechselbares und glaubwürdiges Bild aus, wobei ganz konkret die spezifischen Stärken des Unternehmens als Arbeitgeber hervorgehoben werden. Das können z. B. flexible Arbeitzeitmodelle, Beschreibung der guten Arbeitsbedingungen oder Vereinbarkeit von **Beruf und Familie** sein.

Bei der Darstellung der Arbeitgebermarke sollte ein realistisches Bild vermittelt werden. Verspricht der Betrieb mehr als er halten kann, wird sich die gute Reputation als Arbeitgeber schnell umkehren. Um die gute Arbeitgebermarke in den Köpfen der Zielgruppe positiv zu verankern, sollten möglichst viele Kommunikationswege genutzt werden. Dies kann z. B. die Darstellung auf der eigenen Internetseite sein, Presseartikel, in denen das Unternehmen durch sein regionales Engagement auffällt, Kooperationen oder gemeinsame Veranstaltungen mit Schulen, Hochschulen, Kammern oder Innungen, Tag der offenen Tür oder die Nutzung von sozialen digitalen Netzwerken. Sehr effektiv sind auch positive Aussagen von (ehemaligen) Mitarbeitern, da sie glaubwürdig wirken.

Neben den allgemeinen Bedingungen, die im Unternehmen herrschen, gelten auch bestimmte Anforderungen an einen guten Arbeitsplatz, damit die Beschäftigten motiviert ihre Aufgaben erledigen.

Tätigkeitsspielraum und Vollständigkeit	Die Beschäftigten verfügen im Rahmen ihrer Tätigkeit über Entscheidungsspielraum und erhalten, sofern das mit der übertragenen Arbeitsaufgabe vereinbar ist, die Verantwortung für einen vollständigen Arbeitsprozess.	»Meine Arbeit führe ich nicht nur aus, sondern plane, koordiniere und überprüfe sie auch selbst.«
Anforderungsvielfalt	Die Beschäftigten üben abwechslungsreiche Tätigkeiten aus und werden gegebenenfalls in unterschiedlichen Bereichen eingesetzt.	»Meine Arbeit fordert von mir sehr unterschiedliche Fähigkeiten und Fertigkeiten.«
Transparenz	Die Arbeitsabläufe und Prozesse sind für die Beschäftigten transparent und ersichtlich.	»Ich weiß, wer weisungsbefugt ist und bin ausreichend und verständlich über meine Aufgabe informiert.«
Rückmeldung	Die Beschäftigten erhalten von den Führungskräften eine Rückmeldung zur Qualität ihrer Arbeit.	»Andere sagen mir, ob sie mit meiner Arbeit zufrieden sind.«
Entwicklungsmöglichkeit	Die Beschäftigten werden motiviert, sich weiterzubilden und eigene kreative Lösungsvorschläge in das Unternehmen einzubringen. Der Betrieb bietet ihnen Perspektiven hinsichtlich ihrer Aufstiegsmöglichkeiten.	»Meine manchmal unkonventionellen Vorschläge werden ernst genommen.« »Ich weiß, dass Weiterbildung sich lohnt.«
Geeignete Arbeitsumgebung	Die Beschäftigten arbeiten in einer sicheren und gesunden und ihren körperlichen Fähigkeiten entsprechenden Arbeitsumgebung. Sie verfügen über ausreichend funktionsfähige Arbeitsmittel.	»Ich weiß, dass meine Gesundheit für das Unternehmen wichtig ist.«
Einflussmöglichkeit	Die Beschäftigten können Einfluss auf die Arbeitsbedingungen und die Arbeitsplatzgestaltung nehmen.	»Meine Vorgesetzten hören sich meine Vorschläge an und berücksichtigen sie bei der Planung.«
Soziale Unterstützung	Die Beschäftigten werden von ihren Vorgesetzten unterstützt, so wie sich die Beschäftigten gegenseitig unterstützen.	»Ich werde nicht nur wegen meiner Arbeitskraft, sondern auch als Mensch wertgeschätzt.«

Abb. 4: Anforderungen an einen guten Arbeitsplatz

4   Die fünf wichtigsten Tipps für eine erfolgreiche Personalentwicklung

Tipp 1: Betrachten Sie die Personalentwicklung als eine strategische Aufgabe und stimmen Sie diese mit Ihren Unternehmenszielen ab.
Personalentwicklung kann nur dann erfolgreich sein, wenn sie in die gesamte Unternehmensstrategie eingebettet ist. Sie berücksichtigen dabei sowohl die innerbetrieblichen Bereiche wie Finanz-, Organisations-, Produktions- und Absatzplanung als auch die wirtschaftlichen und gesellschaftlichen Entwicklungen.

Tipp 2: Überlegen Sie genau, welche Ziele Sie mit welchen Beschäftigten erreichen möchten.
Dazu erstellen Sie einen Bedarfsplan, auf dessen Grundlage Sie Personalmaßnahmen, wie Einstellungen von Beschäftigten oder Weiterbildung von vorhandenem Personal ergreifen.

Tipp 3: Sie wissen, dass in unserer Wissensgesellschaft das Know-how der Beschäftigten von zunehmendem Wert für den Unternehmenserfolg ist.
Sie fördern deshalb nicht nur die fachlichen Kenntnisse der Beschäftigten, sondern auch die methodischen, sozialen und persönlichen Kompetenzen. Damit erreichen Sie, dass sich die Beschäftigten schneller auf die sich rasch wandelnden Arbeitsbedingungen einstellen können.

Tipp 4: Binden Sie Ihre Beschäftigten nachhaltig an Ihr Unternehmen und stärken Ihren guten Ruf als Arbeitgeber.
Sie unterstützen die Entwicklungsmöglichkeiten der Beschäftigten, z. B. über Weiterbildungsmaßnahmen, und kommunizieren die guten Arbeitsbedingungen, wie flexible Arbeitszeiten und Familienfreundlichkeit, offensiv nach außen.

Tipp 5: Sorgen Sie für gute Arbeitsplätze.
Damit das Potenzial des Beschäftigten gut ausgeschöpft werden kann, muss ihm die Arbeit Freude machen. Das erreichen Sie u.a. mit einer abwechslungsreichen Tätigkeit, Verantwortungsübertragung und Interesse an dem Beschäftigten, die über die reine Arbeitskraft hinausgeht. Gestalten Sie die Arbeitsplätze so, dass die Beschäftigten produktiv und motiviert arbeiten können (z. B. Beleuchtung, Klima, Lärmschutz).

5 Literatur

Becker, M.: Systematische Personalentwicklung, Planung, Steuerung und Kontrolle im Funktionszyklus, Stuttgart 2011.
Das sehr umfangreiche Buch beschreibt die unterschiedlichen Bausteine der Personalentwicklung mit zahlreichen Beispielen von Instrumenten.

Berthel, J./Becker, Fred G.: Personalmanagement – Grundzüge für die Konzeption betrieblicher Personalarbeit, Stuttgart 2010.
Dieses Lehr- und Handbuch der betrieblichen Personalführung gibt den wissenschaftlichen Erkenntnisstand wieder.

Ryschka, J./Solgau, M./Mattenklott, A.: Praxishandbuch Personalentwicklung, Instrumente, Konzepte, Beispiele, 3. Aufl., Wiesbaden 2011.
Die Autoren geben einen umfassenden Überblick über methodische Konzepte und Instrumente der Personalentwicklung. Fallbeispiele verdeutlichen die Ausführungen.

6 Checkauszug Personalentwicklung

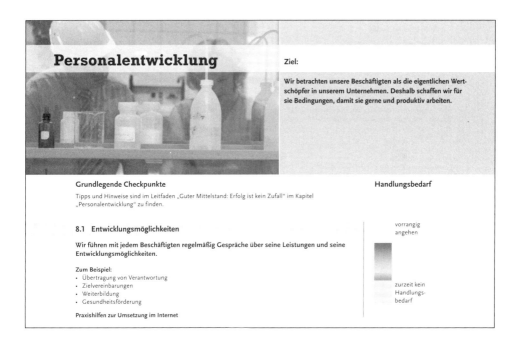

Personalentwicklung

Grundlegende Checkpunkte

Handlungsbedarf

8.2 Einsatzbedingungen und Ressourcen

Unsere Führungskräfte sind dafür verantwortlich, dass die fachlichen, organisatorischen und technischen Voraussetzungen vorhanden sind, damit die Beschäftigten motiviert und produktiv arbeiten können. Dafür stehen den Führungskräften die erforderlichen Ressourcen zur Verfügung.

Zum Beispiel:
- Einsatz entsprechend der Qualifikation
- Einsatz entsprechend der körperlichen Fähigkeiten
- Information und Unterweisung
- Geeignete und funktionsfähige Arbeitsmittel
- Sichere und gesunde Arbeitsplatzumgebung
- Einsatz von Paten

Praxishilfen zur Umsetzung im Internet

vorrangig
angehen

zurzeit kein
Handlungs-
bedarf

8.3 Bindung

Wir haben konkrete Maßnahmen, wie wir unsere Führungskräfte und Beschäftigten an das Unternehmen binden.

Zum Beispiel:
- Konkrete persönliche Perspektiven bieten
- Schaffung einer lernfreundlichen Atmosphäre
- Förderung der Teilnahme an Fort- und Weiterbildungsveranstaltungen
- Leistungsgerechte Entlohnung
- Konzepte für familienfreundliche Arbeitsorganisation

→ Check Unternehmenskultur

Praxishilfen zur Umsetzung im Internet

vorrangig
angehen

zurzeit kein
Handlungs-
bedarf

8.4 Personalgewinnung

Wir haben Ideen und konkrete Maßnahmen, wie wir neue geeignete Führungskräfte und Beschäftigte finden, da zukünftig das Arbeitskräfteangebot immer knapper werden wird. Wir festigen unsere gute Reputation als Arbeitgeber durch aktives Personalmarketing.

Zum Beispiel:
- Positive Darstellung des Unternehmens in der Region
- Präsenz in Schulen/Hochschulen
- Praktika und Ausbildungsplätze/Girls-Day
- Soziales Engagement/Sponsoring in der Region
- Bedarfs-/Qualifikationsanalysen
- Kommunikation der guten Arbeitsbedingungen durch eigene Internetseite
- Presseartikel
- Tage der offenen Tür
- Kooperation oder gemeinsame Veranstaltungen mit Berufsschulen, Hochschulen, Kammern oder Innungen
- Beteiligung an regionalen/lokalen Messen

Praxishilfen zur Umsetzung im Internet

vorrangig
angehen

zurzeit kein
Handlungs-
bedarf

8.5 Abwechslung im Einsatz

Wir achten darauf, dass unsere Beschäftigten nicht immer das Gleiche machen, sondern mit unterschiedlichen Arbeitsaufgaben betraut werden (auch für Vertretungsregelungen hilfreich).

Zum Beispiel:
- Einsatz in unterschiedlichen Bereichen
- Qualifizierung für unterschiedliche Aufgaben

vorrangig
angehen

zurzeit kein
Handlungs-
bedarf

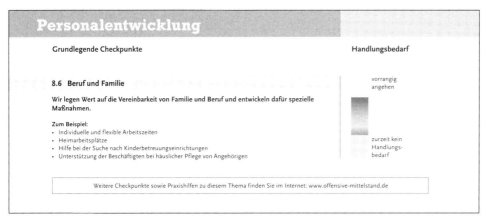

Personalentwicklung

Grundlegende Checkpunkte

Handlungsbedarf

8.6 Beruf und Familie

vorrangig
angehen

Wir legen Wert auf die Vereinbarkeit von Familie und Beruf und entwickeln dafür spezielle
Maßnahmen.

Zum Beispiel:
- Individuelle und flexible Arbeitszeiten
- Heimarbeitsplätze
- Hilfe bei der Suche nach Kinderbetreuungseinrichtungen
- Unterstützung der Beschäftigten bei häuslicher Pflege von Angehörigen

zurzeit kein
Handlungs-
bedarf

Weitere Checkpunkte sowie Praxishilfen zu diesem Thema finden Sie im Internet: www.offensive-mittelstand.de

Check »Guter Mittelstand: Erfolg ist kein Zufall«, 2010, S. 22–23.

7   Umsetzungshilfe

Erstellung eines Anforderungsprofils

Kompetenzbereich	Merkmale	Merkmalsausprägung	ja	nein
Fachkompetenz	Fachliche Fähigkeiten und Fertigkeiten	Der Mitarbeiter besitzt alle für einen Aufgabenbereich erforderlichen Kenntnisse durch Aus-/Weiterbildung, Berufserfahrung.		
	Ressourceneinsatz	Der Mitarbeiter stellt Pläne zu den zur Verfügung stehenden Ressourcen auf und setzt die Ressourcen umsichtig zur Zielerreichung ein.		
	Technisches Verständnis	Der Mitarbeiter kann technische Abläufe und Zusammenhänge nachvollziehen und eigenständig technisch orientierte Problemlösungen entwickeln.		
Methodische Kompetenz	Projektmanagement	Der Mitarbeiter ist in der Lage, Projekte systematisch zu organisieren und zu realisieren. Er kann strukturiert Konzepte erstellen.		
	Entscheidungs- und Problemlösungskompetenz	Der Mitarbeiter analysiert Sachverhalte in einzelne Bestandteile, erkennt Probleme und ist in der Lage, sachgerechte Entscheidungen zu treffen.		

Kompetenzbereich	Merkmale	Merkmalsausprägung	ja	nein
Methodische Kompetenz	Planungstechniken	Der Mitarbeiter kann zukunftsorientiert planen, Risiken abwägen und Prioritäten setzen.		
	Zeitmanagement	Der Mitarbeiter plant und strukturiert Projekte so, dass sie pünktlich fertig werden.		
	Innovationsfähigkeit	Der Mitarbeiter bringt innovative Ideen ein und findet unkonventionelle kreative Lösungen.		
Soziale Kompetenz	Teamfähigkeit	Der Mitarbeiter stellt seine Kenntnisse zur Verfügung. Er erarbeitet gemeinsam mit anderen Lösungen, bezieht andere mit ein, greift Ideen anderer auf und entwickelt sie weiter.		
	Konfliktfähigkeit	Der Mitarbeiter erkennt Konflikte und löst sie. Kritische Aspekte werden thematisiert und es werden Kompromisse angestrebt.		
	Kritikfähigkeit	Der Mitarbeiter ist in der Lage, eigene Fehler zu erkennen und zu reflektieren.		
	Kundenorientierung	Der Mitarbeiter orientiert sich am Servicebedarf des Kunden und berücksichtigt dies in seinem Handeln.		
	Netzwerkkompetenz	Der Mitarbeiter steht in Kontakt zu sozialen Netzwerken auch außerhalb des Unternehmens und bringt diese Kontakte in seine Arbeit mit ein.		
	Kommunikationsfähigkeit	Der Mitarbeiter kann sich mündlich und schriftlich gut ausdrücken, geht offen und freundlich auf andere zu und findet Akzeptanz bei anderen.		

Kompetenzbereich	Merkmale	Merkmalsausprägung	ja	nein
Persönliche Kompetenz	Eigeninitiative	Der Mitarbeiter setzt sich Ziele und engagiert sich aus eigenem Antrieb für die Realisierung. Er analysiert sich und begreift Fehler als Lernchance.		
	Leistungsmotivation	Der Mitarbeiter ist bereit, auch über die geforderte Arbeit hinaus Leistung zu erbringen.		
	Verantwortungs-bewusstsein	Der Mitarbeiter bedenkt die Folgen seines Handelns genau und sucht nach Lösungen. Er übernimmt die Verantwortung für die Konsequenzen seines Vorgehens.		
	Loyalität	Der Mitarbeiter engagiert sich für das Unternehmen, identifiziert sich mit seinen Werten und vertritt diese auch nach außen.		
Führungskompetenz	Zielvereinbarungs-techniken	Die Führungskraft erarbeitet gemeinsam mit den Mitarbeitern realistische Ziele und entwickelt das Potenzial der Beschäftigten weiter.		
	Überzeugungs-/ Motivationstechniken	Die Führungskraft hat einen eigenen Standpunkt und vertritt diesen überzeugend.		
	Delegationsfähigkeit	Die Führungskraft delegiert Aufgaben, Kompetenzen und Verantwortung in kooperativer Weise.		
	Mitarbeiterorientie-rung	Die Führungskraft erkennt und beherrscht Führungstechniken und kann diese situationsgerecht anwenden. Sie beurteilt Mitarbeiter fundiert und gibt ein ehrliches Feedback.		
	Controlling	Die Führungskraft kontrolliert und steuert den Verlauf von Arbeitsprozessen und Arbeitsergebnissen angemessen. Sie erkennt rechtzeitig Zielabweichungen und leitet notwendige Maßnahmen ein.		

Prozesse

Kristina Kuiper*

1   Worum geht es beim Thema Prozesse?
2   Was bringen meinem Unternehmen gut strukturierte Prozesse?
3   Wie strukturiere ich die Prozesse in meinem Unternehmen?
4   Die fünf wichtigsten Tipps zur Optimierung der Prozesse im Unternehmen
5   Literatur
6   Checkauszug Prozesse
7   Umsetzungshilfe

*   Kristina Kuiper ist wissenschaftliche Mitarbeiterin am Institut für Technik der Betriebsführung im DHI e.V., Karlsruhe.

1   Worum geht es beim Thema Prozesse?

Prozesse halten das Unternehmen am Leben: Erfolgreiche Wertschöpfung kann nur in einem systematischen lebendigen Prozess entstehen. Offenheit für ständiges Lernen und kontinuierliches Verbessern erhöht die Wettbewerbsfähigkeit des Unternehmens. Dies gilt besonders bei hartem Preis-, Termin- und Qualitätswettbewerb. Gut gestaltete Prozesse vermeiden Probleme bei der Team- und Arbeitsteilung. Insofern sollte jeder Arbeitsprozess systematisch gestaltet und entwickelt sein, um die Lern- und Wettbewerbsfähigkeit des Unternehmens zu erhalten und zu verbessern.

Doch was ist ein Prozess bzw. wie gestaltet er sich?

Vereinfacht gesagt beginnt ein Prozess bei den Kundenbedürfnissen. Sie veranlassen einen Input, der daraufhin einen Arbeitsprozess in Gang bringt. Dieser wiederum erzeugt einen Output, der die Kundenbedürfnisse befriedigen soll.

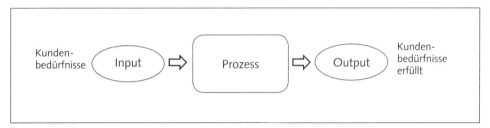

Abb. 1: Prozess

Arbeitsprozesse sind eine logische Abfolge von miteinander verknüpften Aufgaben. Die zusammenhängenden Aufgaben werden von einer Eingabe, also z. B. einem Auftrag, sowie einem Ergebnis, also einem Produkt oder einer Dienstleistung, eingerahmt. Am Anfang und am Ende eines Prozesses steht immer der Kunde, dies kann ein externer Kunde, aber auch ein interner Kunde, also ein Kollege oder eine andere Abteilung, sein.

Prozesse sind in die Wertschöpfungskette eingebunden. Sie sind einem Beschaffungsmarkt vor- sowie einem Absatzmarkt nachgeschaltet. Jeder Kern- bzw. Hauptprozess (Kernprozesse umfassen die Tätigkeiten, die der direkten Erfüllung der Kundenbedürfnisse dienen) hat unterstützende Prozesse, wie z. B. die Personalwirtschaft, das Rechnungswesen oder die Organisation, die notwendig sind, um das Unternehmen am Laufen zu halten, jedoch oft nicht direkt vom Kunden wahrgenommen werden.

Es sollte in jedem Unternehmen gewährleistet sein, dass die Prozesse reibungslos verlaufen, d. h. dass geregelt ist, wer was zu tun hat und wie dies zu geschehen hat, denn nur so kann Fehlern vorgebeugt werden. Hat das Unternehmen einen geregelten und gut strukturierten Ablauf, schafft das dem Kunden gegenüber Transparenz, jeder Beschäftigte weiß, welche Aufgaben der andere im Unternehmen hat, und neue Mitarbeiter bekommen einen schnellen Überblick über ihre zukünftigen Aufgaben.

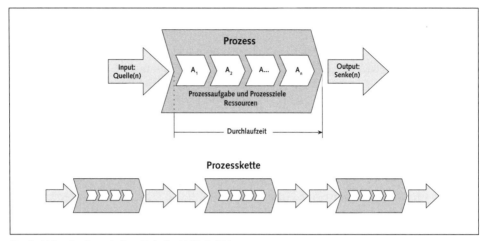

Quelle: Vahs, O., Organisation, 7. Aufl., 2009, S. 230

Abb. 2: Prozessmerkmale und -kette

2 Was bringen meinem Unternehmen gut strukturierte Prozesse?

Gut strukturierte Prozesse sind in jedem Unternehmen wichtig, um das Chaos zu minimieren bzw. gar nicht entstehen zu lassen. Bei diesen Prozessen sind die einzelnen Arbeitsschritte und deren Reihenfolge beschrieben. Die **Schnittstellen** zwischen den einzelnen Schritten sind dargestellt und geregelt, die **Voraussetzungen der Beschäftigten** für diese Tätigkeit sind festgelegt, die **Gesundheits- und Arbeitsschutzrichtlinien** sind in den einzelnen Abläufen mitberücksichtigt, es ist geregelt, wie die **Zusammenarbeit mit externen Partnern** zu erfolgen hat und wie eine **Fehlervermeidungsstrategie** aussehen könnte. Darüber hinaus wird der Zeitpunkt festgelegt, wann spätestens eine **Verbesserung** des jeweiligen Prozesses zu erfolgen hat.

Eine Strukturierung der Prozesse schafft Transparenz sowohl bei den Beschäftigten als auch bei den Kunden. Sie sorgen zudem für eine

- Erhöhung der Kundenzufriedenheit,
- Entflechtung der Komplexität,
- Reduzierung der Bestände,
- Reduzierung der Fertigungs- und Lagerfläche,
- Reduzierung der Fehlerhäufigkeit,
- Reduzierung der Gemeinkosten,
- Verbesserung der Qualität,
- Erhöhung der Rendite,
- Verkürzung der Entscheidungswege.

Erhöhung der Kundenzufriedenheit

Die meisten Kunden werden anspruchsvoller und achten darauf, dass möglichst alles reibungslos, ohne Fehler und Komplikationen und im vereinbarten Zeitrahmen abläuft. Gerade durch die Schaffung von Rahmenbedingungen und Strukturen in den eigenen Prozessen gelingt es, dem Kunden gegenüber transparent darzustellen, wie der Stand des jeweiligen Auftrags ist, wann er mit einem Ergebnis rechnen kann und an welcher Stelle er noch Änderungswünsche äußern kann. Durch strukturierte Prozesse können zudem Termine gehalten werden und Fehler durch in den Prozess eingebaute Kontrollschleifen vermieden werden.

Entflechtung der Komplexität

Bei komplexen Aufträgen gibt es viele Informationen, die verarbeitet und weitergegeben werden müssen, um alle Beschäftigte, die mit diesem Auftrag zu tun haben, über den aktuellen Stand zu informieren. Durch eine (optimale) Gestaltung einzelner Teilprozesse und Schnittstellen im Unternehmen wird der Auftrag entflochten. Nicht alle Beschäftigten müssen sich mit allen Informationen auseinandersetzen, können diese aber für die einzelnen Teilprozesse abrufen. Durch eine Strukturierung wird bereits bei Auftragseingang festgelegt, welche Teilprozesse einbezogen werden und wann dies zu geschehen hat. Der Auftrag wird in kleine Aufgaben (Tätigkeiten) aufgeteilt und somit entzerrt.

Reduzierung der Bestände

Eine genaue Auftragsplanung und damit aktive Gestaltung der Prozesse bringt eine Reduzierung der Bestände mit sich, was wiederum oft bedeutet, dass gebundenes Kapital frei wird. Durch eine präzise Auftragsplanung, d. h. durch die Eintaktung in die Produktion bzw. in die Fertigstellung, ist es möglich, frühzeitig die notwendigen Materialien zu ordern und auftragsdirekt zu verarbeiten. Dies sorgt dafür, dass das Unternehmen die Lagerhaltung reduzieren kann.

Reduzierung der Fertigungs- und Lagerfläche

Eine Reduzierung der Bestände bringt häufig eine Reduzierung der Lagerfläche mit sich. Eine Verringerung von Fertigungsflächen ist bei Unternehmen, die stationär arbeiten, d. h. die Aufträge nicht vor Ort beim Kunden, sondern im eigenen Unternehmen fertigstellen, nicht zu unterschätzen. Werden die Produktionsräume klein gehalten, entsteht durch die gleichzeitige Bearbeitung von verschiedenen Aufträgen an der einen oder anderen Stelle ein Stau und sorgt für ein Platzproblem. Durch die Gestaltung der Prozesse können Aufträge so in den Produktionsprozess integriert werden, dass ein Produktionsstau an verschiedenen Maschinen oder Arbeitsplätzen vermieden und dadurch die Fertigungsfläche reduziert wird.

Reduzierung der Fehlerhäufigkeit

Durch die Gestaltung der einzelnen Prozesse, bei denen Kontrollmechanismen bereits festgelegt sein sollten, werden häufig auftretende Fehler, z. B. durch fehlende Informationen, reduziert. Diese Mechanismen fassen an Schnittstellen zu anderen Prozessen, sodass die Beschäftigten untereinander auf einen reibungslosen Vorgang achten und Fehler vermeiden. Das heißt z. B., dass ein nachfolgender Prozess nur begonnen werden darf, wenn zuvor festgelegte Kriterien erfüllt worden sind.

Reduzierung der Gemeinkosten (nicht direkt auf eine Stelle zurechenbare Kosten)

Eine Reduzierung der Gemeinkosten gelingt oft schon, wenn die vorhandenen Prozesse genau analysiert werden. So werden beispielsweise doppelt durchgeführte Prozesse erkannt und vermieden. Ebenso lässt sich durch umfassende Information der Beschäftigten zusätzliches Hinterfragen vermeiden, was die Effektivität erhöht.

Verbesserung der Qualität

Auch eine Qualitätsverbesserung tritt durch eine systematische Gestaltung der Prozesse ein, da hierdurch automatisch einige Abläufe hinterfragt werden. Qualitätskontrollen werden direkt in den Prozessablauf integriert. Bei der Prozessgestaltung können aktiv Kennzahlen hinterlegt werden, die eine Qualitätskontrolle sichern.

Erhöhung der Rendite

Durch eine Reduzierung der Fehlerhäufigkeit, der Einzel- sowie Gemeinkosten wird ein höherer Gewinn erwirtschaftet, was wiederum zu einer besseren Kapital-Rendite führen kann. Schlanke Prozesse helfen bei der kostengünstigeren Produktion und ermöglichen, mitunter bei gleicher Kapitaldecke, mehr Liquidität im Unternehmen zu halten bzw. zielgerichtet zu steuern.

Verkürzung der Entscheidungswege

Wenn in einem Unternehmen keine Zuständigkeiten geregelt sind, führt dies oft zu langen Entscheidungswegen. Eine Gestaltung der Prozesse hingegen führt auch zur Festlegung von Zuständigkeiten, sodass gewisse Entscheidungen schneller und einfacher getroffen werden können und hierdurch der Produktionsablauf nicht unterbrochen wird.

3 Wie strukturiere ich die Prozesse in meinem Unternehmen?

Eine Gestaltung der Prozesse bedeutet nicht gleich die Einführung eines Qualitätsmanagementsystems, so weit muss es oft nicht gehen. Wichtig ist, dass trotz des Tagesgeschäfts vorhandene Prozesse kritisch betrachtet werden. Man sollte sich mit den vorhandenen Prozessen im Unternehmen genau auseinandersetzen, denn nur so bekommt man einen Überblick, was wirklich passiert, welche Abläufe doppelt durchgeführt und wie Fehler vermieden werden können. Die eingehende Auseinandersetzung mit den einzelnen Prozessen zeigt zudem auf, welche Abläufe überhaupt im Unternehmen stattfinden, wie sie in seiner Struktur einzuordnen sind, ob sie direkt zu den Kernprozessen zählen oder eher unterstützend wirken. So wird zudem auch festgelegt, wie wichtig der jeweilige Prozess ist und welche Auswirkungen er für das gesamte Unternehmen hat.

Gerade um eine gute Arbeitsvorbereitung bzw. eine gute Planung der Abläufe vornehmen zu können, ist es wichtig, eine Strukturierung der Prozesse durchzuführen. Zunächst sollten die **Kernprozesse** bzw. die Kernkompetenzen hinterfragt werden: Welche Prozesse sind direkt nötig, um Kundenwünsche zu erfüllen, womit wird also Geld verdient? Hierbei sollten maximal sechs Kernprozesse herausgearbeitet werden. Folgende Fragen helfen dabei:

1. Welche Zielgruppe wird mit dem Ergebnis des Prozesses angesprochen?
   Sind es eher Familien, Kinder, Senioren bzw. ältere Menschen, Frauen, Männer, Singles …? Oft werden mehrere Zielgruppen angesprochen.
2. Welche Forderungen haben die Zielgruppen an das Ergebnis?
   Hierbei ist zu hinterfragen, ob die Zielgruppen bestimmte Anforderungen haben: Umweltschutz, Qualität, Exklusivität etc.
3. Was für Angebote haben wir für die Zielgruppe?
   Gibt es besondere Angebote bzw. was für allgemeine Angebote gibt es für die Zielgruppe?
4. Hebt sich das Angebot von den Angeboten des Wettbewerbers ab? Wie? Was bietet das Angebot mehr als andere?
5. Welche Leistungen bieten die Wettbewerber zusätzlich an?
   Hat der Wettbewerber andere Leistungen, die von uns nicht angeboten werden?
6. Gibt es einen Wettbewerbsvorteil?
   Warum kommen die Kunden zu uns, haben wir etwas Besonderes? Welches ist unser Alleinstellungsmerkmal?

Zusätzlich zu den Kernprozessen in einem Unternehmen gibt es unterstützende Prozesse wie zum Beispiel EDV, Finanzbuchhaltung sowie die Führungsprozesse wie z. B. das strategische Management. Auch diese Prozesse sind wichtig. Nachdem die Kernprozesse analysiert wurden, sollten auch die anderen Prozesse betrachtet werden.

Welche Prozesse gibt es überhaupt im Unternehmen?

Zunächst sollte festgestellt werden, welche Prozesse es im Unternehmen überhaupt gibt. Eine Übersicht der vorhandenen Prozesse kann mit der Umsetzungshilfe am Ende des

Kapitels gewonnen werden. Sie hilft auch, Maßnahmen festzulegen, wenn einzelne Prozesse verändert werden müssen.

Der so gewonnene Überblick über die Prozesse im Unternehmen sagt allerdings nichts darüber aus, wie sie strukturiert oder ob sie einheitlich gestaltet sind. Dies muss in der Prozessoptimierung geschehen.

Hierbei ist es sinnvoll, die beteiligten Beschäftigten einzubeziehen, um feststellen zu können, ob sie die Prozesse einheitlich bearbeiten, ob es Abweichungen gibt, worin Schwierigkeiten bestehen und welche Gründe dies hat (Schwachstellenanalyse).

Um einen **reibungslosen Prozessablauf** zu gestalten, ist es sinnvoll, direkt mit den Beschäftigten über eine einheitliche Bearbeitung der Prozesse zu sprechen und einen Ablauf festzulegen. Hierbei sollten die folgenden vier Hauptkomponenten eines Prozesses berücksichtigt werden:

1. Wer sind die Prozessverantwortlichen bzw. Personen, die den Prozess gestalten?
2. Wie sehen die Prozessanweisungen/Dokumente und Methoden für die Prozessbearbeitung aus (**Prozessinformation**)?
3. Worin bestehen die Werkzeuge/die Ausrüstung, mit denen der Prozess bearbeitet wird?
4. Wie sind die Kennzahlen bzw. die Indikatoren, mit denen ein Prozess gemessen wird?

Bei der Gestaltung eines **reibungslosen Prozessablaufs** sollte eine **Dokumentation bzw. Information** des Prozesses erfolgen. Dort sollten folgende Fragen beantwortet werden:

- Wer sind die Verantwortlichen?
- Welches Ziel/welcher Zweck soll erreicht werden?
- Wer sind die Kunden und Lieferanten des Prozesses (**Schnittstellen**)?
- Durch was oder wen wird der Prozess in Gang gesetzt?
- Welche Eingaben (Input) sind erforderlich und welches Ergebnis (Output) des Prozesses soll erzielt werden?
- Durch wen bzw. womit wird der Prozess durchgeführt?
- Vorgehen bei Änderungen bzw. Störungen (Fehlervermeidung)?
- Wie wird der Prozess bewertet, anhand welcher Kennzahlen bzw. Indikatoren?

In der **Prozessinformation** werden bereits die Werkzeuge und die Kennzahlen bzw. Indikatoren aufgenommen, mit denen die Prozesse bearbeitet und bewertet werden.

Wer sind die Prozessverantwortlichen?

An wen wendet man sich, wenn es Probleme, Fragen oder Verbesserungsvorschläge gibt? Wer darf Entscheidungen bzgl. des Prozesses treffen, wer hat sich um einen reibungslosen Ablauf hauptverantwortlich zu kümmern?

Welches Ziel/welcher Zweck soll erreicht werden?

Hier ist zu hinterfragen, warum der Prozess notwendig ist bzw. was man überhaupt damit erreichen will.

Wer sind die Kunden und Lieferanten des Prozesses (Schnittstellen)?

Es ist wichtig, die Schnittstellen zu anderen Prozessen aufzuzeigen und zu regeln. Welche Personen sind in den jeweiligen Prozess einbezogen, wer ist der Kunde, welche Zwischenkunden gibt es, was erwarten sie und welche Lieferanten werden benötigt?

Durch was oder wen wird der Prozess in Gang gesetzt?

Hier ist zu klären, was passieren muss, damit der Prozess überhaupt beginnen kann, welche Voraussetzungen oder welche Kontrollfunktionen ggf. erfüllt werden müssen.

Wie sehen die Eingaben (Input) und das Ergebnis (Output) des Prozesses aus?

Welche Informationen oder Vorprodukte erfordert der Prozess und welches Ergebnis liefert er?

Durch wen bzw. womit wird der Prozess durchgeführt?

Welche Werkzeuge bzw. welche Ausrüstung werden für den Prozess benötigt? Wer sind die geeigneten Personen (Qualifikation, Kenntnisse, Fähigkeiten), die den Prozess bearbeiten können?

Wie ist das Vorgehen bei Änderungen bzw. Störungen (Fehlervermeidung)?

Was passiert, wenn Störungen auftreten, z. B. wenn Material fehlt oder fehlerhaftes Material vorhanden ist, wenn Gefährdungen von Personen eintreten, wenn der Kunde Änderungswünsche hat, wenn die Produkte fehlerhaft sind?

Wie wird der Prozess bewertet, anhand welcher Kennzahlen/Indikatoren?

Hier sollten Kriterien festgelegt werden wie der Prozess bewertet werden soll (Fehlerhäufigkeit, Ausschuss, Reklamation, Messung der Produktivität).

Es reicht nicht, die Prozesse nur zu beschreiben, sondern anschließend muss die Umsetzung erfolgen, indem sich alle Beteiligten an die Beschreibung halten.

Des Weiteren sollten einige allgemeingültige Voraussetzungen definiert werden, z. B. wie mit Subunternehmern bzw. anderen Firmen umgegangen wird (**Zusammenarbeit und Koordination**). Wer ist weisungsbefugt und welche Informationen erhalten die Subunternehmen?

Auch sollte festgelegt werden, wer hierfür geeignet ist. Welche **Personen eignen sich für den Prozess?** Dies kann in Stellenbeschreibungen dokumentiert werden, die darüber Auskunft geben, welche Voraussetzung, Qualifikationen, Fähigkeiten der Mitarbeiter zur Bearbeitung einzelner Prozesse braucht. Dabei sollten regelmäßige Unterweisungen durchgeführt werden, um auf Gefährdungen zu verweisen und auf den optimalen Prozessablauf vorzubereiten.

Nach Festlegung und Beschreibung der Prozesse sollte eine **kontinuierliche Verbesserung** eingeplant werden. Dazu können die Beschäftigten motiviert werden, Verbesserungsvorschläge abzugeben, oder es werden Kriterien formuliert, die eine kontinuierliche Beobachtung und Bewertung der Prozessindikatoren ermöglicht, um bei Fehlern oder Problemen schnell und wirksam eingreifen zu können.

4   Die fünf wichtigsten Tipps zur Optimierung der Prozesse im Unternehmen

Tipp 1:   Definieren Sie Ihre Kernprozesse.
Bei der Gestaltung der Prozesse sollten Sie zunächst festlegen, was die Kernprozesse sind, d.h. welche Prozesse sich direkt mit der Erfüllung der Kundenwünsche beschäftigen. Hierbei sollten Sie maximal sechs Kernprozesse definieren.

Tipp 2:   Beschreiben Sie Ihre Prozesse.
Es reicht nicht, die Prozesse zu kennen. Sie sollten zumindest die Kernprozesse beschreiben, damit jeder Beschäftigte weiß, wie sie gestaltet sind, wie sie bearbeitet werden und wer dafür verantwortlich ist. Durch die Dokumentation erhöht sich die Transparenz im Unternehmen.

Tipp 3:   Verbessern Sie Ihre Prozesse kontinuierlich.
Die Effizienz der Prozesse kann oft gesteigert werden. Hier sollten Sie Ihre Mitarbeiter fordern und sie in die kontinuierliche Verbesserung einbeziehen. Fordern Sie die Beschäftigten, die täglich in den betreffenden Prozessabläufen arbeiten, auf, Verbesserungspotenziale zu benennen.

Tipp 4:   Gestalten Sie die Schnittstellen der einzelnen Prozesse präzise.
Vor allem an den Schnittstellen zu anderen Teilprozessen treten oft Fehler oder Informationslücken auf. Deshalb ist es wichtig, dass Sie an diesen Stellen den Ablauf genau festlegen und Kontrollmechanismen installieren.

Tipp 5:   Beziehen Sie den Gesundheits- und Arbeitsschutz direkt in die Prozessgestaltung mit ein.
Für den reibungslosen Ablauf der Prozesse müssen die geltenden Richtlinien für den Gesundheits- und Arbeitsschutz berücksichtigt werden. Die Prozesse sollten von Beginn an so gestaltet werden, dass diese Richtlinien befolgt werden.

5   Literatur

Becker, J./Kugler, M./Rosemann, M. (Hrsg.): Prozessmanagement. Ein Leitfaden zur prozessorientierten Organisationsgestaltung, Heidelberg 2008.
In diesem Buch werden Methoden und Instrumente zur Prozessgestaltung beschrieben.

Knuppertz, T.: Prozessmanagement für Dummies, Weinheim 2009.
Einstieg in das Thema Prozessmanagement.

Porter, M. E.: Wettbewerbsvorteile. Spitzenleistungen erreichen und behaupten, Frankfurt am Main 1989.
Eine systematische und fundierte Grundlage, wie Wettbewerbsvorteile aufgebaut werden, und warum gut strukturierte Prozesse notwendig sind.

Vahs, D.: Organisation, 7. Aufl., Stuttgart 2009.
Dieses Buch vermittelt die Grundlagen der modernen Organisation. Viele Beispiele und Abbildungen verdeutlichen den Inhalt. Prozessmanagement wird als bereichsübergreifendes Organisationskonzept vorgestellt.

6 Checkauszug Prozesse

Prozesse

Ziel:

Wir haben in jeder Hinsicht sichere und störungsfreie Prozesse, die zudem den Kundenerwartungen und den Beschäftigten gerecht werden. Wir gestalten und entwickeln die betrieblichen Prozesse systematisch und verbessern sie ständig.

Grundlegende Checkpunkte

Tipps und Hinweise sind im Leitfaden „Guter Mittelstand: Erfolg ist kein Zufall" im Kapitel „Prozesse" zu finden.

Handlungsbedarf

9.1 Reibungslose Prozesse

Wir planen und beschreiben unsere Prozesse. Wir haben die Schnittstellen (Übergabestellen) definiert und gestaltet. Die Prozesszuständigkeiten haben wir klar geregelt. Unsere Prozesse kennen keine „Abteilungsschranken".

Zum Beispiel:
- Bei der Planung der Prozesse alle Teilschritte hinsichtlich ihrer Notwendigkeit und Vollständigkeit analysieren

Praxishilfen zur Umsetzung im Internet

vorrangig
angehen

zurzeit kein
Handlungs-
bedarf

9.2 Fehlervermeidung

Wir berücksichtigen bei der Planung vorausschauend möglichst alle den Prozess beeinflussenden Faktoren, um unproduktive Zeiten, Störungen, Qualitätsmängel, Ablaufverzögerungen, Leerläufe, Nacharbeiten zu vermeiden.

Zum Beispiel sind systematisch festgelegt:
- Ressourcenbedarf (wie Finanzen, Personal, Arbeitsmittel, Räume, Schutzeinrichtungen)
- Qualifikationsanforderungen an die Beteiligten
- Kostentreiber
- Gefährdungen der Beschäftigten oder Dritter
- Abhängigkeiten von anderen Prozessen
- Abstimmung und Informationen von Kunden
- Meldung, Registrierung und Aufzeichnung von Störungen oder Abweichungen
- Reparatur- und Instandhaltungspläne, Wartungs- und Reinigungspläne
- Umgang mit fehlerhaften Produkten

Ergebnisse der Risikobewertungen und Gefährdungsbeurteilungen nutzen (→ Check Risikobewertung)

Praxishilfen zur Umsetzung im Internet

vorrangig
angehen

zurzeit kein
Handlungs-
bedarf

Prozesse

Grundlegende Checkpunkte	Handlungsbedarf

9.3 Eignung der Personen

Wir setzen für die Prozesse Beschäftigte ein, die für die Arbeitsaufgaben geeignet sind.

Zum Beispiel:
- Qualifikation (Ausbildungsnachweise, Qualifikationsnachweise wie Fahrerlaubnis, Schweißerschein, Schulungsnachweise, ...)
- Fähigkeiten (möglichst nicht über-/unterfordert)
- Körperliche Eignung (eventuell Befund der arbeitsmedizinischen Vorsorgeuntersuchung)
- Kenntnisse über die Prozesse (Information, Unterweisung) und Einarbeitung

Praxishilfen zur Umsetzung im Internet

vorrangig
angehen

zurzeit kein
Handlungs-
bedarf

9.4 Zusammenarbeit und Koordination

Wenn wir mit anderen Unternehmen zusammenarbeiten beziehungsweise andere Unternehmen beauftragen, legen wir Arbeitsaufgaben, Weisungsbefugnisse, Nutzung von Arbeitsmitteln, Information und Unterweisung, Schnittstellen und gegebenenfalls Koordination fest.

Zum Beispiel:
- Subunternehmer
- Kooperationspartner
- Zeitarbeitsfirmen
- Unternehmen im Werkvertrag

Praxishilfen zur Umsetzung im Internet

vorrangig
angehen

zurzeit kein
Handlungs-
bedarf

9.5 Prozess-Information

Jeder, der am Prozess beteiligt ist, kennt den Gesamtprozess und seinen Beitrag dazu.

Zum Beispiel:
- Information über Gesamtprozess und seine ständige Veränderung in Besprechungen/Intranet
- Prozessbeschreibungen

Praxishilfen zur Umsetzung im Internet

vorrangig
angehen

zurzeit kein
Handlungs-
bedarf

9.6 Verbesserung

Wir prüfen unsere Prozesse ständig und systematisch auf Verbesserungsmöglichkeiten.

Zum Beispiel:
- Kriterien zur Bewertung der Prozesse festlegen (wie Fehlerhäufigkeiten, Ausschuss, Reklamationen, Nachbesserungen, Produktivitätsmessungen, Ausfallzeiten der Beschäftigten, Maschinenstillstände, Rüstzeiten)
- Erfahrungen der Beschäftigten mit einbeziehen (regelmäßige Besprechungen, Fehlerprotokolle, Befragungen)
- Erfahrungen der Kunden und Lieferanten mit einbeziehen (Befragungen)
- Interne Audits/Betriebsbegehungen

Praxishilfen zur Umsetzung im Internet

vorrangig
angehen

zurzeit kein
Handlungs-
bedarf

Weitere Checkpunkte sowie Praxishilfen zu diesem Thema finden Sie im Internet: www.offensive-mittelstand.de

Check »Guter Mittelstand: Erfolg ist kein Zufall«, 2010, S. 24–25.

7 Umsetzungshilfe

Ermittlung der Kernprozesse	Antwort
Welche Zielgruppe wird mit dem Ergebnis des Prozesses angesprochen?	
Welche Forderungen haben die Zielgruppen an das Ergebnis?	
Welche Angebote haben wir für die Zielgruppe?	
Hebt sich das Angebot von denjenigen des Wettbewerbers ab? Wie?	
Welche Leistungen bietet der Wettbewerber?	
Gibt es einen Wettbewerbsvorteil?	

Prozesse	gibt es bei uns	wird berück-sichtigt	gibt es bei uns nicht	Maßnahmen
Produktentwicklung				
Marketing				
Akquise				
Beratung				
Angebotserstellung				
Produktion				
Dienstleistungserstellung				
After-Sales-Service				
Controlling				
Finanzbuchhaltung				
Lieferantenbewertung				
Beschwerdemanagement				
Personalentwicklung				
Kontinuierliche Verbesserung				
Arbeitsschutz				
Umweltschutz				
Gefährdungsbeurteilung				
Reparatur und Instand-haltung				
Kundenbewertung				

Beschaffung

Kristina Kuiper*

1   Worum geht es beim Thema Beschaffung?
2   Was bringt das Thema meinem Unternehmen?
3   Wie gestalte ich die Beschaffung in meinem Unternehmen?
4   Die fünf wichtigsten Tipps für eine optimale Beschaffung
5   Literatur
6   Checkauszug Beschaffung
7   Umsetzungshilfe

*   Kristina Kuiper ist wissenschaftliche Mitarbeiterin am Institut für Technik der Betriebsführung im DHI e.V., Karlsruhe.

1   Worum geht es beim Thema Beschaffung?

Die Beschaffung hochwertiger Arbeitsmittel, -stoffe und Leistungen trägt dazu bei, wirtschaftliche und störungsfreie Produktionsprozesse zu ermöglichen. Die Ziele, die es dabei zu erreichen gilt, sind:
- Wirtschaftlichkeit,
- Qualität,
- Sicherheit,
- Gesundheits- und Arbeitsschutz,
- Umweltschutz.

Alle Kriterien sind hierbei gleichberechtigt. Jedes Unternehmen muss sich mit dem Thema Beschaffung auseinandersetzen. Dabei müssen Entscheidungen zum Einkauf folgender Produkte und Dienstleistungen getroffen werden:
- Teile oder Komponenten des eigenen Produktes,
- **Arbeitsstoffe** (Roh-, Hilfs-, und Betriebsstoffe),
- **Arbeitsmittel** (Werkzeuge, Geräte, Maschinen, Anlagen, Fahrzeuge, Zubehör, Rechner, Software …),
- Dienstleistungen.

Oft ist es nicht wirtschaftlich, alles selbst herzustellen, zumindest braucht das Unternehmen Rohstoffe für die eigene Produktion. Durch die Spezialisierung von Unternehmen hat der Zukauf von Fremdartikeln an Bedeutung gewonnen. Dabei wird Lagerhaltung nötig und damit das Eigenkapital des Unternehmens beansprucht. Oft ist der Wertanteil des Materials am Umsatz hoch (Materialquote). Bei der Entscheidung, ob die Produkte und Leistungen selbst hergestellt oder zugekauft werden, sollten folgende Punkte berücksichtigt werden, um die Wirtschaftlichkeit des Unternehmens sicherzustellen:
- Unternehmensstrategie,
- Kernkompetenzen des Unternehmens und der Mitarbeiter,
- Kosten (Produktionskosten),
- Kapazitäten des Unternehmens,
- Menge und Häufigkeit der Verwendung des Produktes bzw. der Leistung,
- Angebot vom Lieferanten bzw. Subunternehmer.

Die Wirtschaftlichkeit stellt das Verhältnis zwischen Erträgen und Aufwendungen bzw. zwischen Leistungen und Kosten dar, d.h. es sollte eine große Bedarfsdeckung mit den vorhandenen Mitteln erzielt werden bzw. es soll mit möglichst wenigen Mitteln die gewünschte Bedarfsdeckung erzielt werden.

Gerade bei der Beschaffung ist ein nachhaltiges Wirtschaften gefragt. Hier gilt es, verschiedene unternehmerische Ziele zu berücksichtigen:
- wirtschaftliche Ziele, wie z.B. Gewinnerzielung oder Kostendeckung,
- technische Ziele, wie z.B. die Flexibilität der Produktion,
- soziale Ziele, wie gesellschaftliche Verantwortung oder humane Arbeitsbedingungen,
- ökologische Ziele, wie Umweltschutz oder ressourcenschonende Produktion.

Oft gibt es Zielkonflikte, wenn die wirtschaftlichen Ziele nicht mit den ökologischen oder **sozialen Zielen** übereinstimmen. Eine Schaffung von besseren Arbeitsbedingungen für die Beschäftigten sowie die Beschaffung von schadstoffarmen Transportmitteln oder Arbeitsstoffen können sich negativ auf den Unternehmensgewinn auswirken. Langfristig ist die Allgemeinheit hiervon betroffen, zu ihren Lasten gehen Umweltsünden sowie gesundheitliche Schäden der Beschäftigten. Immer mehr Kunden machen ihre Kaufentscheidung abhängig davon, ob bei der Herstellung der Produkte die **Umwelt** geschont wird und nachhaltige Arbeitsstoffe verwendet werden. Unternehmen können gerade hier bei den Kunden punkten, wenn sie nicht am falschen Ende sparen.

Ein weiterer Aspekt der Beschaffung ist die **Qualität** der Arbeitsstoffe und der -mittel, denn sie beeinflusst die Qualität der Arbeitsergebnisse und die Produktivität. Es ist schwierig, aber unabdingbar, dass die Arbeitsstoffe und -mittel so ausgewählt und eingekauft werden, dass die Produktion störungsfrei abläuft, die Qualität des Endprodukts einwandfrei ist, und dass die Sicherheit und Gesundheit der Arbeitskräfte und Kunden nicht beeinträchtigt wird. Es ist eine große Herausforderung, auf dem Beschaffungsmarkt die Waren auszusuchen, die hinsichtlich Qualität, Preis, Herkunft und Lieferzeiten den eigenen Ansprüchen und Erfordernissen genügen. Eine große Hilfe sind hierbei die Qualitätssiegel der Subunternehmer und Lieferanten, die in den Auswahlprozess einbezogen werden sollten.

2   Was bringt das Thema meinem Unternehmen?

Eine aktive Auseinandersetzung mit der Beschaffung ist wesentliche Voraussetzung für eine zuverlässige und wirtschaftliche Produktion, sichere und gesunde Arbeitsplätze für die Mitarbeiter, Schonung der Umwelt und hochwertige Produkte für die Kunden.

Nicht immer sind die günstigsten Arbeitsmittel auch die wirtschaftlichsten, oft wird hier an der falschen Stelle gespart. Nicht geeignete Arbeitsmittel können teure Störungen in der Produktion hervorrufen. Aus diesem Grund sollten die Arbeitsmittel sorgfältig ausgewählt werden. Auch können die richtige Bestellmenge sowie der richtige Zeitpunkt der Bestellung die **Wirtschaftlichkeit** des Unternehmens beeinflussen. Beides kann nur durch eine gut organisierte Beschaffung erfolgen.

Vor dem Hintergrund regelmäßig auftretender umweltschädigender Betriebsvorfälle sowie der immer noch hohen Anzahl von Mitarbeitern, die im Betrieb einen Arbeitsunfall erleiden, erscheint es mehr als dringend, durch eine gezielte Auswahl von Arbeitsmitteln und -stoffen diese Vorfälle zu vermeiden. Durch eine konsequente Auswahl der **Lieferanten** und der **Subunternehmer** kann hier gewährleistet werden, dass die Arbeitsmittel den Qualitätsansprüchen des Unternehmens entsprechen. Es sollten Lieferanten oder Subunternehmer ausgewählt werden, die die Arbeits-, Gesundheitsschutzrichtlinien und den Umweltschutz berücksichtigen. Dies setzt voraus, dass **Qualitäts-** bzw. **Prüfsiegel** eingefordert werden und genaue Spezifikationen der Arbeitsmittel an den Subunternehmer weitergegeben werden.

Ein weiterer Grund, sich mit dem Thema zu beschäftigen, sind die gesetzlichen Regelungen für Gefahrstoffe. Die umfassenden Auflagen zum Schutze der Arbeitnehmer und der Umwelt erschweren sehr häufig eine wirtschaftliche Verwendung von Gefahrstoffen. Hierbei ist es vom Gesetzgeber gewünscht und geboten, dass diese durch alternative, weniger gefährliche Stoffe ersetzt werden, um die Gesundheit der Mitarbeiter und den Schutz der Umwelt zu gewährleisten.

3   Wie gestalte ich die Beschaffung in meinem Unternehmen?

Es ist wichtig, den Beschaffungsprozess eindeutig (schriftlich) zu dokumentieren und verlässliche Grundsätze aufzustellen. Hierbei sind nicht nur die Vollmachten und die schriftliche Bestellung zu regeln, sondern auch den Arbeits-, Gesundheits- und Umweltschutz systematisch in den Beschaffungsprozess miteinzubeziehen, denn nur so können wesentliche Gefahrenquellen bereits im Vorfeld der eigentlichen Arbeit vermieden werden. Dies setzt Kenntnis über die für das Unternehmen geltenden Vorschriften und Richtlinien und ihre Umsetzung voraus.

Für das Unternehmen müssen in einem ersten Schritt **Kriterien für die Beschaffung** festgelegt werden. Diese können sein:
- Wirtschaftlichkeit der Arbeitsmittel und -stoffe,
- Qualität der Arbeitsmittel und -stoffe,
- Sicherheit der Arbeitsmittel und -stoffe,
- Einhaltung des Gesundheitsschutzes,
- umweltschutzrechtliche Konsequenzen (Nachhaltigkeit beim Einsatz der Arbeitsmittel und -stoffe),
- Einsatz von regionalen Arbeitsmitteln und -stoffen,
- persönliche Schutzausrüstung (siehe Sicherheitsdatenblätter) bei der Beschaffung berücksichtigen,
- Festlegung der anerkannten Güte-/Qualitätssiegel und Zertifizierungen sowie Material- und Qualitätsnachweise.

Im nächsten Schritt müssen die **Lieferanten** nach folgenden Kriterien ausgewählt bzw. überprüft werden:
- Preiswürdigkeit,
- Musterlieferung (wenn erforderlich, anfordern),
- gültige Zertifizierung,
- gültige und vorgeschriebene Prüf-/Qualitätssiegel,
- Umweltverträglichkeit (Blauer Engel u.a.),
- Lieferbedingungen und Kapazität,
- Service und Logistik,
- wenn notwendig Erfahrungen Dritter einholen.

Sollte die Prüfung positiv ausfallen, wird der Lieferant in einer Lieferantendatei aufgenommen. Dort sollten zu finden sein:
- Name des Lieferanten (Firma),

- Adresse des Lieferanten,
- Ansprechpartner vor Ort,
- Telefonnummer des Ansprechpartners,
- vorhandene Zertifizierungen,
- Dokumentation des Arbeits- und Gesundheitsschutzes,
- Prüf-/Qualitätssiegel,
- Qualität der Produkte,
- Termintreue,
- Service des Lieferanten,
- Ergebnis der Lieferantenbewertungen.

Lieferanten können nach der Beschaffung oder während des Beschaffungsprozesses zusätzlich bewertet werden. Die Dokumentation hilft auch anderen Beschäftigten, einen Überblick über die Lieferanten zu bekommen und lässt ihre jeweiligen Vor- und Nachteile auf einen Blick erkennen (siehe Umsetzungshilfe).

Um diese Voraussetzungen prüfen zu können, ist es wichtig, dass die Beschäftigten, die mit der Beschaffung betraut sind, eine geeignete **Qualifikation** haben. Sie müssen die Vorschriften kennen und sie auch umsetzen können. Ebenso müssen sie mit Arbeitsmitteln und -stoffen vertraut sein. Verfügen die Beschäftigten nicht über diese Qualifikationen, sollten sie an Schulungsmaßnahmen für Arbeitsstoffe teilnehmen, selbständig nach innovativen Arbeitsstoffen recherchieren und sich mit den Lieferanten austauschen. Zudem ist es sinnvoll, auf **Erfahrungen von Beschäftigten** bzw. Lieferanten zurückzugreifen, die die Beschaffenheit der Materialien kennen und eine Aussage über ihre Verarbeitung machen können. Dies verhindert ggf. einen Mehraufwand durch Fehlproduktionen oder Ausschussware, aber auch eine Gefährdung der Beschäftigten und der Umwelt. Es sollte darüber hinaus ein Austausch zwischen Beschaffung und Produktion stattfinden, um mögliche Schwierigkeiten mit den einzelnen Materialien mitzuteilen und die erneute Anschaffung dieser Arbeitsmittel zu vermeiden.

Insbesondere bei der Beschaffung von **Gefahrstoffen** ist ein Informationsaustausch zwischen Beschaffung und Produktion wichtig, weil bei ihrer Beschaffung und Einsatz die Gefahrstoffverordnung zu berücksichtigen ist. Sie kann dazu beitragen, frühzeitig Alternativen zu erkennen, die den Gefahrstoff ersetzen können. Dies heißt, dass:

- die Möglichkeiten überprüft werden müssen, die Stoffe gegen ungefährliche oder weniger gefährliche Stoffe auszutauschen,
- Sicherheitsdatenblätter angefordert werden müssen,
- die Gefahrstoffe in einem Gefahrstoffverzeichnis dokumentiert werden müssen,
- die Gefahrstoffe gekennzeichnet werden müssen,
- Schutzausrüstungen für die Mitarbeiter zur Verfügung gestellt werden müssen,
- die Entsorgung der Gefahrstoffe bereits bei der Beschaffung mitberücksichtigt werden muss,
- die Gefahrstoffe sicher gelagert werden und kein Zugriff durch Unbefugte geschehen kann,
- dass eine Gefährdungsbeurteilung für die Lagerung, die Handhabung, den Einsatz und die Entsorgung dieser Stoffe durchgeführt werden muss.

Es ist grundsätzlich geboten, dass der Einsatz von Gefahrstoffen regelmäßig auf seine Notwendigkeit überprüft wird. Ein Austausch eines Gefahrstoffes durch ein weniger gefährliches Material ist anzustreben.

Nicht nur im Rahmen des eigenen Unternehmens sollten der Gesundheits- und Umweltschutz berücksichtigt werden. Alle diesbezüglichen Maßnahmen müssen auch von Fremd- und Servicefirmen bzw. Lieferanten umgesetzt werden und in die **Verträge** aufgenommen werden. Auch muss eine Unterweisung der betriebsfremden Beschäftigten durchgeführt werden. Nur wenn alle Sicherheitsstandards von allen im Betrieb beschäftigten Personen, egal ob eigene Mitarbeiter, Leiharbeitnehmer, Mitarbeiter von Fremdfirmen oder Lieferanten, eingehalten werden, kann ein störungsfreier und damit wirtschaftlicher Produktionsprozess gewährleistet werden.

Nach der Festlegung der Rahmenbedingungen ist es notwendig, den Einsatz der beschafften Güter optimal zu planen. Hier müssen verschiedene Kriterien beachtet werden:
- Zeitpunkt der Anlieferung,
- Zeitpunkt der Verarbeitung,
- Ort der Verarbeitung,
- Menge und Qualität,
- Reihenfolge der Einzelteile/Güter.

Eine Wareneingangskontrolle sollte die eingegangene Ware auf Qualität, Menge und Lieferzeitpunkt überprüfen. Auch die **Bestellmenge** bzw. die **Lagerhaltung** birgt oft Verbesserungspotenzial, auch diese Faktoren müssen im Beschaffungsprozess berücksichtigt werden.

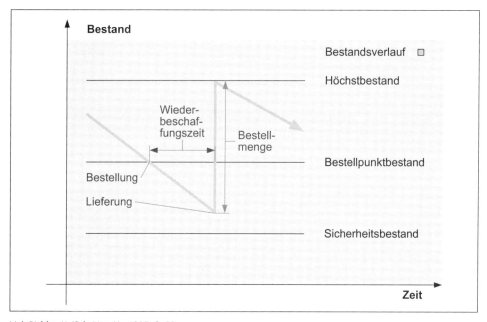

Vgl. Bichler, K./Schröter, N., 1995, S. 83

Abb. 1: Bestandsgrenzen

Zunächst einmal muss festgelegt und geprüft werden, wann die Arbeitsstoffe bestellt werden sollen, um den richtigen Bestellzeitpunkt festzulegen. Hierbei ist es notwendig, einen Bestellpunktbestand zu definieren, also einen Zeitpunkt zu bestimmen, zu dem der Arbeitsstoff nachbestellt werden muss. Zudem sollte ein Höchstbestand festgelegt werden, damit die richtige Menge bestellt werden kann.

Der Bestellpunktbestand beinhaltet einen Puffer, damit während des Beschaffungszeitraums immer noch auf den Arbeitsstoff zurückgegriffen werden kann (siehe Abbildung 1).

Bei der Definition des Bestellpunkt- und des Sicherheitsbestandes müssen berücksichtigt werden:

- Verbrauch,
- Wiederbeschaffungsdauer,
- Lagerhaltungskosten,
- Preise (teilweise abhängig von der Bestellmenge),
- Beschaffungskosten (Lieferung, Verpackung, Materialengpässe).

Die Lagerhaltungskosten bzw. die Lagerhaltung im Unternehmen werden somit auch von der Beschaffung beeinflusst.

Ein Lager kann verschiedene Funktionen übernehmen:

- Produktion,
- Sicherung,
- Kostensenkung.

Die Lagerhaltung senkt ggf. die Kosten der Umrüstung der Arbeitsmittel, sodass gewisse Teile vorproduziert und anschließend gelagert werden. Dies gewährleistet eine reibungslose Produktion und senkt auch die Kosten der Bestellung. Insofern hat die Beschaffung einen großen Einfluss auf die Wirtschaftlichkeit des Unternehmens.

Um die Beschaffung bzw. die Lagerhaltung wirtschaftlicher planen zu können, ist es sinnvoll, eine **ABC-Analyse** für das Warenlager der einzelnen Arbeitsstoffe durchzuführen. Bei dieser Analyse werden die Arbeitsstoffe nach ihrem Wert-Mengen-Verhältnis eingeordnet.

- A-Arbeitsstoffe haben einen hohen wertmäßigen Anteil (ca. 60 bis 85 Prozent) jedoch eine niedrige Menge (ca. 10 Prozent) im Lager, d. h. hier muss besonders auf die Bestellmenge und den Bestellzeitpunkt geachtet werden.
- B-Arbeitsstoffe haben einen wertmäßigen Anteil von ca. 10 bis 25 Prozent, aber die Lagermenge liegt über dem Wert der A-Arbeitsstoffe (ca. 20 bis 30 Prozent).
- C-Arbeitsstoffe haben einen wertmäßigen Anteil von ca. 5 bis 15 Prozent und einen hohen Anteil an der Lagermenge (ca. 70 bis 80 Prozent). Hier ist der Bestellaufwand geringer.

Folgende Schritte sind bei einer ABC-Analyse durchzuführen:

1. Erfassung der Arbeitsstoffe im Lager. Hierbei müssen die Menge, Stück- und die Gesamtkosten erfasst werden.
2. Errechnung des prozentualen Anteils der Arbeitsstoffe am Gesamtwert.
3. Arbeitsstoffe nach ihrer prozentualen Reihenfolge absteigend anordnen.
4. Kumulieren der Prozentsätze von oben nach unten, um zu ermitteln, welche

Produkte zusammen einen Anteil zwischen 60 und 85 Prozent ergeben und die anderen Werte nachordnen.

Produkt-nummer	Menge	Preis je Stück in €	Gesamtwert in €	Prozentu-aler Anteil	Klassifizierung
2	100	165,00 €	16.500,00 €	54,16 %	A
5	80	80,00 €	6.400,00 €	21,00 %	A
1	20	150,00 €	3.000,00 €	9,84 %	B
3	500	5,00 €	2.500,00 €	8,20 %	B
4	710	2,40 €	1.704,00 €	5,59 %	C
6	720	0,50 €	360,00 €	1,21 %	C
Gesamt	2130		30.464,00 €	100 %	

Abb. 2: Beispiel ABC-Analyse

Die ABC-Analyse in der Beschaffung trifft eine Aussage über die Wichtigkeit der Arbeitsstoffe im Unternehmen.

C-Arbeitsstoffe haben nur einen geringen Einfluss auf die Wirtschaftlichkeit der Beschaffung, da sie nur einen kleinen Teil des Gesamtbeschaffungswertes ausmachen. A-Arbeitsstoffe haben einen hohen Einfluss auf die Wirtschaftlichkeit der Beschaffung. Ihnen sollten besondere Aufmerksamkeit geschenkt werden, da sie außerdem häufig kostspielig sind.

Die ABC-Analyse wird nicht nur in der Beschaffung eingesetzt, sie kann auch in anderen Feldern des Unternehmens angewendet werden.

4 Die fünf wichtigsten Tipps für eine optimale Beschaffung

Tipp 1: Achten Sie bei der Beschaffung auf die Wirtschaftlichkeit des Unternehmens.

Gerade vor dem Hintergrund der hohen Kapitalbindung bei den Arbeitsstoffen sollten Sie bei der Auswahl der Arbeitsstoffe auf Einsatzmengen und -dauer achten. Optimieren Sie Ihre Lagerhaltung, indem Sie lieber häufiger, aber weniger Menge bestellen, um die Kapitalbindung zu reduzieren. Gute Qualität und damit Sicherheit für Herstellung und Produkt hat seinen Preis. Kaufen Sie preiswert ein und nicht billig.

Tipp 2: Erstellen Sie ein Bewertungsraster für die Lieferanten.

Durch ein Bewertungsraster der Lieferanten können Sie schnell erkennen, welche Lieferanten zuverlässig sind, welche das benötigte Qualitätssiegel besitzen, und ob der Lieferant auch Unterstützung bei Problemen mit den Produkten anbietet.

Tipp 3: Legen Sie die für Sie relevanten Prüf- und Qualitätssiegel fest.
Es gibt eine Vielzahl von Prüfsiegeln bzw. Qualitätssiegeln. Bestimmen Sie die für Ihr Unternehmen wichtigen und sinnvollen Siegel, die bei der Beschaffung zu berücksichtigen sind.

Tipp 4: Berücksichtigen Sie den Gesundheits- und Arbeitsschutz ihrer Beschäftigten.
Die Gesundheit Ihrer Beschäftigten ist einer der wichtigsten Produktionsfaktoren, den Sie bei der Beschaffung der Arbeitsmittel und der -stoffe beachten sollten. Sorgen Sie durch gezielte Arbeitsschutzmaßnahmen für eine sichere und gesunde Arbeitsumgebung. Stellen Sie beispielsweise jedem Mitarbeiter eine persönliche Schutzausrüstung zur Verfügung.

Tipp 5: Ersetzen Sie möglichst viele Gefahrstoffe durch geeignete andere Stoffe.
Informieren Sie sich regelmäßig bei Herstellern und Lieferanten, ob Sie Ihre Gefahrstoffe durch weniger gefährliche Stoffe ersetzen können.

5   Literatur

Bayerisches Staatsministerium für Arbeit und Sozialordnung, Familie und Frauen (Hrsg.): OHRIS Gesamtkonzept Managementsysteme für Arbeitsschutz und Anlagensicherheit, 2. Aufl., München, 2010.
Diese Broschüre bietet Handlungsanleitungen für kleine und mittlere Unternehmen, die ein Arbeitsschutzmanagementsystem in ihr Unternehmen integrieren wollen.

Bichler, K./Schröter, N.: Praxisorientierte Logistik, Stuttgart et al. 1995.

Boutellier, R./Corsten, D.: Basiswissen Beschaffung, 2. Aufl., München 2002.
Erfahrene Praktiker ebenso wie Quereinsteiger erhalten hier einen kurzen Überblick über neue Ansätze in der Beschaffung, der mit vielen Praxisbeispielen und zahlreichen Abbildungen untermauert ist.

Bundesanstalt für Arbeitsschutz und Arbeitsmedizin (Hrsg.): Leitfaden für Arbeitsschutzmanagementsysteme, Dortmund 2002.
http://www.baua.de/de/Themen-von-A-Z/Arbeitsschutzmanagement/pdf/Leitfaden-AMS.pdf;jsessionid = 65EF3D6591168524D9BA7BB632B3043E.1_cid253?__blob = publicationFile&v = 3 (13.11.2011)
Der Leitfaden ist eine Orientierungshilfe, um Arbeitsschutzmanagementsysteme im Unternehmen zu integrieren.

Europäische Gemeinschaft (Hrsg.): Umweltorientierte Beschaffung! Ein Handbuch für ein umweltorientiertes öffentliches Beschaffungswesen, Luxemburg 2005.
Dieses Handbuch hilft bei der Einführung einer umweltorientierten Beschaffungspolitik. Es enthält praxisbezogene Erläuterungen und zeigt Lösungen für eine umweltorientierte Beschaffung auf.

Kummer, S./Grün, O./Jammernegg, W. (Hrsg.): Grundzüge der Beschaffung, Produktion und Logistik, 2. Aufl., München 2009.
Lehrbuch, das einen Einblick in die Beschaffung, Produktion und Logistik gibt. Die Themen werden betriebswirtschaftlich betrachtet.

Verordnung zum Schutz vor Gefahrstoffen (Gefahrstoffverordnung – GefStoffV) vom 26. November 2010 (BGBl. I S 1643)
http://www.baua.de/de/Themen-von-A-Z/Gefahrstoffe/Rechtstexte/pdf/Gefahrstoffverordnung.pdf?__blob = publicationFile&v = 4, (13.11.2011)
Die Verordnung zum Schutz vor gefährlichen Stoffen regelt die Schutzmaßnahmen für Beschäftigte bei Tätigkeiten mit Gefahrstoffen.

6 Checkauszug Beschaffung

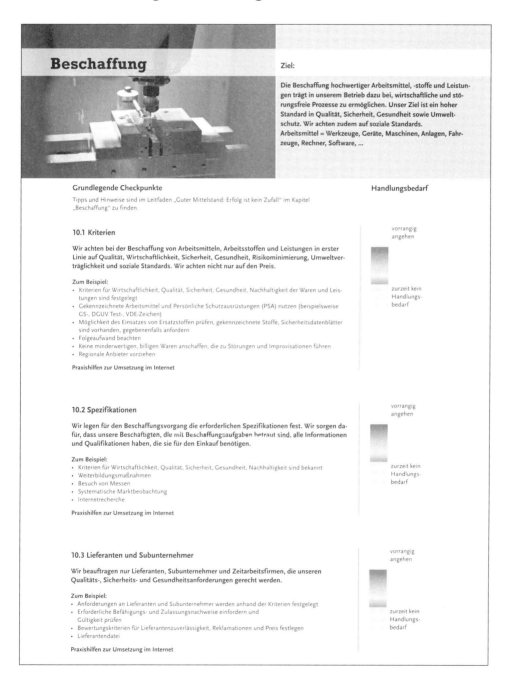

Beschaffung

Ziel:

Die Beschaffung hochwertiger Arbeitsmittel, -stoffe und Leistungen trägt in unserem Betrieb dazu bei, wirtschaftliche und störungsfreie Prozesse zu ermöglichen. Unser Ziel ist ein hoher Standard in Qualität, Sicherheit, Gesundheit sowie Umweltschutz. Wir achten zudem auf soziale Standards.
Arbeitsmittel = Werkzeuge, Geräte, Maschinen, Anlagen, Fahrzeuge, Rechner, Software, ...

Grundlegende Checkpunkte	Handlungsbedarf

Tipps und Hinweise sind im Leitfaden „Guter Mittelstand: Erfolg ist kein Zufall" im Kapitel „Beschaffung" zu finden.

10.1 Kriterien

Wir achten bei der Beschaffung von Arbeitsmitteln, Arbeitsstoffen und Leistungen in erster Linie auf Qualität, Wirtschaftlichkeit, Sicherheit, Gesundheit, Risikominimierung, Umweltverträglichkeit und soziale Standards. Wir achten nicht nur auf den Preis.

Zum Beispiel:
- Kriterien für Wirtschaftlichkeit, Qualität, Sicherheit, Gesundheit, Nachhaltigkeit der Waren und Leistungen sind festgelegt
- Gekennzeichnete Arbeitsmittel und Persönliche Schutzausrüstungen (PSA) nutzen (beispielsweise GS-, DGUV Test-, VDE-Zeichen)
- Möglichkeit des Einsatzes von Ersatzstoffen prüfen, gekennzeichnete Stoffe, Sicherheitsdatenblätter sind vorhanden, gegebenenfalls anfordern
- Folgeaufwand beachten
- Keine minderwertigen, billigen Waren anschaffen, die zu Störungen und Improvisationen führen
- Regionale Anbieter vorziehen

Praxishilfen zur Umsetzung im Internet

vorrangig angehen

zurzeit kein Handlungsbedarf

10.2 Spezifikationen

Wir legen für den Beschaffungsvorgang die erforderlichen Spezifikationen fest. Wir sorgen dafür, dass unsere Beschäftigten, die mit Beschaffungsaufgaben betraut sind, alle Informationen und Qualifikationen haben, die sie für den Einkauf benötigen.

Zum Beispiel:
- Kriterien für Wirtschaftlichkeit, Qualität, Sicherheit, Gesundheit, Nachhaltigkeit sind bekannt
- Weiterbildungsmaßnahmen
- Besuch von Messen
- Systematische Marktbeobachtung
- Internetrecherche

Praxishilfen zur Umsetzung im Internet

vorrangig angehen

zurzeit kein Handlungsbedarf

10.3 Lieferanten und Subunternehmer

Wir beauftragen nur Lieferanten, Subunternehmer und Zeitarbeitsfirmen, die unseren Qualitäts-, Sicherheits- und Gesundheitsanforderungen gerecht werden.

Zum Beispiel:
- Anforderungen an Lieferanten und Subunternehmer werden anhand der Kriterien festgelegt
- Erforderliche Befähigungs- und Zulassungsnachweise einfordern und Gültigkeit prüfen
- Bewertungskriterien für Lieferantenzuverlässigkeit, Reklamationen und Preis festlegen
- Lieferantendatei

Praxishilfen zur Umsetzung im Internet

vorrangig angehen

zurzeit kein Handlungsbedarf

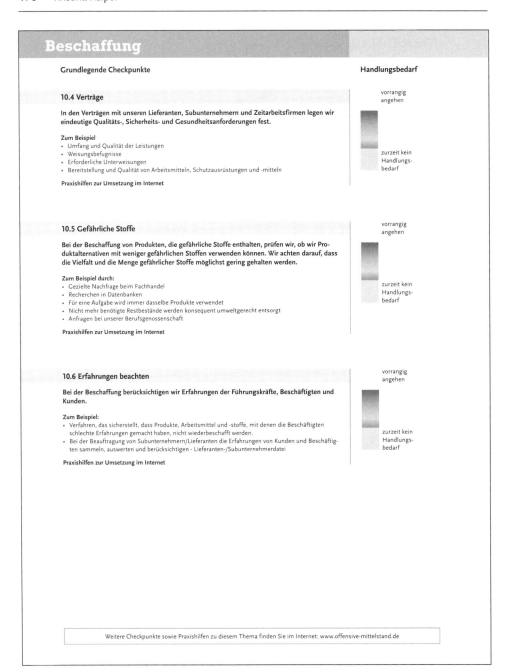

Beschaffung

Grundlegende Checkpunkte	Handlungsbedarf

10.4 Verträge

In den Verträgen mit unseren Lieferanten, Subunternehmern und Zeitarbeitsfirmen legen wir eindeutige Qualitäts-, Sicherheits- und Gesundheitsanforderungen fest.

Zum Beispiel
- Umfang und Qualität der Leistungen
- Weisungsbefugnisse
- Erforderliche Unterweisungen
- Bereitstellung und Qualität von Arbeitsmitteln, Schutzausrüstungen und -mitteln

Praxishilfen zur Umsetzung im Internet

vorrangig angehen

zurzeit kein Handlungsbedarf

10.5 Gefährliche Stoffe

Bei der Beschaffung von Produkten, die gefährliche Stoffe enthalten, prüfen wir, ob wir Produktalternativen mit weniger gefährlichen Stoffen verwenden können. Wir achten darauf, dass die Vielfalt und die Menge gefährlicher Stoffe möglichst gering gehalten werden.

Zum Beispiel durch:
- Gezielte Nachfrage beim Fachhandel
- Recherchen in Datenbanken
- Für eine Aufgabe wird immer dasselbe Produkte verwendet
- Nicht mehr benötigte Restbestände werden konsequent umweltgerecht entsorgt
- Anfragen bei unserer Berufsgenossenschaft

Praxishilfen zur Umsetzung im Internet

vorrangig angehen

zurzeit kein Handlungsbedarf

10.6 Erfahrungen beachten

Bei der Beschaffung berücksichtigen wir Erfahrungen der Führungskräfte, Beschäftigten und Kunden.

Zum Beispiel:
- Verfahren, das sicherstellt, dass Produkte, Arbeitsmittel und -stoffe, mit denen die Beschäftigten schlechte Erfahrungen gemacht haben, nicht wiederbeschafft werden.
- Bei der Beauftragung von Subunternehmern/Lieferanten die Erfahrungen von Kunden und Beschäftigten sammeln, auswerten und berücksichtigen - Lieferanten-/Subunternehmerdatei

Praxishilfen zur Umsetzung im Internet

vorrangig angehen

zurzeit kein Handlungsbedarf

Weitere Checkpunkte sowie Praxishilfen zu diesem Thema finden Sie im Internet: www.offensive-mittelstand.de

Check »Guter Mittelstand: Erfolg ist kein Zufall«, 2010, S. 26–27.

7   Umsetzungshilfe

		Ja	nein
Arbeitsmittel	Wir haben einen Wartungsplan für unsere Arbeitsmittel und führen Wartungen auch durch.		
	Wir haben in unserem Unternehmen Qualitätskriterien für die Bestellung unserer Arbeitsmittel, die die Mitarbeiter kennen.		
	Unsere Mitarbeiter kennen die relevanten Prüfsiegel und achten darauf, dass die bestellten Arbeitsmittel damit ausgestattet sind.		
Arbeitsstoffe	Wir haben in unserem Unternehmen Qualitätskriterien für die Bestellung unserer Arbeitsmittel, die die Mitarbeiter kennen.		
	Wir prüfen die bestellten Arbeitsstoffe.		
	Unsere Mitarbeiter kennen die relevanten Prüfsiegel und achten darauf, dass die bestellten Arbeitsstoffe damit ausgestattet sind.		
	Bei der Beschaffung von Gefahrstoffen wird das Gefahrstoffverzeichnis mit allen seinen Angaben beachtet und alle notwendigen Datensicherheitsblätter angefordert.		
Lieferanten	Wir haben eine Lieferantendatei, in der wir unsere Lieferanten dokumentieren und bewerten.		
	Wir achten darauf, dass unsere Lieferanten die Vereinbarungen bzgl. Sicherheit und Gesundheit am Arbeitsplatz einhalten.		
	Wir achten darauf, dass der Lieferant eine gültige Zertifizierung besitzt.		
	Wir haben festgelegt, welche Qualitätssiegel/Prüfsiegel wir akzeptieren.		
	Wir fordern Qualitätssiegel/Prüfsiegel unserer Lieferanten an und prüfen, ob sie unseren Vorgaben entsprechen.		
	Wir achten darauf, dass wir nur mit Lieferanten zusammenarbeiten, die bei auftretenden Lieferschwierigkeiten oder Produktmängeln unverzüglich Hilfe anbieten.		

Bewertungsraster Lieferanten

Firma	Adresse	An-sprech-partner	Telefon-nummer	Zerti-fizierung	Arbeits- und Gesund-heits-schutz	Quali-tätssie-gel/Prüf-siegel	Termin-treue	Service-Leistung

Zertifizierung	ja (der Lieferant hat eine Zertifizierung)
	nein (der Lieferant hat keine Zertifizierung)
Arbeits- und Gesundheitsschutz	ja (der Lieferant hat ein Arbeits- und Gesundheitsschutzsystem in seinem Unternehmen)
	nein (der Lieferant hat kein Arbeits- und Gesundheitsschutzsystem in seinem Unternehmen)
Qualitätssiegel	ja (der Lieferant hat ein Qualitätssiegel)
	nein (der Lieferant hat kein Qualitätssiegel)
Qualität	sehr gut (die gewünschte Leistung wird immer ohne Mängel abgeliefert)
	gut (die gewünschte Leistung wird teilweise mit kleinen Mängeln geliefert)
	mangelhaft (die gewünschte Leistung weist erhebliche Mängel auf)
Termintreue:	sehr gut (es wird pünktlich geliefert oder vor dem Termin)
	gut (es wird an dem vereinbarten Tag geliefert, aber nach der Uhrzeit)
	mangelhaft (es wird nicht am vereinbarten Tag geliefert, sondern danach)
Service-Leistung	sehr gut (der Lieferant ist 24 Stunden erreichbar und bietet uns bei auftretenden Problemen Unterstützung an)
	gut (der Lieferant ist gut erreichbar und bietet uns bei auftreten-den Problemen Unterstützung an)
	mangelhaft (der Lieferant ist nicht erreichbar und bietet uns keine Unterstützung an)

Innovation

Tim Vollborth[*]

1   Worum geht es beim Thema Innovation?
2   Was bringt das Thema Innovation meinem Unternehmen?
3   Wie setze ich Innovationen in meinem Unternehmen richtig um?
4   Die fünf wichtigsten Tipps für erfolgreiche Innovationen
5   Literatur
6   Checkauszug Innovation
7   Umsetzungshilfe

[*] Tim Vollborth ist Projektleiter am RKW Kompetenzzentrum und Mitglied im Leitungskreis der Offensive Mittelstand – Gut für Deutschland.

1 Worum geht es beim Thema Innovation?

Wer die Zukunft gestalten will, muss dafür heute die Weichen stellen. In Zeiten immer kürzer werdender **Innovationszyklen** gilt es für kleine und mittlere Unternehmen (KMU), der Konkurrenz mit innovativen Produkten einen Schritt voraus zu sein. Der Weg dorthin ist steinig, und die oftmals mühselig gesammelten Ideen bringen nicht immer den gewünschten Erfolg. Innovationen sind meist kein Produkt des Zufalls, sondern müssen systematisch erarbeitet werden. Dies setzt ein erfolgreiches und vor allem effizientes **Innovationsmanagement** voraus, bei dem es gilt, die Produktivität der »Ideenmacher« gezielt zu fördern, die Ideen der Mitarbeiter systematisch zu erfassen und entlang eines strukturierten **Innovationsprozesses** schrittweise zu entwickeln. Bisher befassen sich beispielsweise von den deutschen mittelständischen Industrieunternehmen nur etwa 25 Prozent regelmäßig mit Forschungs- und Entwicklungsaktivitäten bzw. mit Produkt- und Prozessinnovationen. Dieser Wert ist erschreckend gering, denn wettbewerbsfähig bleiben Unternehmen nur, wenn sie in der Lage sind, Veränderungen der Märkte zu erkennen, aus ihnen zu lernen und ihre Produkte und Leistungen ständig anzupassen und weiterzuentwickeln.

Unter Innovation versteht man alle Produkte (Sachgüter und Dienstleistungen) und Verfahren, die innerhalb eines Wirtschaftsunternehmens erstmalig eingeführt und wirtschaftlich genutzt werden. Innovationen sind qualitativ neuartig, d. h. sie unterscheiden sich grundsätzlich von bestehenden Produkten und Leistungen oder sie sind zumindest wesentliche Weiterentwicklungen. Während radikale Innovationen in seltenen Quantensprüngen völlig neue Produkte und Marktgleichgewichte hervorbringen, finden Weiterentwicklungen permanent statt. Dabei kann es sich um

- technische Innovationen (vor allem Produkt- und Prozessinnovationen),
- organisatorische Innovationen (zum Beispiel Neuerungen in der Aufbau- und Ablauforganisation, Unternehmenskultur) und
- geschäftsbezogene Innovationen (neue Geschäftsmodelle, Marketinginnovationen)

handeln. Durch Innovationen werden ganz neue Produkte entwickelt, die weltweit sogar einzigartig sein können – nicht umsonst sind viele kleine deutsche Unternehmen **Weltmarktführer**. Mindestens so wichtig sind aber Innovationen, die nur für ein Unternehmen Bedeutung haben, und die mit dazu beitragen, dass es konkurrenzfähig bleibt oder wird. Diese Form der Innovation trifft auf den Großteil aller Neuerungen in kleinen und mittleren Unternehmen zu.

2 Was bringt das Thema Innovation meinem Unternehmen?

> Innovationen entstehen aus Ideen – doch nur wenige Ideen werden zu Innovationen.

Innovationen basieren auf Wissen, Kreativität und unternehmerischem Gespür. Oftmals agieren KMU in Marktnischen und erzielen Wettbewerbsvorteile aus der individuellen

Anpassung ihrer Produkte an Kundenbedürfnisse. Sie nutzen im **Innovationsprozess** ihre Erfahrungen und arbeiten mit einem Portfolio von Innovationen der Vergangenheit. Eine wichtige Fähigkeit eines Unternehmens ist es deshalb, einen existierenden Bestand an Produkten, Verfahren und Wissen optimal zu vermarkten und darauf aufbauend schrittweise oder in manchen Fällen auch komplett Neues zu kreieren. Bei den radikalen Innovationen handelt es sich nicht nur um eine Verbesserung, Anpassung bzw. Übertragung von Wissen, sondern um einen neuen technologischen Entwicklungspfad. So könnte ein Dachdecker neben den klassischen Tätigkeiten sein Angebot um die Installation von Fotovoltaik- oder Solaranlagen erweitern.

Ausgangspunkt jeder erfolgreichen Innovation ist eine gute Idee. Dafür müssen zunächst potenzielle unternehmensinterne und externe Ideenquellen identifiziert werden, z. B. über Erfahrungen der Beschäftigten, Kundenbefragungen, Messen. Die aussichtsreichen Ideen sind systematisch und betriebsspezifisch zu verwerten, z. B. wird der Wunsch des Kunden nach ökologischen Baustoffen in das zukünftige Produktangebot aufgenommen, was Kenntnisse von neuen Baustoffen und -verfahren voraussetzt. Bei Innovationen geht es nicht ausschließlich um die Umsetzung von absolut neuen Ideen. Auch eine neue Kombination von bereits bekannten Lösungen und Technologien oder eine Idee, die einer bestimmten Zielgruppe noch nicht gegenwärtig ist, kann zu einer erfolgreichen Innovation werden.

Nur etwa 13 Prozent aller Neuproduktideen erreichen das Stadium der **Markteinführung**, und von diesen Produkten und Dienstleistungen können wiederum nur rund 50 Prozent die in sie gesetzten Erwartungen zumindest in Teilen erfüllen. Das heißt, von den Ideen, die in den Unternehmen zum Teil mit erheblichem Aufwand vorangetrieben werden, wird nur rund jede 16. (6 Prozent) ein kommerzieller Erfolg. Innovationen verursachen Aufwand, trotzdem gibt es keine Alternative für sie. Studien belegen, dass die innovativsten Unternehmen auch die erfolgreichsten sind.

Durch Produkt- und Prozessinnovationen gelingt es, einerseits die **Wettbewerbsfähigkeit** jetzt und auch in Zukunft zu sichern, andererseits entsteht die Möglichkeit, auf sich verändernde Märkte zu reagieren.

Die für die Innovationsfähigkeit entscheidenden Erfolgsfaktoren sind:
- schnelle Entscheidungswege,
- flache Hierarchien,
- informelle Kommunikationskanäle,
- die hohe Loyalität der Mitarbeiter und
- die persönliche und aktive Teilnahme der Führungskraft am Innovationsgeschehen.

3   Wie setze ich Innovationen in meinem Unternehmen richtig um?

Es zeigt sich, dass erfolgreiche innovative Unternehmen eher dezentral und teamorientiert strukturiert sind. Ihre Mitarbeiter haben einen leichten Zugang zu den wichtigen und relevanten Informationen, wie z. B. Auskünfte über erfolgreiche Vorgehensweisen in der Vergangenheit, erzielte Projektergebnisse, Fehlschläge von Innovationsvorhaben, technologische Entwicklungen, Märkte und konkurrierende Produkte. Bei diesen Unternehmen funktioniert die formale und informelle Kommunikation sowohl innerhalb als auch zwischen den einzelnen Bereichen. Dann sind die Chancen am größten, gute und tragfähige Ideen zu entwickeln. Darüber hinaus haben ohne Zweifel auch die zur Verfügung stehenden personellen und finanziellen Mittel einen erheblichen Einfluss auf die Generierung von Ideen.

Neben diesen organisatorischen Aspekten spielt die Kultur des Unternehmens eine wichtige Rolle, denn ohne Motivation und Qualifikation der Mitarbeiter nützen finanzielle Mittel wenig.

Zu prüfen sind die folgenden Faktoren: Dürfen in einem Unternehmen Routinen infrage gestellt werden? Dürfen Fehler gemacht werden, um aus ihnen zu lernen? Darf experimentiert werden nach dem Motto »versuche und scheitere«? Herrscht ein gewisses Maß an Offenheit und Vertrauen? Die Art der **Unternehmensführung** kann Kreativität fördern oder behindern. Mitarbeiter sind eher bereit, Ideen einzubringen, wenn ihnen genügend Freiräume dafür eingeräumt werden und sie das Gefühl haben, dass ihre Überlegungen von Vorgesetzten und Kollegen aufgenommen und vor allem ernst genommen werden. Die innerbetrieblichen Umfeldfaktoren Struktur, Organisation, Kultur und Führung bilden quasi das unternehmerische Fundament. Sie können entscheidend dafür sein, ob Menschen grundsätzlich motiviert sind und Spaß daran haben, kreative Leistungen zu erbringen. Ob tatsächlich Ideen generiert werden, hängt von den Mitarbeitern selbst ab – von ihrem Fachwissen und ihrer Erfahrung sowie von ihren kreativen Fertigkeiten.

Unternehmen können Innovationen fördern, indem sie hinsichtlich folgender Aspekte systematisch vorgehen:
- Ideenfindung,
- Ideenbewertung,
- Fehlerkultur sowie
- Markteinführung.

Ideenfindung

Voraussetzungen für Innovationen sind neue Ideen. Manche kommen spontan und führen zu neuen Produkten und Prozessen. In der Regel sollte man das jedoch nicht dem Zufall überlassen, sondern systematisch nach neuen Einfällen suchen. Das kann beispielsweise folgendermaßen erfolgen:
- Reaktionen von Kunden und Lieferanten sollten aufmerksam beobachtet werden. Sie liefern wertvolle Hinweise darauf, wie Produkte und Dienstleistungen wahrgenommen werden.
- Kritik und Wünsche zu Produkten und Dienstleistungen müssen an die Unternehmensleitung weitergegeben werden bzw. an die Abteilung, die sich mit Innovationen befasst.
- Regelmäßige Besprechungen mit Kollegen und Kunden dienen dazu, die Marktposition auszuloten und Verbesserungen aufzuzeigen. Das kann auch im Rahmen des kontinuierlichen Verbesserungsprozesses erfolgen.
- Ein Vergleich mit Konkurrenzprodukten und anderen Unternehmen ist sinnvoll.

- Anregungen können auch aus anderen Branchen und dem Ausland kommen.
- Ein Austausch mit Universitäten, Hochschulen und Forschungseinrichtungen kann gesucht werden.
- Die Methoden des Innovationsmanagements, des betrieblichem Vorschlagswesen und der Auswertung von Erfindungen sollten genutzt werden.
- Kooperationen mit anderen, auch mit Mitbewerbern, um Innovationen voranzutreiben und in den Markt zu bringen, können zweckmäßig sein.

Typische Killerphrasen
- Damit kommen wir hier nicht durch!
- Viel zur teuer!
- Aber das haben wir doch noch nie gemacht!
- Seien Sie erst mal ein paar Jahre im Unternehmen!
- Dafür sind wir nicht zuständig!
- Ja wenn das alles so einfach wäre!
- Wenn es so gut ist, warum hat es dann noch kein anderer gemacht?
- Können Sie das verantworten?
- Was glauben Sie, was der Chef dazu sagt?
- Theoretisch mögen Sie ja Recht haben, aber …!
- Das ist ja alles ganz nett, aber unter wirtschaftlichen Gesichtspunkten …!

Voraussetzungen für eine erfolgreiche Ideenbewertung

Bei der Ideenbewertung wird entschieden, welche Ideen weiterverfolgt werden und welche nicht. Eine Ideenbewertung ist wichtig, da sonst möglicherweise gute Ideen nicht weiterverfolgt und unbrauchbare mit viel Zeit und Aufwand umgesetzt werden. Aufgrund beschränkter finanzieller und personeller Ressourcen können meist nicht alle möglichen Lösungsvorschläge und Ideen aufgegriffen werden. Für jeden einzelnen Lösungsvorschlag bedeutet dies schon frühzeitig eine Go- oder No-go-Entscheidung.

Zur Ideenbewertung gibt es verschiedene Bewertungstechniken und Entscheidungsverfahren, die im Folgenden erläutert werden.

Stufe 1: Vorselektion von Innovationsideen
Erstes Sichten und »Sieben« von Innovationsideen anhand grober Kriterien in Hinsicht auf Strategie, Kosten und Innovationsziele

Kriterien für die Grobselektion von Ideen
- **Übereinstimmung** der Idee mit der Vision, Philosophie und Strategie des Unternehmens
- **Vorteile** der zu bewertenden Idee
- **Nachteile**, die mit der Realisierung zu erwarten sind
- **Realisierbarkeit**: Inwieweit kann auf das im Unternehmen Bewährte aufgebaut werden?

- **Ressourcenbeanspruchung** für das Unternehmen (z. B. Entwicklungs-, Anpassungs-kosten für Produktion und Ablauforganisation)
- **Konsequenzen** für die Umsetzung: Was genau muss im Unternehmen alles geändert werden, dass die Idee praxisgerecht umgesetzt werden kann?
- **Reversibilität**: Umkehrbarkeit der Entscheidungen, wenn in der Zukunft nicht vorher-sehbare Folgewirkungen eintreten, die den Nutzen der Idee/Innovation übersteigen.

Stufe 2: Vergleichende Bewertung der verbliebenen Innovationsideen
Erfolgspotenzial und Umsetzungsaufwand müssen abgewogen werden.

Stufe 3: Risikobewertung
Die Chancen und Gefahren von Investitionen in Innovationen werden abgeschätzt.

Auch die Sondierung ist ein schöpferischer Akt und letztlich noch eine Abenteuerphase. Dazu muss ein Unternehmen seine Zukunft planen und diejenigen guten Varianten her-ausfiltern, die einer genaueren Betrachtung unterzogen werden sollen.

Die Kompetenzen des Unternehmens in Hinsicht auf Markt, Technik und Organisati-on geben Ihnen ebenfalls zu beachtende Grenzen vor. Das bedeutet, dass die Bewertung von Innovationsideen nie losgelöst von den konkreten Rahmenbedingungen und der in-nerbetrieblichen Wertekultur durchgeführt werden kann. Diese Kopplung von Ideenbe-wertung mit der Werte- und Strategiediskussion beinhaltet auch eine Entscheidung über das, was das Unternehmen als Kernkompetenz bewahren möchte. Risiken des Neuen sind im Bewertungsprozess dabei genauso zu bedenken wie die resultierenden Chancen.

Hierbei ist auch Folgendes besonders zu beachten: Können wir als Unternehmen noch einmal zurück, wenn erkennbar wird, dass die geplante und entwickelte Innova-tion nicht die gewünschte Wirkung hat und das Unternehmen dadurch gefährdet ist? Ist das – aus welchen Gründen auch immer – nicht möglich, dann handelt es sich im positiven Sinne um ein Killerkriterium in der betrieblichen **Ideenbewertung**. So kann beispielsweise die Entscheidung, Vorprodukte im lohnkostengünstigeren Ausland her-stellen und entwickeln zu lassen, auch unumkehrbare negative Wirkungen haben. Ei-nerseits können sich Probleme in Bezug auf die Liefertreue und die Abhängigkeit vom Lieferanten ergeben. Andererseits kann die Entscheidung nicht kurzfristig rückgängig gemacht werden. Denn einmal im Stammwerk abgebaute personelle Kapazitäten und verlorenes Know-how können zu einem späteren Zeitpunkt gar nicht bzw. nur mit ei-nem sehr hohem Aufwand wieder aufgebaut werden.

Die Ideenbewertung stellt häufig vor allem in kleinen und mittelständischen Unter-nehmen eine weitaus größere Schwierigkeit dar als die Ideenfindung selbst. Die größ-te Herausforderung des Bewertungsprozesses liegt erfahrungsgemäß darin, sowohl die internen Voraussetzungen wie Technologien als auch die externe Marktkompetenz zu berücksichtigen. Angesichts des steigenden Veränderungsdrucks sind auch KMU mehr denn je gefordert, ihre Innovationsfähigkeit zu verbessern und die knappen Ressourcen gezielt auf zukunftsträchtige Vorhaben auszurichten.

Anregungen zur **Ideenbewertung**:
* Kriterien zur Bewertung sollten festgelegt werden.
* Die Auswahl sollte in drei bis vier Stufen vorgenommen werden.
* In jeder Stufe können Ideen aussortiert werden.
* Von Stufe zu Stufe sollten zusätzliche und tiefer gehende Informationen zur Kriterienprüfung herangezogen werden.
* Die Bewertung sollte von mehreren Personen durchgeführt werden, damit objektive Entscheidungen getroffen werden.

Markt- bzw. Prozesseinführung

Ideen, die positiv bewertet und danach umgesetzt wurden, können im Anschluss erstmalig eingeführt werden. Hierbei ist die Praktikabilität der Innovation zu überprüfen. Die Markt- bzw. Prozesseinführung stellt die letzte und zugleich kritischste Phase im Innovationsprozess dar. Erst hier entscheidet sich, ob das neue Produkt auch tatsächlich zum Markterfolg wird oder ob der neue Prozess zu einer Verbesserung führt.

Fehlerkultur im Innovationsprozess

Wichtig für die Qualität der Markt- bzw. Prozesseinführung, letztlich aber auch für die Qualität des gesamten Innovationsprozesses, ist eine positive **Fehlerkultur**. Fehler weisen auf Verbesserungsmöglichkeiten hin und sind eine Chance, Innovationen einzuleiten. Sie sind zudem eine Möglichkeit, die Markt- und Prozesseinführung effizient und effektiv gestalten zu können, weil kein Einführungsprozess ohne Hindernisse und Korrekturen durchführbar ist.

Wo Menschen wirken, da passieren unweigerlich Fehler – speziell unter Zeitdruck des hektischen Unternehmensalltags. Trotzdem ist es bedauerlich, wenn aufgrund von Fehlern Geld und Zeit verschwendet, Kunden verprellt und Geschäftskontakte abgebrochen werden. Eine positive Fehlerkultur ist in vielen Unternehmen allerdings eher die Ausnahme als die Regel. Eine häufige Reaktion in der wenig fehlertoleranten deutschen Alltagskultur ist: Der vermeintliche Verursacher wird in schlechter Manier im Kollegenkreis, in Besprechungen oder auch bei der Geschäftsleitung bloßgestellt.

Eine positive Fehlerkultur fördert dagegen das Arbeitsklima, die Kreativität, die Innovationsfähigkeit und die Bereitschaft der Beschäftigten, Fehler einzugestehen, kritisch zu reflektieren und aus den Erfahrungen zu lernen.

Die folgenden Hinweise helfen, eine positive Fehlerkultur im Unternehmen einzuführen:
* **Klima des Vertrauens**
  Die Beschäftigten sollten zu gemachten Fehlern stehen können. Führungskräfte und Unternehmer müssen mit gutem Beispiel vorangehen. Dabei ist Respekt und Wertschätzung untereinander wichtig, Schadenfreude ist fehl am Platz.
* **Analyse der Ursachen**
  Warum sind Fehler entstanden? Liegt eine Überarbeitung oder Überforderung des Mitarbeiters vor? Oder sind die Prozesse zu kompliziert angelegt? Wo hat die Kontrolle versagt? Bekannten Gefahren kann man begegnen.

- **Schadensbegrenzung**
  Welche Folgen hat ein Fehler? Welcher Schaden ist entstanden? Wer muss informiert werden?
- **Konzentrieren auf die Lösung**
  Die Fehleranalyse ist wichtig, danach zählt aber die Erarbeitung einer dauerhaften Lösung des Problems. Denn die Kunden setzen sich nicht mit den Problemen auseinander, sondern kaufen die Lösung für ein Problem ein.
- **Fehler müssen klar und deutlich angesprochen werden**
  Fehler kosten Geld, schwerwiegende Fehler kosten viel Geld. Fehler dürfen sich also nicht beliebig oft wiederholen. Eine positive Fehlerkultur ist keine Einladung, unbegrenzt und unbedacht Fehler zu machen, sondern Fehlermanagement zielt darauf ab, die Leistungsfähigkeit des Unternehmens und die Kundenzufriedenheit zu erhöhen.
- **Handeln und nicht klagen**
  Der verständlicherweise entstandene Ärger ist zweitrangig, denn zuerst muss der Schaden begrenzt und die Aufgabe gelöst werden. Negative Gedanken und Emotionen sind hierfür nur hinderlich, positives Denken ist konstruktiv.

4 Die fünf wichtigsten Tipps für erfolgreiche Innovationen

Tipp 1: Holen Sie sich Anregungen von außen! Achten Sie auf Reaktionen von Kunden und Zulieferern oder vergleichen Sie Ihr Unternehmen, Ihre Produkte und Dienstleistungen mit anderen.

Tipp 2: Schaffen Sie Freiräume! Geben Sie den Beschäftigten den Raum und die Zeit, um Ideen zu finden und weiterzuentwickeln.

Tipp 3: Schaffen Sie ein vertrauensvolles Betriebsklima, damit die Beschäftigten offen über Fehler sprechen, nur so werden Potenziale sichtbar.

Tipp 4: Die Lösung steht im Vordergrund. Denken Sie nicht über die Probleme und Ihre Entstehung nach, sondern über die Lösung.

Tipp 5: Binden Sie die Mitarbeiter in den Innovationsprozess mit ein. Die Motivation wird deutlich gesteigert, wenn man sieht, was aus einer Idee entsteht.

5 Literatur

Balbierz, S.: Ideen entwickeln, sammeln, bewerten, Eschborn 2006.
Praxisorientierter Leitfaden für KMU.

Blumenschein, A./Ehlers, I.: Ideen managen. Eine verlässliche Navigation im Kreativprozess, Leonberg 2007.
Praktisches Buch besonders für den Einsatz von Kreativitätstechniken bis hin zur Ideenbewertung.

Hartschen, M./Scherer, J./Brügger, C.: Innovationsmanagement – Die 6 Phasen von der Idee zur Umsetzung, Offenbach 2009.

Pleschak, F./Sabisch, H.: Innovationsmanagement, Stuttgart 1996.
Ein gutes Kompendium, geeignet, um einzelne Aspekte des betrieblichen Innovationsmanagements nachzuschlagen.

Schwarz, E./Krajger, I./Dummer, R.: Innovationskompass für klein- und mittelständische Unternehmen: Neue Ideen finden und entwickeln, Wien 2006.
Praxistaugliches Buch mit vielen Instrumenten und Beispielen.

6   Checkauszug Innovation

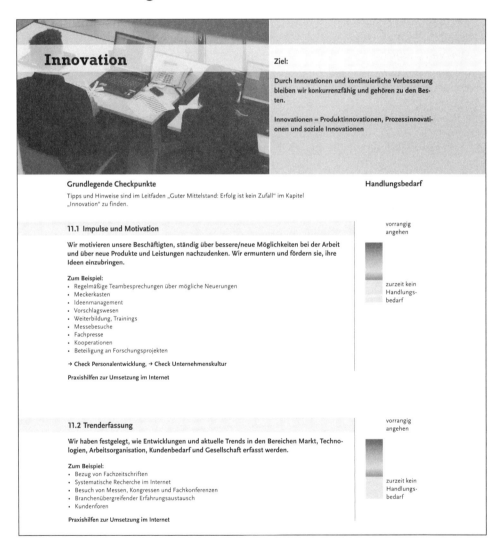

Innovation

Ziel:

Durch Innovationen und kontinuierliche Verbesserung bleiben wir konkurrenzfähig und gehören zu den Besten.

Innovationen = Produktinnovationen, Prozessinnovationen und soziale Innovationen

Grundlegende Checkpunkte

Tipps und Hinweise sind im Leitfaden „Guter Mittelstand: Erfolg ist kein Zufall" im Kapitel „Innovation" zu finden.

Handlungsbedarf

11.1 Impulse und Motivation

Wir motivieren unsere Beschäftigten, ständig über bessere/neue Möglichkeiten bei der Arbeit und über neue Produkte und Leistungen nachzudenken. Wir ermuntern und fördern sie, ihre Ideen einzubringen.

Zum Beispiel:
- Regelmäßige Teambesprechungen über mögliche Neuerungen
- Meckerkasten
- Ideenmanagement
- Vorschlagswesen
- Weiterbildung, Trainings
- Messebesuche
- Fachpresse
- Kooperationen
- Beteiligung an Forschungsprojekten

→ Check Personalentwicklung, → Check Unternehmenskultur

Praxishilfen zur Umsetzung im Internet

vorrangig
angehen

zurzeit kein
Handlungs-
bedarf

11.2 Trenderfassung

Wir haben festgelegt, wie Entwicklungen und aktuelle Trends in den Bereichen Markt, Technologien, Arbeitsorganisation, Kundenbedarf und Gesellschaft erfasst werden.

Zum Beispiel:
- Bezug von Fachzeitschriften
- Systematische Recherche im Internet
- Besuch von Messen, Kongressen und Fachkonferenzen
- Branchenübergreifender Erfahrungsaustausch
- Kundenforen

Praxishilfen zur Umsetzung im Internet

vorrangig
angehen

zurzeit kein
Handlungs-
bedarf

Innovation

Grundlegende Checkpunkte	Handlungsbedarf

11.3 Praxisbezug

Wir achten darauf, dass Innovationen praxisnah sind und zu uns passen. Nicht jeder Trend sollte verfolgt werden.

Zum Beispiel:
- Nutzen für unsere Produkte, Leistungen und Prozesse stehen im Vordergrund
- Wirtschaftlichkeitsaspekt beachten/Kosten-Nutzen-Analyse

Praxishilfen zur Umsetzung im Internet

vorrangig
angehen

zurzeit kein
Handlungs-
bedarf

11.4 Erfahrungen nutzen

Wir beteiligen die Beschäftigten an der Umsetzung von Innovationen, um möglichst viele Erfahrungsbereiche einzubeziehen und um eine hohe Akzeptanz gegenüber der Innovation zu erzielen.

Zum Beispiel:
- Prämien
- Beschäftigte an betrieblichen Sonderprojekten beteiligen

Praxishilfen zur Umsetzung im Internet

vorrangig
angehen

zurzeit kein
Handlungs-
bedarf

11.5 Innovationskooperationen

Wir kooperieren mit anderen Unternehmen, Fach-/Hochschulen oder Forschungseinrichtungen, um neue Produkte/Dienstleistungen, Verfahren und Konzepte zu entwickeln und umzusetzen.

Zum Beispiel:
- Förderprogramme
- Geförderte Forschungsprojekte
- Studien-/Diplomarbeiten
- Lehraufträge

Praxishilfen zur Umsetzung im Internet

vorrangig
angehen

zurzeit kein
Handlungs-
bedarf

Weitere Checkpunkte sowie Praxishilfen zu diesem Thema finden Sie im Internet: www.offensive-mittelstand.de

Check »Guter Mittelstand: Erfolg ist kein Zufall«, 2010, S. 28–29.

7   Umsetzungshilfe

Aspekte zur Überprüfung einer Innovationsidee	Eindeutig geklärt?	
Markt- und kundenorientierte Faktoren	**Ja**	**Nein**
Ist ein Markt- bzw. Kundenpotenzial zu erwarten?		
Sind alle Voraussetzungen für die Vermarktung geklärt?		
Entsteht ein Nutzen für den Kunden?		
Kann dieser Nutzen dem Kunden klar vermittelt werden?		
Ist die Innovation wirklich neu?		
Kann die Innovation vor Produktpiraterie geschützt werden?		
Ist die Konkurrenzsituation klar?		
Sind Auswirkungen auf die Position des Unternehmens zu erwarten?		
Gibt es Auswirkungen auf das Image des Unternehmens?		
Existieren (besondere) marktbezogene Risiken?		
Unternehmensinterne Faktoren		
Ist die Innovation mit den Unternehmenszielen vereinbar?		
Ist die Innovation mit der Unternehmensstrategie vereinbar?		
Passt die Innovation in die Produktpalette?		
Sind die technischen und organisatorischen Voraussetzungen geklärt?		
Sind Veränderungen in der Kostenstruktur zu erwarten?		
Sind die Auswirkungen auf die personellen und finanziellen Ressourcen klar?		
Gibt es Zweifel an der technischen Machbarkeit?		
Existieren (besondere) unternehmensinterne Risiken?		

Teil B:
Erfahrungen mit
den Instrumenten
der Offensive Mittelstand

Der Check »Guter Mittel-stand« aus Sicht eines Unternehmers – ein Erfahrungsbericht

Thomas Pollmeier*/Jörg Schüler**

1   Nutzen des Checks
2   Das Unternehmen
3   Der Check
4   Erkenntnisse über die Situation des Unternehmens
5   Schritte nach der Durchführung des Checks
6   Fazit und Ausblick

*   Thomas Pollmeier ist Geschäftsführer der Lechtermann – Pollmeier Bäckereien GmbH & Co. KG.
** Jörg Schüler, ist Coach, Trainer und Unternehmensberater bei der Jörg Schüler Coaching & Consulting.

1   Nutzen des Checks

Der Beitrag zeigt, wie ein Unternehmer den Check in seinem Betrieb angewendet, welche Maßnahmen und Veränderungen er im Unternehmen umgesetzt hat und welchen Nutzen er bisher aus dem Check und den Maßnahmen ziehen konnte. Zudem wird dargestellt, wie das Unternehmen mit Umsetzungshürden umgegangen ist, was der derzeitige Stand ist und welche weiteren Maßnahmen es plant, in Zukunft umzusetzen.

Es gibt Führungskräfte, denen kommt der folgende Gedanke bekannt vor: Im Unternehmen oder in einer Abteilung entsteht der Eindruck, es könnte besser oder anders laufen. Irgendwie sind irgendwo noch ein paar Prozentpünktchen herauszuholen. Das Miteinander könnte anders sein, die Organisation, alle Mitarbeiter haben viel zu tun (das ist ja auch gut so), sind zum Teil gestresst und letztlich sind die Ergebnisse und die eigene Zufriedenheit immer noch ein bisschen gedeckelt.

Um herauszufinden, was geändert werden könnte, haben Unternehmer, Inhaber, Geschäftsführer oder »obere« Führungskräfte die Möglichkeit, den Check zu nutzen. Selbstverständlich können als Steigerung daraus ein Audit oder Zertifizierungen angestrebt werden, vorrangiges Ziel sind Erkenntnisse über das Unternehmen für die Personen, die den Check ausfüllen.

Die Sammlung aus Fragen ist bewusst unterhalb eines Audits oder einer Zertifizierung angelegt und richtet sich an Personen, die bereit sind, selbst und kritisch verschiedene Bereiche in ihrem Verantwortungsbereich zu betrachten, um künftige Handlungsfelder aufzudecken und dadurch gewünschte Ergebnisse zu erreichen.

Diese Handlungsfelder können weitreichend sein.

Ob Unterstützung von außen durch externe Berater erforderlich ist oder nicht, kann der Unternehmer selbst entscheiden. Ganz ehrlich – um den Check auszufüllen, ist ein Externer nicht erforderlich. Dazu ist allein der eigene Anspruch, sich mit der Wahrheit auseinanderzusetzen, nötig. Aber vielleicht ist dazu der Externe nützlich, der mit geeigneten Fragen oder allein durch Anwesenheit den Unternehmer dabei begleitet, sich auf Ursachenforschung zu begeben, warum das Unternehmen erfolgreich ist, und worauf der Unternehmer noch achten kann, um sich nachhaltig weiterzuentwickeln.

Der Einsatz des Checks hat beispielsweise folgende Vorteile:
- Der Check ist die Grundstruktur eines Businessplans.
- Er dient als Ergänzung vorhandener Instrumente.
- Der Check ermöglicht auch ein modulares Arbeiten, es können auch nur ein/zwei Themen bearbeitet werden.
- Er kann als Instrument eingesetzt werden, um mit Banken, Kammern oder der Wirtschaftsförderung in Kontakt zu kommen.
- Er dient als Bewertung für die Auswahl von Kooperationspartnern und/oder Lieferanten.

Aus welcher Sichtweise auch immer der Check betrachtet wird, wer ihn ausfüllt, wird ohne Umschweife und innerhalb von wenigen Minuten erkennen, wo im Unternehmen akute Handlungsfelder sind, und worauf sinnvollerweise aufgebaut werden kann.

2 Das Unternehmen

Die Lechtermann-Pollmeier Bäckereien GmbH & Co. KG wurde am 01.01.2002 von den jetzigen geschäftsführenden Gesellschaftern Hanno und Stefan Lechtermann und Thomas Pollmeier gegründet. Die neue Bäckerei hat die Aufgabe, alle Filialen (aktuell ca. 35) mit Backwaren zu versorgen, den Verkauf zu leiten und die gesamte Verwaltung zu organisieren.

Heute werden die Qualitätsbackwaren in eigenen Filialen im Umkreis von 40 Kilometern um Bielefeld verkauft. Dazu vertrauen zahlreiche Großkunden auf die Zusammenarbeit und den zuverlässigen Service des Marktführers in dieser Region.

Mit zwei weiteren verbundenen Unternehmen leiten die drei geschäftsführenden Gesellschafter insgesamt ca. 350 Mitarbeiter. Dabei ist eine Bäckerei in dieser Größenordnung ein 24-Stunden-Betrieb.

Angefangen von der Produktion über die Logistik, den Verkauf und Einkauf, den Bestellungen aus den Filialen und von den Großkunden hin zur Arbeitsvorbereitung gibt es viele interne und externe Prozesse, die durchgeführt und gesteuert werden wollen. Hierbei spielt die Unternehmenskultur und die Kommunikation miteinander eine wesentliche Rolle, worauf später noch eingegangen wird.

3 Der Check

Thomas Pollmeier hat auf einer Unternehmerveranstaltung im Sommer 2009 die Broschüre »Guter Mittelstand« entdeckt und mitgenommen. Er hatte schon längere Zeit den Eindruck, dass in der Bäckerei noch wesentlich mehr Potenzial steckt, als bis dahin genutzt wurde.

Da es sich bei dem Betrieb um ein klassisches inhabergeführtes, mittelständisches Unternehmen handelt, wurde nicht sofort eine Beratungsgesellschaft beauftragt, die mitunter recht zeitaufwendig betriebsinterne Prozesse beobachtet und bewertet. Hier hat sich der Unternehmer erst einmal selbst die Frage gestellt, was zu tun sei, und welche Wege eingeschlagen werden sollten.

Dazu ist das Ausfüllen des Checks eine gute Möglichkeit. Der Unternehmer erinnerte sich an die Broschüre »Guter Mittelstand«. Der Check steht im Internet auf der Homepage zum Download bereit. Das Ausdrucken und Ausfüllen dauert 30 Minuten.

4 Erkenntnisse über die Situation des Unternehmens

Durch die Beantwortung der Fragen im Check ist dem Unternehmer klar geworden, dass einige Handlungsfelder vorhanden sind, die die Geschäftsleitung und die Mitarbeiter der Bäckerei neu betrachten können.

In den elf Bereichen, die mithilfe des Checks bewertet werden, gibt es selbstverständlich Überschneidungen der einzelnen Fragestellungen. So werden Themen wie »interne

Kommunikation« oder »betriebliche Organisation« auf unterschiedliche Art und Weise erfasst bzw. abgefragt.

In folgenden Bereichen hat die Lechtermann-Pollmeier Bäckereien GmbH & Co. KG Potenziale entdeckt und entsprechende Maßnahmen ergriffen: Bedarf sieht Herr Pollmeier in den Feldern Arbeitsorganisation und Kommunikation. In beiden Fällen handelt es sich um Strategien, die nach innen gerichtet sind.

Besonders bei den im Check genannten Aspekten der Arbeitsorganisation kontinuierliche Verbesserung und termingerechtes Arbeiten wurde er aufmerksam und erkannte, dass hier in seinem Unternehmen noch »Raum nach oben« ist.

Eine kontinuierliche Verbesserung soll durch regelmäßige Treffen, in denen die Qualität der Backwaren besprochen wird, erreicht werden.

Zu den Herausforderungen beim termingerechten Arbeiten gehört, die Ware rechtzeitig zu produzieren, versandfertig zur Verfügung zu stellen, in die Läden zu transportieren und die für die Produktion des nächsten Tages erforderlichen Bestellungen der Filialen zu erhalten. Kommt es in dieser Prozesskette zu Verzögerungen, hat das zwangsläufig erhebliche, negative Auswirkungen auf die Folgeprozesse.

Das Thema Kommunikation ist extrem vielseitig. Besonderes Augenmerk richtet die Bäckerei auf folgende Fragen:
- Inwieweit ist unsere Kommunikation vollständig?
- Woran erkennen wir, wenn die Mitarbeiter unvollständig kommunizieren?

Vollständige Kommunikation bedeutet dabei, dass alles gesagt und nichts zurückgehalten wird. Das gilt insbesondere für Erwartungen an die Mitarbeiter, die häufig *nicht* ausgesprochen werden, was in vielen Fällen zu Missverständnissen und Konflikten führt.

Bei den im Check genannten Beispielen Mitarbeitergespräche, Zielvereinbarungen oder Informationen an die Belegschaft hat sich Herr Pollmeier die Frage gestellt: Haben alle Mitarbeiter die Informationen, die sie brauchen, um optimal arbeiten zu können?

Um eine Aufgabe zu 100 Prozent zu erfüllen, sind vielfältige Informationen notwendig. Wenn ein Teil fehlt, ist ein Puzzle immer unvollständig. Dasselbe gilt für die Erfüllung von Aufgaben. Wenn einem Mitarbeiter eine Information fehlt, wächst die Wahrscheinlichkeit, dass er seine Aufgabe nur unzureichend erfüllt bzw. erfüllen kann.

Um was geht es in den Bereichen Organisation und Führung? Organisation schließt sich an die nach innen gerichtete Strategie an. Wie soll das Unternehmen organisiert sein, d. h. weiß jeder, was, wann zu tun ist, und nutzt er dabei die vorhandenen Potenziale optimal, um die formulierte Strategie erfolgreich umzusetzen?

Ergänzend zur Organisation ist die Frage der Führung zu betrachten. Aus ihr geht hervor, ob eine Führungskraft eindeutige Aufträge formuliert und auch für die Mitarbeiter Handlungsspielräume für die Ausgestaltung ihrer Aufgaben lässt. Dabei sollen die Leistungsbereitschaft und die Motivation der Mitarbeiter aktiv angesprochen werden. Eine förderliche Führung führt zu einer hohen Produktivität und Freude an der Arbeit.

Kleine oder mittelständische Unternehmen können es sich wahrscheinlich nicht leisten, unproduktive Mitarbeiter dauerhaft zu beschäftigen, weil es zu sehr auf den Einzelnen ankommt. Dafür ist es förderlich, die einzelnen Personen aktiv in die Prozesse einzubeziehen und so einzusetzen, dass ihre Potenziale und Talente bestmöglich für sie selbst und das Unternehmen genutzt werden können.

Es ergibt einfach keinen Sinn, einen »kreativen Kopf« in der Buchhaltung einzusetzen, oder?

Weitere Fragen, die sich Herr Pollmeier beim Ausfüllen des Checks gestellt hat, sind:
- Haben wir Entscheidungsspielräume mit klaren Grenzen?
- Wie können wir innovative Ideen in eine begeisternde Produktvielfalt wandeln?

Im Check wird die Unternehmenskultur als die »Persönlichkeit« eines Unternehmens definiert. Ausführlicher könnte man formulieren: Jede Organisation hat teils bewusst, teils unbewusst ihre eigene Kultur des menschlichen Miteinanders. Man kann Unternehmenskultur definieren als ein Muster von Werten, Einstellungen und Verhaltensweisen, die dem Leben in Unternehmen zugrunde liegen. Unternehmenskultur ist die Summe aller ungeschriebenen Gesetzmäßigkeiten im Unternehmen. Welche Verhaltensweisen werden honoriert, welche werden sanktioniert und wie kommuniziert man miteinander? In diesem Sinne wirkt die Unternehmenskultur verhaltens- und leistungssteuernd, identifizierend und profilierend gegenüber der Umwelt. Begriffe wie Unternehmensphilosophie (Ausrichtung des Unternehmens: Menschen, Beziehungen, Umwelt etc.), Unternehmensethik (Grundorientierung: Handeln nach Werten), Unternehmensidentität (sichtbare Ausdrucksformen) und Unternehmensleitbild hängen eng mit der Unternehmenskultur zusammen, die zu einem wichtigen Wettbewerbsfaktor geworden ist. Je stärker die im Rahmen der Unternehmenskultur entwickelte Identität und Leistungsbereitschaft ist, desto wahrscheinlicher ist der gemeinsame Erfolg.

Herr Pollmeier hat aufgrund des Checks folgende Themen ausgewählt, die im Weiteren im Unternehmen bearbeitet werden sollten:
- Arbeitskultur und Werte,
- Transparenz und Fairness,
- Informations- und Gesprächskultur,
- aus Fehlern lernen,
- Gemeinschaft pflegen.

5   Schritte nach der Durchführung des Checks

Nachdem Herr Pollmeier den Check ausgefüllt und diese Themen als interessant identifiziert hatte, ergab sich für ihn innerhalb von 30 Minuten ein neues Problem: Er hatte jetzt Hinweise darauf, wie das Unternehmen weiterzuentwickeln, und die Probleme, die er erkannt hatte, zu lösen seien, doch dazu bedurfte es noch der Zustimmung der anderen Geschäftsführer.

Nachdem die beiden anderen Geschäftsführer, Hanno und Stefan Lechtermann, die Ergebnisse aus dem Check zur Kenntnis genommen und die Situation im Unternehmen ähnlich eingeschätzt hatten, stimmten beide schnell zu, Maßnahmen zu ergreifen.

Jetzt war noch die Frage zu klären, ob alle bereit waren, die problematischen Themen zu beseitigen bzw. zu optimieren und wenn ja, in welcher Form. Der Entschluss, die

Themen zu bearbeiten, wurde schnell gefasst, zumal die beiden anderen Geschäftsführer ebenfalls den Eindruck hatten, »es« müsse etwas im Unternehmen passieren und man wolle sich weiterentwickeln.

Jeder Unternehmer stellt sich in dieser Situation die Frage: Nehme ich Geld in die Hand und beauftrage eine externe Unternehmensberatung oder investiere ich meine eigene Zeit und sorge selbst für Veränderungen? Diese Antwort kann jeder Unternehmer nur selbst finden. Es gibt Menschen, die vertrauen nur sich selbst oder haben andere Gründe, vieles bis alles selbst zu machen und es gibt Menschen, die geben gern ab und lassen machen. Beide Wege führen zum Erfolg.

Genau diese Frage stellten sich die drei Gesellschafter der Lechtermann-Pollmeier Bäckereien GmbH & Co. KG auch. Da sie kaum Erfahrungen darin hatten, Menschen in Veränderungsprozessen zu begleiten und ihnen auch die Zeit fehlte, sich um diese Themen aktiv zu kümmern, war die Entscheidung schnell gefällt, einen externen Berater zu beauftragen.

Es gibt diverse Möglichkeiten, externe Unternehmensberater zu finden. Natürlich kann man in den *Gelben Seiten* nachschauen oder bei Google bzw. anderen Online-Anbietern nach Unternehmensberatern suchen. Es gibt genügend Marktplätze im Internet, auf denen man recherchieren kann. Etwas »offizieller« sind die bei der KfW gelisteten Berater, die den Vorteil bieten, dass Kunden die Beratungsleistung bewerten können. So haben potenzielle Interessenten die Möglichkeit, sich ein Bild von dem Berater zu machen.

Einige Industrie- und Handelskammern haben auf ihrer Homepage eine Dienstleister-Datenbank, oder man wendet sich an die Datenbank-Berater der Offensive Mittelstand: http://offensive-mittelstand.de/site.aspx?url = html/mittelstand/gu_005.htm.

Ein anderer Markt ist das persönliche Netzwerk. So hat auch die Lechtermann-Pollmeier Bäckereien GmbH & Co. KG in ihrem Umfeld nach Beratern geschaut.

Netzwerkpartner sind zum Beispiel der Steuerberater, der Rechtsberater oder der betriebswirtschaftliche Berater, den die Bäckerei beauftragt hat.

Daneben spielt das persönliche Netzwerk, also der eigene Bekanntenkreis, ebenfalls eine wichtige Rolle.

Die Unternehmer haben sich mehrere Berater angeschaut und mit ihnen Gespräche geführt, deren Struktur jedes Mal ähnlich war. Am Anfang gab es ein Gespräch, bei dem die drei Geschäftsführer und der Berater anwesend waren. Inhalt waren die Themen, die in dem Check herausgefunden wurden, und die zentrale Fragestellung der Auftraggeber lautete: Kann uns dieser Berater darin unterstützen, diese Themen zu bewerkstelligen?

Teilweise fanden noch Einzelgespräche mit den drei Geschäftsführern statt. Themen waren hier die unterschiedlichen Sichtweisen aus der Produktion, dem Verkauf und der Verwaltung, also den einzelnen Verantwortungsbereichen der Geschäftsführer. Dabei wurde auch die Frage gestellt, ob der einzelne Geschäftsführer bereit sei, sein eigenes Verhalten zu verändern, denn der Prozess sollte auf der Ebene der Geschäftsführung beginnen.

Erfreulicherweise gibt es in NRW diverse Fördermöglichkeiten für kleine und mittelständische Unternehmen. In diesem Fall bot sich die Beantragung von Zuschüssen im Rahmen einer sogenannten Potenzialberatung an. Die Antragsstellung und Genehmigung geht sehr schnell und ist recht unbürokratisch. Weitere Informationen auch für die Förderung in einem anderen Bundesland findet sich im Internet unter www.förderdatenbank.de

Im nächsten Schritt der Beratung wurden alle drei Geschäftsführer getrennt voneinander befragt, was ihre Ziele für das Unternehmen seien. Bezogen auf verschiedene Zeitpunkte ging es darum

- welchen Umsatz oder Ertrag sie anstreben,
- wie sich die Mitarbeiterzahl entwickeln soll,
- in welchen Produktfeldern sie welches Wachstum sehen,
- wie sich das Filialnetz und die Großkundenstruktur in den nächsten Jahren entwickeln soll,
- welche Maßnahmen innerhalb des Unternehmens sinnvoll erschienen (Software, Produktionsmaschinen usw.).

Es ist nachvollziehbar, dass jeder Geschäftsführer aus seiner Sicht unterschiedliche Schwerpunkte setzte und dabei alle ein Ziel vor Augen hatten: Das Unternehmen soll wachsen.

Einige Jahre zuvor hatte die Bäckerei eine Vision mit konkreten Zielen entwickelt, daher kannten die Unternehmer den Effekt einer derartigen Formulierung. Dieses Vorgehen bot unter anderem den Vorteil, vergleichen zu können, ob die Vision und die Ziele erreicht worden waren. In diesem Fall war es so, dass viele Themen zufriedenstellend bearbeitet worden waren.

Daher war es erstaunlich, dass die Ausrichtungen der Geschäftsführer unterschiedlich ausfielen, allerdings war es umso erfreulicher, dass sie sich schnell auf eine neue Marschroute und Ziele für die Zukunft einigen konnten. Obendrein wurden Pläne formuliert, wann welche Investitionen für welchen Bereich (Filialausbau, Ausbau Maschinenpark, neue Verwaltungssoftware u.a.) getätigt werden sollten.

Ein bis zwei Tage haben die Geschäftsführer damit verbracht, sich mit sich selbst und der Bäckerei zu beschäftigen und den aktuellen Standpunkt zu bestimmen. Dabei haben sie mit einer SWOT-Analyse (Stärken, Schwächen, Chancen und Risiken für das Unternehmen) in einer sehr offenen und vertrauensvollen Atmosphäre die Situation des Unternehmens untersucht.

Hierbei wirkten die bereits beantworteten Fragen aus dem Check sehr unterstützend. Überall dort, wo die Unternehmer für sich bereits einen Handlungsbedarf erkannt haben, konnten sie mögliche Schwächen und Risiken erkennen. Dort, wo kein Handlungsbedarf erkannt wurde, wurden Ansätze identifiziert, die Stärken und Chancen zu kanalisieren.

Losgelöst von der Unternehmensleitung bietet es sich an, die »eigentlichen« Spezialisten, nämlich die Mitarbeiter, die täglich einen guten Job verrichten und innerhalb der Rahmenbedingungen, die ihnen ihr Arbeitgeber bietet, einen hohen Einsatz leisten, zu befragen.

Wenn in einem Unternehmen eine Kultur herrscht, in der offen und konstruktiv mit Rückmeldungen der Mitarbeiter umgegangen wird, kann sich der Unternehmer glücklich schätzen. Er hat damit den ungemeinen Vorteil, schnell auf die Punkte zu kommen, die eine Hürde darstellen und eine Verlangsamung der Arbeitsprozesse bewirken.

In diesem Fall aus der Praxis investierten die Unternehmer insgesamt vier Beratungs-tage, um mit den Mitarbeitern aus den unterschiedlichen Bereichen (Produktion, Logistik, Verkauf, Arbeitsvorbereitung, interner Service und Verwaltung) zu sprechen und sie zu den aktuellen Themen im Unternehmen zu interviewen.

Es ist immer wieder interessant, wie offen und ehrlich Mitarbeiter mitteilen, was gut funktioniert, und an welchen Stellen im Unternehmen Optimierungsbedarf besteht. Selbstverständlich gibt es Äußerungen, die nur von Einzelnen vertreten werden. Wenn bestimmte Punkte mehrfach angesprochen werden, muss an ihnen etwas dran sein. Der Berater dokumentiert die Gespräche in einem Protokoll, das er mit dem interviewten Mitarbeiter abstimmt und als Zusammenfassung anonymisiert an die Geschäftsführung weitergibt.

Parallel zu den Interviews findet eine Mitarbeiterbefragung statt. Die Fragen sind angelehnt an die Gallup-Studie (www.gallup.de) und werden speziell auf den Bedarf des einzelnen Unternehmens abgestimmt erweitert. Dabei gibt es Bewertungen zu den Aspekten Führung, Kommunikation untereinander, Teamarbeit und unternehmerische und persönliche Weiterentwicklung. Zum Beispiel werden die Mitarbeiter gefragt, was sie im Unternehmen ändern würden, wären sie Geschäftsführer.

Die Ergebnisse der Interviews und der schriftlichen Befragung wurden der Geschäfts-führung vorgestellt. Dabei wurden die unterschiedlichen Bereiche (Produktion, Verkauf und Verwaltung), in denen die Mitarbeiter beschäftigt sind, berücksichtigt. So konnte jeder Geschäftsführer für seinen Bereich konkrete Informationen beziehen.

Nachdem die Ergebnisse präsentiert worden waren, machten sich die Unternehmer zusammen mit dem Berater Gedanken, wie die schwach bewerteten Bereiche korrigiert bzw. verbessert werden konnten. Dabei wurden viele Ideen aus dem Fundus des Beraters einbezogen.

Die Unternehmensleitung war sich einig, dass sie nicht »über die Köpfe« der Mitarbeiter Veränderungen herbeiführen wollte und lud dann zu einem Workshop ein, an dem ca. 15 Personen aus den unterschiedlichen Bereichen teilnahmen.

Auch den Mitarbeitern wurden die Ergebnisse präsentiert und sie wurden eingeladen, Ideen zu entwickeln, um die als schwach bewerteten Bereiche zu verbessern. Diese Ideen wurden am selben Tag noch vorgestellt, mit denen der Geschäftsleitung abgeglichen und deren Umsetzung teilweise verabschiedet.

Beispielsweise ging es um den Ablauf in der regelmäßig stattfindenden Mitarbeiter-/Teamleiterrunde. Es wurde beschlossen, dass die Führung wöchentlich wechselt, aus den einzelnen Abteilungen Erfolge berichtet werden und der Umgang respektvoll sein soll.

Selbstverständlich ist eine Beratung umso erfolgreicher, je besser die Ergebnisse im Anschluss daran sind. Allerdings darf nicht außer Acht gelassen werden, dass die Verantwortung für die Umsetzung von (Veränderungs-)Maßnahmen ausschließlich die Führungskräfte und Mitarbeiter des Unternehmens haben.

Ein wesentliches Fazit können die Geschäftsführer ziehen: Es gab kaum Widerstände seitens der beteiligten Mitarbeiter, alle haben mitgemacht, ihre Meinung gesagt und Ideen mitgeteilt, und es wurden letztendlich viele Maßnahmen, die in einem konkreten Handlungsplan festgehalten wurden, umgesetzt.

Es fing damit an, dass die Lechtermann-Pollmeier Bäckereien GmbH & Co. KG die Broschüre mitgenommen, auf der Homepage den Check gefunden und ausgefüllt hat und dann zur Umsetzung geschritten ist. Welche konkreten Ergebnisse sind in dem Zeitraum von ca. einem halben Jahr herausgekommen?

Die geschäftsführenden Gesellschafter sind sich über die Ausrichtung für die nächsten Jahre einig. Sie haben Schwerpunkte gesetzt im Hinblick auf Ausbau und Modernisierung der Filialen, Investitionen in Maschinen und Ausbau der Produktionsfläche sowie Ausstattung der Verwaltung mit neuer Software und Neueinstellungen von Mitarbeitern.

Die bestehenden Absprachen über die jeweiligen Aufgabenbereiche der Geschäftsführer wurden bestätigt. Dadurch wurden das Miteinander und die Verbundenheit in der Geschäftsführung weiter gestärkt.

Im Rahmen der Beratung wurde zusammen mit über zwanzig Mitarbeitern ein neues Unternehmensleitbild entwickelt, das in der Zwischenzeit den anderen Mitarbeitern in in zwei großen Veranstaltungen mit je 120 Mitarbeitern spielerisch vermittelt wurde.

Die Qualität der internen Kommunikation hat allein durch eine Frage »Gibt es noch Fragen?« überdurchschnittlich zugenommen. Alle Teilnehmer einer Gesprächsrunde bringen sich aktiv ein, Informationen werden ausgetauscht. Selbst Aufgaben innerhalb einer Abteilung werden gewechselt, weil der eine Mitarbeiter eher Stärken einbringt, wo der andere Schwächen hat. Darüber wird nun kommuniziert und im Sinne des Unternehmens gehandelt.

Es wurde eine Unternehmenszeitung ins Leben gerufen, die einmal im Quartal erscheint und von den Mitarbeitern verantwortlich gestaltet wird. Damit sie jeder erhält, wird sie zusammen mit den Lohnabrechnungen verteilt.

Daraus wiederum ist eine Laufgruppe entstanden, deren Mitglieder sich regelmäßig treffen.

Durch die vollständige Kommunikation (jeder sagt das, was er denkt, und hält nichts zurück) entsteht ein hohes Maß an Vertrauen. Alle Gesprächspartner wissen genau, woran sie sind, und können sich darauf einstellen.

Zudem ist klar, in welche Richtung sich das Unternehmen weiterentwickeln soll. Durch die kommunizierte Einigkeit in der Geschäftsführung und die klare Ausrichtung des Unternehmens gibt es wesentlich weniger Reibungsverluste zwischen den einzelnen Teilbereichen des Unternehmens. Jedem ist klar, was die unternehmerischen Ziele sind, und die Mitarbeiter wissen, dass sie alle das gleiche Ziel verfolgen. Damit ist der Weg dorthin nicht mehr so entscheidend, was zu einer deutlichen Abnahme von Konflikten führt.

Allein durch die Tatsache, dass die Mitarbeiter im Entwicklungsprozess aktiv beteiligt waren und erkennen können, dass auch ihre Ideen und Vorstellungen gefordert und umgesetzt werden, steigt die Identifikation mit der Arbeit. Wenn sich dann noch die gewünschten Ergebnisse einstellen, ist das ein wesentlicher Verstärker.

Durch die Kommunikation und Vereinbarung neuer gemeinsamer Ziele, die Erarbeitung eines gemeinsamen Unternehmensleitbildes sowie die Verbreitung desselben innerhalb des Unternehmens ist die Verbindung der Mitarbeiter untereinander wesentlich gestärkt worden. Das ganze Projekt hat sich ohne Vorgabe durch die Geschäftsführung entwickelt, die Mitarbeiter waren von sich aus begeistert und haben Aufgaben nahezu gefordert.

Durch das aktive Mitmachen, Gestalten und Erzielen von besseren Ergebnissen verbesserte sich die Stimmung im Unternehmen.

An vielen Stellen im Unternehmen spüren die Mitarbeiter, dass alte Wege verlassen und neue beschritten werden, die auch noch zu mehr Erfolg führen.

Auf einmal gibt es weniger Probleme, die Mitarbeiter sprudeln vor Ideen und Lösungen.

Wenn die Mitarbeiter spüren, dass ihre Meinung zählt, bringen sie sich auch deutlich mehr ein. Natürlich ist es wichtig, ihre Ideen auch umzusetzen, was derzeit häufig geschieht.

Bei den oben genannten Effekten ist es nicht verwunderlich, dass das Unternehmen seine Erträge gesteigert hat.

Selbstverständlich gab und gibt es Hürden in der Umsetzung.

Die erste Frage, die man sich stellen könnte, ist: Wie ehrlich gehe ich mit mir und meinem Unternehmen um, wenn ich die Fragen in dem Check beantworte? Im Willen zur Selbsterkenntnis liegt die erste Hürde.

Das zweite Hindernis ist die Entscheidung, ob ein Veränderungsprozess mit oder ohne externe Berater durchzuführen ist. Ob sich der Unternehmer richtig entschieden hat, erkennt er häufig erst am Ende des Prozesses, wenn sich die gewünschten Ergebnisse einstellen oder nicht.

Die nächste Hürde ist die Verbindlichkeit in der Umsetzung von vereinbarten Maßnahmen. Wenn Menschen ihren alten Weg nicht verlassen, werden sie keine neuen Ergebnisse erzielen. Es liegt an den Beteiligten, wie sehr sie bereit sind, etwas Neues zu probieren.

In der praktischen Umsetzung gab und gibt es Schwierigkeiten. Nicht alles ist umgesetzt worden oder in der Geschwindigkeit eingetroffen wie gewünscht. Nicht jeder Mitarbeiter erfährt von den Veränderungen oder trägt sie aktiv mit. Aber im Großen und Ganzen stimmt die Richtung.

6   Fazit und Ausblick

Die Lechtermann-Pollmeier Bäckereien GmbH & Co. KG ist auf einem sehr guten Weg, sich neu aufzustellen und für die Zukunft zu rüsten. Jetzt gilt es, alle Mitarbeiter mitzunehmen, was durch eine von ihnen geplante, organisierte und durchgeführte Veranstaltung zum neuen Unternehmensbild gelungen ist.

Doch auch die zu spürende Begeisterung wird wieder zur Normalität. Diese gilt es anzunehmen und zu reflektieren und daraus Konsequenzen zu ziehen. In diesem Sinne ist das Unternehmen gut aufgestellt.

Zwei Empfehlungen werden an dieser Stelle ausgesprochen: Die erste richtet sich an die Leitung der Bäckerei: Beantworten Sie in regelmäßigen Abständen die Fragen aus dem Check.

Die andere Empfehlung richtet sich an die Leser: Nutzen Sie die Möglichkeiten des Checks und beantworten Sie die Fragen. Zu wünschen sind allen ähnliche Ergebnisse, die die Bäckerei in der Praxis erzielt hat.

Wertschöpfungsorientierter Arbeitsschutz

Oleg Cernavin*/Helmut Ehnes**/Christof Göbel***/
Elmar Neuhaus****

1   Der Check »Guter Mittelstand«: Wo bleibt der Arbeitsschutz?
2   Was ist wertschöpfungsorientierter Arbeitsschutz?
3   Der wertschöpfungsorientierte Arbeitsschutz im Check »Guter Mittelstand«
4   Wie kann mein Unternehmen den Check »Guter Mittelstand« für den Arbeits-
     schutz nutzen?
5   Die fünf wichtigsten Tipps
6   Literatur

*   Oleg Cernavin, geschäftsführender Gesellschafter der BC GmbH Forschung, Wiesbaden und
       stellvertretender Vorsitzender der Offensive Mittelstand – Gut für Deutschland
**   Helmut Ehnes, Leiter der Prävention der Berufsgenossenschaft Rohstoffe und chemische In-
       dustrie (BG RCI) und Vorsitzender der Offensive Mittelstand – Gut für Deutschland
***   Christof Göbel, Leitender Sicherheitsingenieur, Berufsgenossenschaft Rohstoffe und chemi-
       sche Industrie (BG RCI)
****   Elmar Neuhaus, Technische Aufsichtsperson der Berufsgenossenschaft Rohstoffe und chemi-
       sche Industrie (BG RCI) und Leiter der Geschäftsstelle der Offensive Mittelstand – Gut für
       Deutschland

1 Der Check »Guter Mittelstand«: Wo bleibt der Arbeitsschutz?

Arbeitsschutz ist in vielen Unternehmen, vor allem in kleinen und mittleren Betrieben, ein Thema, das von Unternehmern eher mit Vorschriften, Kontrollen und Auflagen verbunden wird. Kaum ein Unternehmer ist gegen Arbeitsschutz, geht es doch dabei vor allem um den Schutz und die Gesundheit der Beschäftigten. Nun will jeder Unternehmer zwar rechtssicher handeln und die Vorschriften einhalten, aber aus diesen Gründen betreibt er kein Unternehmen. Auch einen richtigen Nutzen können viele Unternehmer in dem klassisch betriebenen »traditionellen« Arbeitsschutz kaum erkennen.

Deswegen liegt dem Check »Guter Mittelstand: Erfolg ist kein Zufall« ein neues und zukunftsweisendes Arbeitsschutzverständnis zugrunde. Im Check wird Arbeitsschutz abgeleitet aus dem Nutzen, den er für den Wertschöpfungsprozess des Unternehmens besitzt.

Arbeitsschutz ist aus dieser Perspektive nicht mehr eine lästige Pflicht, bei der es in erster Linie nur darum geht, Vorschriften einzuhalten. Im Gegenteil – er stellt einen wesentlichen Faktor dar, der einen Nutzen für die Gestaltung und die Verbesserung des Wertschöpfungsprozesses besitzt.

Setzt ein Unternehmer den Check zur Weiterentwicklung ein, so wird er an vielen Stellen gar nicht bemerken, dass er zugleich auch guten Arbeitsschutz betreibt, weil er Fragen durchdenkt, mit denen er sich jeden Tag beschäftigen muss – zum Beispiel Fragen der Arbeitsvorbereitung, Organisation, Beschaffung oder des Personaleinsatzes. Der Check hilft dem Unternehmer, den Arbeitsschutz in seine Denkstrukturen zu übersetzen. Arbeitsschutz wird somit zu einem Instrument, das hilft, den Wertschöpfungsprozess besser zu gestalten. Er ist integriert in alltägliche Unternehmeraufgaben.

Dieser wertschöpfungsorientierte Arbeitsschutz wird im Folgenden genauer dargestellt.

2 Was ist wertschöpfungsorientierter Arbeitsschutz?

Wertschöpfungsorientierter Arbeitsschutz betrachtet detailliert alle Schritte des Wertschöpfungsprozesses, um die Potenziale des Arbeitsschutzes frühzeitig in Entwicklungs- und Planungsschritte im Unternehmen zu integrieren. Seine Potenziale bestehen darin, sichere und gesundheitsgerechte sowie zuverlässige und störungsfreie Abläufe zu ermöglichen. Um dieses Ziel zu erreichen, werden Risiken aus Arbeitsprozessen frühzeitig analysiert und vorausschauend Maßnahmen eingeleitet (Methode).

Konkret bedeutet dies:
- Die Gefährdungsbeurteilung im Rahmen der Arbeitsvorbereitung so einzusetzen, dass Prozesse vorausschauend geplant werden und sich möglichst wenig Fehler und Störungen ereignen.
- Mit dem Risikomanagement werden nicht nur Finanzrisiken erfasst, sondern auch konkrete Risiken an den Arbeitsplätzen und durch unzureichende Arbeitsbedingungen.

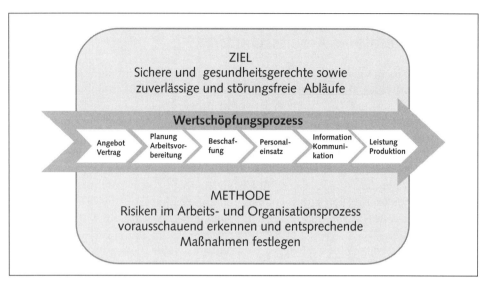

Abb. 1: Potenziale des Arbeitsschutzes

- Der Personaleinsatz ist so gestaltet, dass die Mitarbeiter für ihre Aufgaben geeignet und gut über sie informiert sind – zum Beispiel durch Qualifizierung, Unterweisung, arbeitsmedizinische Betreuung und Wissensmanagement.
- Ressourcen werden effektiv genutzt durch eine vorausschauende Arbeitsgestaltung – zum Beispiel durch sichere Arbeitsmittel, ergonomisch gestaltete Arbeitsplätze und Arbeitsumgebung.
- Personal wird wirkungsvoll an den Betrieb gebunden – zum Beispiel durch gut qualifizierte Führungskräfte, Weiterbildungsangebote für Mitarbeiter, Angebote zur Förderung der Gesundheit, gute Arbeitsbedingungen auch für ältere Beschäftigte und einen hohen Sicherheitsstandard. All diese Maßnahmen sind Investitionen und führen mittelfristig zu einem Imagegewinn, sodass Menschen in einem solchen Betrieb gerne arbeiten wollen.
- Rechtsverletzungen werden vermieden – zum Beispiel durch Einhaltung der Arbeitsschutzvorschriften. Dieser Aspekt ist zwar für ein Unternehmen zunächst eher ein Nebenaspekt, weil es in erster Linie darum geht, produktiv am Markt zu bestehen. Dennoch vermeidet eine rechtskonforme Betriebsweise unnötige Produktionsunterbrechungen und trägt damit indirekt zum eigentlichen Unternehmenszweck bei.

Um alle diese Potenziale eines wertschöpfungsorientierten Arbeitsschutzes zu nutzen, sind die folgenden Aspekte zu beachten.

Prävention

Wertschöpfungsorientierter Arbeitsschutz ist präventiv. Er trägt mit dazu bei, Arbeitsprozesse vorausschauend zu gestalten. Fehler, Unfälle oder Störungen im Arbeitsablauf sollen erst gar nicht entstehen. Risiken werden zu Beginn der Prozesse vorausschauend analysiert und eingeschätzt. Dann werden Maßnahmen zum reibungslosen und zuverlässigen Ablauf eingeleitet. Der wertschöpfungsorientierte Arbeitsschutz beschreibt somit eine präventive Arbeits- und Organisationsgestaltung.

Integration

Wertschöpfungsorientierter Arbeitsschutz ist in die betrieblichen Prozesse integriert. Er betrachtet nicht nur die unmittelbaren Arbeitsbedingungen in der Produktion oder bei der Leistungserbringung, also die eigentliche Tätigkeit, den Arbeitsplatz oder die eingesetzten Arbeitsmittel. Wertschöpfungsorientierter Arbeitsschutz ist vielmehr in alle einzelnen Schritte der Wertschöpfung integriert. Die Ursachen für Probleme und Störungen oder umgekehrt die Gründe für zuverlässige und fehlerarme Abläufe liegen fast ausschließlich in den Prozessen der Wertschöpfung, die dem konkreten Arbeitsplatz und der konkreten Tätigkeit vorgelagert sind. Der wertschöpfungsorientierte Arbeitsschutz betrachtet alle Schritte des Prozesses, um die tatsächlichen Ursachen für Fehler, Störungen, Probleme im Ablauf, Ursachen für Beinahe-Unfälle und Unfälle zu erkennen und Maßnahmen einzuleiten.

Prozessorientierung

Wertschöpfungsorientierter Arbeitsschutz ist als ein ständiger Prozess anzusehen. Er ist Bestandteil des kontinuierlichen Verbesserungsprozesses (KVP) im Unternehmen. Er überprüft alle festgelegten Maßnahmen auf Wirksamkeit, bezieht dabei die beteiligten Beschäftigten ein und legt entsprechende Verbesserungsmaßnahmen fest.

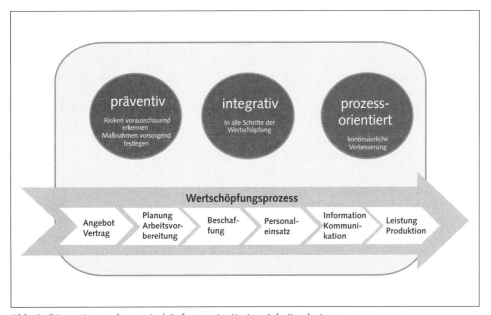

Abb. 2: Dimensionen des wertschöpfungsorientierten Arbeitsschutzes

Die Potenziale des Arbeitsschutzes liegen also nicht darin, Fehler, Störungen und Unfälle zu korrigieren, sondern darin, sie zu vermeiden. Arbeitsschutz hilft, täglich besser zu werden. Die eigentlichen Potenziale des Arbeitsschutzes liegen im präventiven Effekt, mit dessen Hilfe alle Wertschöpfungsprozesse kontinuierlich verbessert werden. Ein solcher Arbeitsschutz ist Voraussetzung dafür, dass Beschäftigte produktiv, sicher, motiviert und kundenorientiert arbeiten.

Voraussetzung ist aber, dass tatsächlich alle Stufen des Wertschöpfungsprozesses betrachtet werden. Dies wird an einigen Beispielen dargestellt:

Beispiel Auftragsvergabe

Im Angebot des Unternehmens, im geschlossenen Vertrag zur Übernahme der Leistung sowie in der zugrunde liegenden Kostenkalkulation werden die Bedingungen für die Durchführung der Arbeiten festgelegt. Eine qualitativ hochwertige, sichere und gesundheitsgerechte Umsetzung des Auftrages ist häufig nicht möglich, weil die vereinbarten Bedingungen im Vertrag dies nicht zulassen. Ein Gerüst, das nicht einkalkuliert wurde, kann hinterher nur mit erhöhtem, insbesondere finanziellem Aufwand gestellt werden. Wer im Vertrag die qualitätsorientierten und sicheren Arbeitsbedingungen nicht vorsieht, kann später die Möglichkeiten eines guten Arbeitsschutzes nicht nutzen.

Viele gute Unternehmen, die es sich leisten können, nehmen deswegen bestimmte Aufträge auch nicht mehr an.

Beispiel öffentliche Aufträge

Viele Unternehmen legen Kriterien fest, nach denen Aufträge angenommen oder abgelehnt werden. In ihnen sind die Belange des Arbeitsschutzes ausreichend berücksichtigt, um die Qualität und Sicherheit bei der Durchführung von Aufträgen gewährleisten zu können. Beispielsweise nehmen gute Bauunternehmen nicht mehr an allen Ausschreibungen öffentlicher Auftraggeber teil. Das liegt darin begründet, dass nicht alle öffentlichen Auftraggeber den vorhandenen Spielraum bei den Vergaberichtlinien vollständig ausschöpfen, sondern ihr Hauptaugenmerk darauf legen, die Maßnahmen so kostengünstig wie irgend möglich umzusetzen – oftmals auf Kosten des Arbeitsschutzes.

Beispiel Arbeitsvorbereitung

In der Arbeitsvorbereitung werden unternehmensintern die konkreten Bedingungen für den Arbeitsprozess festgelegt. Dabei wird entschieden, wie die Arbeitsbedingungen aussehen, welche Mittel wie eingesetzt werden, wie die Prozesse zu gestalten sind, wie die Arbeiten koordiniert werden, welche Finanz- und Zeitressourcen zur Verfügung stehen, welche Arbeitsstoffe eingesetzt werden oder welche Partnerfirmen bzw. Subunternehmen zum Einsatz kommen.

Hat der Arbeitsprozess bereits begonnen, sind Änderungen nur sehr schwer umsetzbar. Arbeitsschützer werden folglich als störend empfunden. Damit wird das Gegenteil von dem erreicht, was Arbeitsschutz eigentlich will und kann. Sein Potenzial kann nur dann genutzt werden, wenn er präventiv bereits bei der Planung von Arbeitsprozessen berücksichtigt wird.

Beispiel Einkauf

Bereits bei der Beschaffung fällt das Unternehmen wichtige Entscheidungen über die Gestaltung der Arbeitsumgebung, die -mittel, die -stoffe sowie über die Beauftragung der Lieferanten und Subunternehmen. Die Beschaffungsabteilung entscheidet vor allem über die Qualität von Technik, Ergonomie und Lieferanten. Sie bestimmt auch, ob die Arbeitsumgebung die produktiven Abläufe der Beschäftigten fördert oder hemmt, und ob die Arbeitsmittel so gestaltet sind, dass sie der Aufgabe angemessen sind und ein weitgehend fehler- und störungsfreies Arbeiten ermöglichen. Auch hier gilt es, den Arbeitsschutzgedanken bereits in der Planungs- und Vorbereitungsphase zu verfolgen. Werden die Anliegen des Arbeitsschutzes erst danach berücksichtigt, kann nur noch mit großem Aufwand korrigiert werden. (»Jetzt haben wir gerade neue Laptops, und jetzt kommt der mit seinen entspiegelten Monitoren!«) Organisatorische Defizite führen zu großen Nachteilen, vielleicht sogar zu hohen Kosten. Arbeitsschutz entfaltet seine Potenziale dort, wo die Ursachen der Probleme liegen (bei der Beschaffung des Laptops und nicht erst dann, wenn ein Beschäftigter ihn einsetzt und erkennt, dass der Monitor ungeeignet ist).

Beispiel Personalplanung

Bei der Personal- und Zeitplanung werden gleichfalls wesentliche Bedingungen für den Einsatz der Beschäftigten festgelegt. Hier wird über die Eignung von Mitarbeitern für die Arbeitsaufgaben, ihre Kompetenzen, die Voraussetzungen für den Einsatz, die Belastungsformen, Arbeitszeit oder Beschäftigungsbeschränkungen entschieden. Schon sehr früh können bei der Personalplanung die Weichen in eine falsche Richtung gestellt werden und schon sehr früh sollten Arbeitsschutzmaßnahmen berücksichtigt werden. Nicht geeignete Beschäftigte können ihre Arbeitsaufgabe nicht sicher, gesund und qualitätsgerecht erfüllen. Über- oder unterforderte Mitarbeiter werden ihre Arbeitsaufgaben kaum als motivierend empfinden und können daher auch nur schwer zu produktiver Arbeit angeregt werden.

Beispiel Information

Mitarbeiter werden ihre Aufgaben nur dann gut umsetzen können, wenn sie gut informiert sind. Wer nicht genau weiß, was zu tun ist, wird nicht produktiv und störungsfrei arbeiten können. Zur ausreichenden Information über eine Aufgabe gehört aber nicht nur, was genau zu tun ist. Man muss auch wissen, in welchem Zusammenhang zum gesamten Produkt die Aufgabe steht. Wo kann ich bei Bedarf weitere Informationen erhalten? Welche Probleme und Gefährdungen können bei der Arbeit auftreten? Wie ist die Arbeit mit anderen Aufgaben zu koordinieren? Wie kann sie sicher und gesundheitsgerecht bearbeitet werden? Wer trägt welche Verantwortung und wer ist weisungsbefugt? Wer das Thema Arbeitsschutz nur in die jährliche »Pflicht«-Unterweisung packt, wird nicht auf gut informierte Mitarbeiter bauen können.

Wertschöpfungsorientierter Arbeitsschutz beginnt also immer bei der Planung, bei der Vorbereitung, bei der Analyse (siehe Abbildung 3) – das ist nicht immer einfach aber wirkungsvoll.

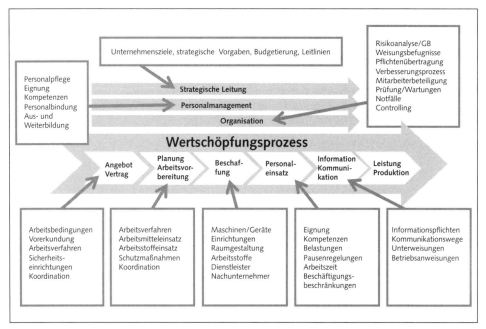

Abb. 3: Beispiele für Arbeitsschutz im Wertschöpfungsprozess

In Abbildung 4 werden die Unterschiede zwischen einem traditionellen Arbeitsschutzverständnis und dem wertschöpfungsorientierten Arbeitsschutz dargestellt.

3 Der wertschöpfungsorientierte Arbeitsschutz im Check »Guter Mittelstand«

Der Check »Guter Mittelstand: Erfolg ist kein Zufall« ermöglicht einen wertschöpfungsorientierten Arbeitsschutzansatz. Seine Potenziale werden für alltägliche Arbeitsaufgaben zur Gestaltung und Steuerung des Wertschöpfungsprozesses selbstverständlich und aktiv genutzt. Hier einige Beispiele:

- Strategie bedeutet im Check auch, eine Organisation zu schaffen, die Sicherheit und Gesundheit als strategische Vorgaben berücksichtigt.
- Risikobewertung verlangt nicht nur, sich um finanzielle und materielle Risiken, sondern auch um Gefährdungen und Belastungen aus den Arbeitsbedingungen (Gefährdungsbeurteilung) zu kümmern.
- Gute Organisation heißt verständliche Unterweisung und lesbare Betriebsanweisungen.

Traditioneller Arbeitsschutz	Entwick-lungs-spektrum	Wertschöpfungsorientierter Arbeitsschutz
geht von Vorschriften aus	←→	geht vom Wertschöpfungsprozess aus
belegt Nutzen der Maßnahmen für Unfallverhütung	←→	belegt Nutzen der präventiven Maßnahmen für Wertschöpfungsprozess
zielt auf Unfallverhütung (und versucht die Wirtschaftlichkeit seiner Maßnahmen nachzuweisen) sowie auf Rechtssicherheit	←→	zielt auf Produktivität, Leistungsbereitschaft, Fehlervermeidung (und Unfallvermeidung als Folge davon) sowie auf Rechtssicherheit
pflegt und fördert mängelfreie Technik und unterwiesene Beschäftigte	←→	pflegt und fördert Ressourcen (Menschen, soziale Beziehungen, Arbeitsmittel, Gebäude)
ist technikorientiert	←→	ist prozessorientiert
betrachtet Einzelprobleme – monokausale Lösungen (Schutzeinrichtung defekt, Mängel beseitigen)	←→	betrachtet Arbeitssysteme – systemische Lösungen
ist ein Thema von Experten	←→	ist integriert in die Arbeitsabläufe und in das Führungsverhalten
organisiert nur die Belange des Arbeitsschutzes	←→	ist ein nützlicher Beitrag zur Gesamtorganisation des Unternehmens
versteht eine Gefährdungsbeurteilung als Betrachtung von Einzelproblemen	←→	nutzt die Gefährdungsbeurteilung als Betrachtung von Wertschöpfungsprozessen
sieht in der Gefährdungsbeurteilung ausschließlich ein Arbeitsschutzinstrument	←→	betreibt die Gefährdungsbeurteilung als Teil der betrieblichen Risikobetrachtung und des Verbesserungsprozesses
ist eine (geduldete) Zusatzaufgabe im Unternehmen	←→	ist erwünschter Bestandteil des Risikomanagements

Abb. 4: Unterschiede zwischen traditionellem und wertschöpfungsorientiertem Arbeitsschutz

- Kostengünstige Beschaffung umfasst sichere Arbeitsmittel, weniger gefährliche Ersatzstoffe und die Einhaltung von Prüf- und Wartungsintervallen.

Der Check berücksichtigt alle relevanten Themen des Arbeitsschutzes. Damit zeigt er auch den Nutzen modernen Arbeitsschutzes, und wie er sich in Prozesse integrieren lässt. Der Check ist eine wertvolle Praxishilfe auch für Arbeitsschutzberater, um mit einem wertschöpfungsorientierten Beratungsangebot Zugang zum Unternehmen zu finden.

Der Check bietet aber noch weiteres Potenzial: Der *Nationale Leitfaden für Arbeitsschutzmanagementsysteme* beschreibt, welche Anforderungen an ein Arbeitsschutzmanagementsystem zu stellen sind. Wer den Check »Guter Mittelstand« sorgfältig umsetzt, erfüllt gleichzeitig alle wesentlichen inhaltlichen Anforderungen an ein Arbeitsschutzmanagementsystem (siehe Abbildung 5).

Dies bedeutet nicht, dass Unternehmen, die den Check durch Maßnahmen umsetzen, automatisch über ein zertifiziertes Arbeitsschutzmanagementsystem verfügen. Sichtbar wird aber, dass mit dem Check ein systematischer und integrativer Arbeitsschutz umgesetzt werden kann und damit gute Voraussetzungen für eine erfolgreiche Zertifizierung bestehen.

Nationaler Leitfaden für AMS (Arbeitsschutzmanagementsysteme)		Check »Guter Mittelstand: Erfolg ist kein Zufall«	
Hauptelement/Teilelement	Abschn.	Nr.	Checkpunkt
Politik			
Arbeitsschutzpolitik	2.1	1.2	Strategie – Arbeitsorganisation
		7.1	Unternehmenskultur – Arbeitskultur und Werte
Arbeitsschutzziele	2.2	1.2	Strategie – Arbeitsorganisation
Organisation			
Bereitstellung von Ressourcen	2.3	2.3	Liquidität – Risikoeinschätzung
		8.2	Personalentwicklung – Einsatzbedingungen und Ressourcen
		9.2	Prozesse – Fehlervermeidung
Zuständigkeit und Verantwortung	2.4	6.1	Organisation – Weisungs- und Verantwortungsbereiche
Mitwirkung, Rechte und Pflichten der Beschäftigten	2.5	4.3	Führung – Beschäftigte einbeziehen
		11.4	Innovation – Erfahrungen nutzen
Qualifikation und Schulung	2.6	6.3	Organisation – Information und Kommunikation
		8.1	Personalentwicklung – Entwicklungsmöglichkeiten
		10.2	Beschaffung – Spezifikationen
Dokumentation	2.7	–	–
Kommunikation und Zusammenarbeit	2.8	6.3	Organisation – Information und Kommunikation
		9.1	Prozesse – reibungslose Prozesse
Planung und Umsetzung			
Erstmalige Prüfung	2.9	6.5	Organisation – Arbeitsmitteleinsatz
Ermittlung von Verpflichtungen	2.10	3.1 – 3.6	Risikobewertung
Ermittlung von Arbeiten, Abläufen und Prozessen (Planung)	2.11	6.2	Organisation – Organisation und Improvisation
		9.1	Prozesse – reibungslose Prozesse
		9.2	Prozesse – Fehlervermeidung
Beurteilung von Gefährdungen	2.12	3.4	Risikobewertung – Arbeitsbedingungen

Nationaler Leitfaden für AMS (Arbeitsschutzmanagementsysteme)		Check »Guter Mittelstand: Erfolg ist kein Zufall«	
Hauptelement/Teilelement	Abschn.	Nr.	Checkpunkt
Vorbeugung von Gefährdungen	2.13	3.4	Risikobewertung – Arbeitsbedingungen
		6.2	Organisation – Organisation und Improvisation
		9.1	Prozesse – reibungslose Prozesse
Maßnahmen zur Vermeidung oder Minimierung von Gefährdungen	2.13.1	6.4	Organisation – Arbeitsplatzgestaltung
		6.5	Organisation – Arbeitsmitteleinsatz
		9.2	Prozesse – Fehlervermeidung
		10.1 – 10.6	Beschaffung
Regelungen für Betriebsstörungen und Notfälle	2.13.2	6.6	Organisation – Notfallvorsorge
Beschaffungswesen	2.13.3	10.1 – 10.6	Beschaffung
Zusammenarbeit mit Kontraktoren	2.13.4	9.4	Prozesse – Zusammenarbeit und Koordination
		10.3	Beschaffung – Lieferanten und Subunternehmer
		10.4	Beschaffung – Verträge
Arbeitsmedizinische Vorsorge, Gesundheitsförderung	2.13.5	4.6	Führung – Meine eigene Gesundheit
		8.1	Personalentwicklung – Entwicklungsmöglichkeiten
		9.3	Prozesse – Eignung der Personen
Änderungsmanagement	2.14	7.4	Unternehmenskultur – aus Fehlern lernen
		9.6	Prozesse – Verbesserungen
Messung und Bewertung			
Leistungsüberwachung und Messung	2.15	4.5	Führung – Kontrolle und Ergebnisbewertung
Untersuchungen	2.16	6.6	Notfallvorsorge
Interne Audits	2.17	9.6	Prozesse – Verbesserungen
Bewertung durch die oberste Leitung	2.18	4.5	Führung – Kontrolle und Ergebnisbewertung
Verbesserungsmaßnahme			
Vorbeugungs- und Korrekturmaßnahmen	2.19	6.1 – 6.5	Organisation
Kontinuierliche Verbesserung	2.20	7.4	Unternehmenskultur – aus Fehlern lernen
		11.1 – 11.4	Innovation

Abb. 5: Vergleich Nationaler Leitfaden für Arbeitsschutzsysteme – Check »Guter Mittelstand: Erfolg ist kein Zufall«

4   Wie kann mein Unternehmen den Check »Guter Mittelstand« für den Arbeitsschutz nutzen?

Unternehmer sollten die Potenziale des Arbeitsschutzes, wie sie im Check »Guter Mittelstand« enthalten sind, für ihre Wertschöpfung aktiv nutzen. Denn wertschöpfungsorientierter Arbeitsschutz öffnet viele Wege, um Ressourcen besser einsetzen und nutzen zu können. Gleichzeitig hilft der Check dem Unternehmer, seiner Fürsorgepflicht gegenüber seinen Mitarbeitern besser nachzukommen und seine gesetzlichen Verpflichtungen zu erfüllen.

Unternehmer, die sicher sein wollen, die wesentlichen Anforderungen des Arbeitsschutzes zu erfüllen, sollten vor allem folgende Checkpunkte berücksichtigen:

1.2   Strategie – Arbeitsorganisation: Arbeitsschutz als Bestandteil der Unternehmensleitlinien – Verbesserung des Arbeitsschutzes als KVP

3.4   Risikobewertung – Arbeitsbedingungen: Gefährdungsbeurteilung

4.1   Führung – Arbeitsaufträge und Erwartungen: Eindeutige Arbeitsaufträge mit Hinweisen zum sicheren Verhalten

4.2   Führung – Vorbildverhalten und Wertschätzung: Vorbildfunktion der Führungskraft im Arbeitsschutz

4.3   Führung – Beschäftigte einbeziehen: Beteiligung der Beschäftigten

6.1   Organisation – Weisungs- und Verantwortungsbereiche: Wer ist wofür verantwortlich – Pflichtenübertragung

6.2   Organisation – Organisation und Improvisation: Klare Regelungen zum Arbeitsschutz – Arbeitsanweisungen/Betriebsanweisungen

6.3   Organisation – Information und Kommunikation: Unterweisung, Betriebsanweisungen

6.4   Organisation – Arbeitsplatzgestaltung: Ergonomie und sozialer Arbeitsschutz

6.5   Organisation – Arbeitsmitteleinsatz: Prüfung von Arbeitsmitteln

6.6   Organisation – Notfallvorsorge: Erste Hilfe und Brandschutz

7.1   Unternehmenskultur – Arbeitskultur und Werte: Klares Bekenntnis zu Sicherheit und Gesundheit

8.2   Personalentwicklung – Einsatz und Ressourcen: Fachliche, persönliche, organisatorische und technische Voraussetzungen für den Personaleinsatz

9.2   Prozesse – Fehlervermeidung: Maßnahmen der Arbeitsprozessgestaltung

9.3   Prozesse – Eignung der Personen: Qualifikation, Nachweise, arbeitsmedizinische Vorsorge

9.4   Prozesse – Zusammenarbeit und Koordination: Fremdfirmenmanagement

9.6   Prozesse – Verbesserung: Kontinuierliche Verbesserung der Arbeitsschutzmaßnahmen

10.1   Beschaffung – Kriterien: Sichere Betriebsmittel

10.3   Beschaffung – Lieferanten und Subunternehmer: Sicherheits- und Gesundheitsanforderung an Lieferanten und Subunternehmer

10.5   Beschaffung – Gefährliche Stoffe: Umgang mit Gefahrstoffen

11.1   Innovation – Impulse und Motivation: Ideen und Vorschlagswesen zur Verbesserung der Arbeitssicherheit und der Gesundheit

Bei der Bearbeitung dieser Checkpunkte kann eine Beratung durch eine Fachkraft für Arbeitssicherheit oder einen Betriebsarzt hilfreich sein. Auch die Präventionsberater der Berufsgenossenschaften können hinzugezogen werden.

Gefährdungsbeurteilung

Übrigens: Werden die oben dargestellten Punkte im Unternehmen gezielt bearbeitet und dort, wo erforderlich, konkrete Maßnahmen, verantwortliche Personen und Termine zur Umsetzung sowie zur Wirksamkeitskontrolle festgelegt, kann dies als Teil der Gefährdungsbeurteilung für den Bereich Arbeitsschutzorganisation betrachtet werden. Deshalb sollten diese Checkpunkte mit den dazugehörigen Angaben gemäß Arbeitsschutzgesetz §§ 5 und 6 schriftlich dokumentiert werden.

5 Die fünf wichtigsten Tipps

Tipp 1: Sehen Sie Arbeitsschutz nicht als Maßnahme, bei der es nur um Vorschriften und Zusatzaufwand geht, sondern als etwas, das Ihnen hilft, Ihre Arbeit besser zu machen.
Erkennen Sie für sich selbst den Arbeitsschutz als Instrument, das Ihnen bei Ihrer täglichen Aufgabe hilft, die Motivation Ihrer Beschäftigten auf einem optimalen Niveau zu erhalten.

Tipp 2: Nutzen Sie den Check »Guter Mittelstand« für Ihre Wertschöpfung und integrieren Sie den Arbeitsschutz gezielt in Ihre Abläufe.
Der Check »Guter Mittelstand« hilft Ihnen, die Potenziale des Arbeitsschutzes für einen produktiven Einsatzes Ihrer Mitarbeiter in Ihre alltäglichen Überlegungen einzubinden.

Tipp 3: Nutzen Sie die weitergehenden Praxishilfen in der Online-Toolbox zum Check »Guter Mittelstand«, um mit Arbeitsschutz erfolgreicher zu werden.
Auf der Onlineseite www.offensive-mittelstand.de finden Sie weitere Hinweise zum Arbeitsschutz, die Ihnen dabei helfen, die von Ihnen festgelegten Maßnahmen besser umzusetzen.

Tipp 4: Nutzen Sie den Check »Guter Mittelstand« für die Organisation der Gefährdungsbeurteilung.
Nutzen Sie den Check »Guter Mittelstand«, um den Einstieg in den Organisationsteil der Gefährdungsbeurteilung umzusetzen. Dazu

> sind die Punkte mit integriertem Arbeitsschutz (1.2, 3.4, 4.3, 6.1, 6.3, 6.4, 6.5, 6.6, 8.2, 9.2, 9.3, 9.4, 9.6, 10.1, 10.3, 10.5, 11.1) durchzuarbeiten und zu dokumentieren.
>
> **Tipp 5:** Ziehen Sie Ihre Fachkraft für Arbeitssicherheit und Ihren Betriebsarzt bei Fragen hinzu.
> Wenn Sie Fragen zum Arbeitsschutz haben, lassen Sie sich von Experten beraten. Dazu gehören Ihre Fachkraft für Arbeitssicherheit, der Betriebsarzt sowie der Präventionsberater Ihrer Berufsgenossenschaft.

6   Literatur

Bundesanstalt für Arbeitsschutz und Arbeitsmedizin (BAUA) (Hrsg.): Nationaler Leitfaden für Arbeitsschutzmanagementsysteme, Dortmund 2002.
In dem nationalen Leitfaden sind die Kriterien und die Standards für ein Arbeitsschutzmanagementsystem beschrieben.

Cernavin, O./Luczak, H./Scheuch, K./Sonntag, K.: Innovative Arbeitsschutzforschung, in: Luczak, H./M. Rötting (Hrsg.), forum arbeitsschutz, Bremerhaven 2001.
Dieses Buch enthält die Ergebnisse der Bilanzierung der Arbeitsschutzforschung mit vielen Hinweisen für einen modernen und nützlichen Arbeitsschutz.

Cernavin, O./Georg, A.: Praxishandbuch Arbeitsschutz – Instrumente für Unternehmer und Fachkräfte, Wiesbaden 2004.
Das Buch enthält Informationen und Praxishilfen für einen wertschöpfungsorientierten Arbeitsschutz für kleine und mittelständische Unternehmen.

Deutsches Institut für Normung (DIN) (Hrsg.): Wertschöpfung, Management, Arbeitsschutz, in: Leitfaden Arbeitsschutzmanagement, Berlin 2004.
Der Einleitungs-Beitrag »Wertschöpfung, Management, Arbeitsschutz« in dem zweibändigen Ordner des DIN beschreibt die Grundlagen eines wertschöpfungsorientierten Arbeitsschutzes.

Das Arbeiten mit den Instrumenten aus Sicht eines Beraters

Rainer Liebenow*

1	Unternehmensberatung in der Offensive Mittelstand
2	Grundlegende Funktionen der Mittelstandsberatung
3	Beratersicht: Nutzen der Instrumente der Offensive Mittelstand in der Beratung
4	Berater der Offensive Mittelstand – und was nun?
5	Erfahrungen mit dem Einsatz der Instrumente
6	Förderung der Mittelstandsberatung in Deutschland
7	Die fünf wichtigsten Tipps für Berater
8	Literatur

* Dipl.-Kfm. Rainer Liebenow ist Geschäftsführer und Berater der AS(S) Unternehmensberatung GmbH und des Instituts für systematisches Betriebsmanagement GmbH, Mitglied im regionalen Netzwerk Guter Mittelstand Hamburg und Schleswig-Holstein sowie autorisierter Berater der Offensive Mittelstand.

1 Unternehmensberatung in der Offensive Mittelstand

Die Offensive Mittelstand hat die Instrumente Leitfaden und Check »Guter Mittelstand: Erfolg ist kein Zufall« entwickelt, um auch den Prozess und die Qualität in der Unternehmensberatung von kleinen und mittelständischen Unternehmen zu optimieren. Diese Instrumente geben den Beratern von kleinen und mittelständischen Unternehmen eine systematische Potenzialanalyse der Kunden mit Handlungsanweisungen an die Hand. Der Check ist sowohl für die Unternehmen als auch für die Berater Qualitätsstandard und eine Orientierungshilfe im Beratungsprozess.

Vor allem für kleine Unternehmen ist es nicht einfach, sich den Herausforderungen des demografischen Wandels, des Wandels der Arbeit und der Globalisierung der Märkte zu stellen. Die hohe Intensität der alltäglichen Abeitsbelastung lässt der Führung nur wenig Zeit für die notwendige strategische Ausrichtung des Unternehmens und die teilweise schon überfälligen organisatorischen Anpassungen.

Zur Bewältigung und Unterstützung der Unternehmensführung stehen eine Vielzahl von Beratern in verschiedenen Disziplinen aus Organisationen (Kammern, Verbänden, Innungen, Berufsgenossenschaften, Krankenkassen u.a.) und freie Unternehmensberater zur Verfügung. Festzustellen ist aber, dass der hohe bestehende Beratungsbedarf, der bei den kleinen und mittelständischen Unternehmen nachweislich vorhanden ist, nicht zu einer entsprechenden Beratungsnachfrage durch die Unternehmensführung führt.

Als Gründe für diese Nachfragelücke werden in Studien und Umfragen überwiegend Folgende genannt:
- fehlende Transparenz im Beratermarkt,
- eigene negative Erfahrungen mit Beratern,
- Zweifel an der Qualifikation und den Kompetenzen der Berater,
- teilweise hohe Kosten gepaart mit einem ungewissen Ergebnis, insbesondere in Hinsicht auf den tatsächlichen betrieblichen Nutzen,
- Angst vor Abhängigkeiten von Beratern, die sich im Unternehmen unverzichtbar machen und sich in der Organisation einnisten.

In Deutschland unterliegt die Tätigkeit des Unternehmensberaters keinem Berufsschutz. Die Qualifikation und die Kompetenz des Beraters ist für den potenziellen mittelständischen Kunden nicht so einfach zu erkennen. Eine wesentliche Voraussetzung für den qualifizierten Berater der Offensive Mittelstand (OM-Berater) ist es, sich vom negativen Beraterimage abzuheben. Daher sollte sich der OM-Berater zu folgenden Handlungsweisen verpflichten:
- **Unabhängigkeit** des Unternehmensberaters von Dritten, insbesondere, wenn Entscheidungen über Lieferanten oder andere Marktpartner des Klienten anstehen,
- **Objektivität** der Beratung unter Berücksichtigung aller Chancen und Risiken,
- **Kompetenz:** Beraten wird nur in Feldern, in denen der Unternehmensberater nachweislich Kompetenz erlangt hat,
- **Vertraulichkeit:** Keine der im Beratungsprozess erworbenen Kenntnisse und Informationen gelangen an Dritte.

Die Instrumente der Offensive Mittelstand und die qualitätsgesicherte Qualifikation zum OM-Berater schaffen sowohl für die kleinen und mittelständischen Unternehmen als auch für die OM-Berater eine gemeinsame Vertrauensbasis auf Grundlage anerkannter Qualitätsstandards.

2   Grundlegende Funktionen der Mittelstandsberatung

Eine Unternehmensberatung soll bestimmte Wirkungen erzielen, die durch vier grundlegende Funktionen dargestellt werden:

- Wissenstransfer
- Objektivierung
- Entwicklung und Innovation
- Wirtschaftlichkeit

Wissenstransfer

Eine der wichtigsten Beratungsfunktionen aus Sicht des Unternehmens ist es, das fachliche und methodische Wissen des Beraters zur Lösung der betrieblichen Probleme und zur Nutzung von Wettbewerbschancen in das zu beratende Unternehmen zu transferieren. Die Instrumente der Offensive Mittelstand helfen dabei, den Beratungsbedarf des Unternehmens systematisch und ganzheitlich zu erkennen und gleichzeitig einen strukturierten und beteiligungsorientierten Wissenstransfer ins Unternehmen zu fördern. Die praktischen und branchenbezogenen Erfahrungen des Beraters sind Voraussetzung für die Glaubwürdigkeit und die Akzeptanz des Beraters bei der Führung und bei den Mitarbeitern im zu beratenden Unternehmen.

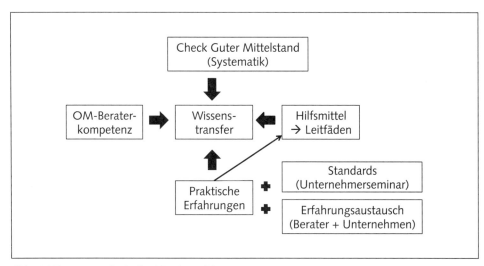

Abb. 1: Wissenstransfer in der Mittelstandsberatung

Die Praxishilfen, das standardisierte Unternehmerseminar und der regelmäßige Erfahrungsaustausch zwischen Unternehmern und Beratern in den regionalen Netzwerken der Offensive Mittelstand fördern den Wissenstransfer über den eigentlichen Beratungsprozess hinaus. Diese zusätzlichen Aktivitäten der Offensive Mittelstand sorgen für die Nachhaltigkeit der angestrebten Wissensgewinnung auf einer gemeinschaftlichen Basis von Unternehmen und Berater.

Objektivierung

In der Objektivierungsfunktion nimmt der Berater die Rolle des außenstehenden Fachmanns ein, um die Führung in die Lage zu versetzen, ggf. eigene Betriebsblindheit zu überwinden und sich mit anderen Sichtweisen auseinanderzusetzen. Hierbei besteht seine Aufgabe nicht nur darin, das Unternehmen auf problematische Strukturen oder Prozesse hinsichtlich der unternehmerischen Zielsetzung zu analysieren, sondern auch Einblicke in die emotionalen und sozialen Strukturen innerhalb des Unternehmens zu gewinnen. Da die Sozialkompetenz der Mitarbeiter und die emotionale Dynamik innerhalb des Unternehmens maßgeblich zur Qualität der Leistung beitragen, hilft ein kompetenter Berater dabei, diese Prozesse zu objektivieren, was von entscheidender Bedeutung für die Beratungsqualität ist.

Entwicklung und Innovation

Zukunftssicherung und Wettbewerbsfähigkeit zielen immer auf betriebliche Veränderungen ab. Sich anpassen oder einen Vorsprung erarbeiten bedeutet, Entwicklung und Innovation von Produkten, Unternehmensprozessen und -konzepten voranzubringen. Hierzu zählt auch die Optimierung von Kommunikationsstrukturen, Entscheidungswegen und Kundenumgang sowie die Analyse, welche der Neuerungen und Entwicklungen in die Organisation des Unternehmens in Leitfäden, Handbüchern und Unterweisungsmedien eingebracht werden sollen.

Wirtschaftlichkeit

Die Betrachtung der Wirtschaftlichkeit ist der vierte Aspekt des Beratungsprozesses. Die Anreicherung der bekannten betriebswirtschaftlichen Analysen und Kosten-Nutzen-Modelle mit der systematischen und ganzheitlichen Betrachtung des Checks »Guter Mittelstand« stiftet einen Mehrwert. Die elf Themenschwerpunkte des Checks erweitern die Sichtweise einer rein monetären Bewertung eines Unternehmensprozesses hin zu seinen wertschöpfenden aktuellen und zukünftigen Potenzialen. Hierdurch gelingt es einfacher, auch ein krisenbelastetes Unternehmen wieder wirtschaftlicher auszurichten und ihm durch den Versuch einer Neugestaltung der finanziellen Situation wieder Handlungsspielraum einzuräumen.

In der Praxis sind darüber hinaus auch latente Beratungsfunktionen festzustellen. Häufig soll beispielsweise eine bereits getroffene Entscheidung nochmals durch einen externen Fachmann bestätigt werden. Dies kann im schlechtesten Fall als reine Alibifunktion zur moralischen Entlastung der Unternehmensleitung gegenüber Betroffen bei einem bereits beschlossenen Personalabbau dienen, weil von vornherein andere Entscheidungsszenarien ausgeschlossen werden.

3 Beratersicht: Nutzen der Instrumente der Offensive Mittelstand in der Beratung

Um den Nutzen der Instrumente der Offensive Mittelstand aus Beratersicht abzuleiten, wird nachfolgend zuerst der Beratungsprozess mit den Instrumenten dargestellt.

Der Check mit seinen elf Themen kann wie ein Werkzeugkasten genutzt werden und ist gleichzeitig die Grundlage für eine umfassende wie auch bundesweit anerkannte Organisations- und Potenzialanalyse. Er zeigt schnell und übersichtlich die Handlungsbedarfe in allen Unternehmensbereichen auf. Es können einzelne Themen ausgewählt oder der komplette Check in der Beratung verwendet werden. So wird ein Personalberater mit den Themen Unternehmenskultur, Führung und Personalentwicklung stärker arbeiten als mit anderen Themen wie z. B. Liquidität oder Risikobewertung. In diesen Bereichen wird er eher Kooperationen mit anderen autorisierten OM-Beratern aus dem Bereich Betriebswirtschaft oder Steuerberatung nutzen.

Konsequente Anwendung des Checks »Guter Mittelstand: Erfolg ist kein Zufall«

Für den OM-Berater bedeutet das Arbeiten mit dem Check eine Veränderung der bisherigen Arbeitsweise. Die aktuell in der Beratung eingesetzten und aus Sicht des Beraters bewährten Checklisten werden durch den Check vollständig ersetzt oder spielen nur noch eine vertiefende Rolle in der Analyse von Handlungsbedarfen. Dem OM-Berater muss klar sein, dass nur die konsequente Anwendung des Checks als grundsätzliches Analyseinstrument in allen Beratungsbereichen die Identifikation mit diesem Instrument und damit auch mit der Offensive Mittelstand sichert.

Die Glaubwürdigkeit des OM-Beraters gegenüber seinen Kunden hängt von dieser Identifikation mit dem Instrument ab. Der Kunde wird wohl kein Verständnis dafür haben, wenn er sich über die Offensive Mittelstand beraten lässt, aber anschließend mit anderen Analyseinstrumenten konfrontiert wird. Jedem neuen OM-Berater wird empfohlen, den Check zuerst für die eigene Organisation zu verwenden und anschließend bei Bestandskunden einzusetzen, um einen schnellen Einstieg in das Instrument zu finden.

Idealtypischer Ablauf der qualifizierten Mittelstandsberatung

Der Beratungsprozess ist durch stets wiederkehrende Elemente gekennzeichnet. Einer Situationsanalyse (IST-Aufnahme) schließt sich die Zielformulierung (SOLL-Zustand) für das Beratungsprojekt an. Es folgen die Konzeptentwicklung, die -präsentationen, ggf. die Mithilfe (Coaching) bei der Umsetzung (Implementierung) sowie ein Maßnahmencontrolling (d. h. eine ständige Überprüfung, ob und inwieweit das gewünschte Ziel schon erreicht wurde). Der Beratungsprozess erfordert immer eine Mithilfe des Kunden.

Somit stellt die Unternehmensberatung eine Dienstleistung in Zusammenarbeit mit dem Kunden dar. Ja, es ist sogar Ziel der Beratung, dass der Unternehmer selbst möglichst schnell eigenständig weiterhandelt. Nur so wird er Vertrauen zum Berater aufbauen, einen Nutzen für sich in der Beratung sehen und ihn kontinuierlich konsultieren (nachhaltige Kundenbindung).

Der idealtypische Ablauf einer qualifizierten Mittelstandsberatung mit dem Check »Guter Mittelstand: Erfolg ist kein Zufall« ist in der Abbildung 2 dargestellt. Dabei finden sich die wesentlichen Veränderungen des bisherigen Beratungsprozesses in der Analysephase. Verschiedene Varianten der Anwendung wurden erfolgreich erprobt und können von dem autorisierten OM-Berater angewendet werden.

- Analyse mit dem Check »Guter Mittelstand:

  Erfolg ist kein Zufall«

- Präsentation der Handlungsbedarfe (Soll-Konzept)

- Erstellen und Bewerten des Maßnahmenkatalogs

- Umsetzungsberatung – Handlungs- und Praxishilfen

  empfehlen, einführen und umsetzen

- Maßnahmencontrolling zur Zielerreichung

- Begleitung der Unternehmens- und Personalentwicklung

Abb. 2: Phasen der Beratung mit den Instrumenten der Offensive Mittelstand

Variante 1: Umsetzungsunterstützung für die Geschäftsführung

Der Unternehmer bzw. Geschäftsführer führt den Check »Guter Mittelstand: Erfolg ist kein Zufall« als Selbstcheck durch und bespricht anschließend das Ergebnis mit dem OM-Berater. Als externe Stabstelle und Fachexperte unterstützt dieser den Unternehmer und seine Mitarbeiter dabei, die festgestellten Handlungsbedarfe im Unternehmen umzusetzen. Besonders die Geschäftsführung von kleineren mittelständischen Betrieben bevorzugt diese Herangehensweise. Die Beteiligung der Mitarbeiter beginnt bei dieser Variante erst in der Phase der eigentlichen Umsetzungsberatung.

Variante 2: Beteiligungsorientierte Organisationsanalyse

Die Geschäftsführung beteiligt bereits während der Ermittlung des Handlungsbedarfs die Mitarbeiter und bindet die Führung frühzeitig in die Organisationsanalyse ein. Der OM-Berater erstellt für das Unternehmen ein Workshop-Programm (siehe folgendes Beispiel).

Check »Guter Mittelstand: Erfolg ist kein Zufall« –

Workshop-Programm

1. Strategie, Liquidität und Risikobewertung

2. Marketing und Kundenpflege

3. Führung, Organisation, Personalentwicklung und

    Unternehmenskultur

4. Prozesse und Beschaffung

5. Innovation und Veränderung

Abb. 3: Workshop-Programm Beteiligungsorientierte Organisations- und Potenzialanalyse

Im dargestellten Workshop-Programm werden zuerst mit der Führung die grundsätzlichen Fragen zur Strategie, Liquidität und Rentabilität des Unternehmens besprochen und Handlungsbedarfe festgestellt. Im zweiten Teil wird das Thema Risikobewertung anhand von konkreten Beispielen im und aus dem Unternehmen bearbeitet. Die Ergebnisse werden in einen Maßnahmenkatalog aufgenommen und eine erste Bewertung mit Prioritäten vorgenommen.

Bei den weiteren Workshops sind die jeweiligen betroffenen und relevanten Mitarbeiter einzubinden. Im zweiten Workshop Marketing und Kundenpflege sollten die Mitarbeiter mit häufigem Kundenkontakt eingebunden werden (Vertrieb, Monteure, Marketing usw.).

Der Workshop Innovation und Veränderung erfordert eine interdisziplinäre Zusammensetzung der Teilnehmer (z. B. Führung, Vertrieb, Marketing, Einkauf, Forschung und Entwicklung sowie Produktion). In diesem Workshop sollten nicht nur die Fragen des Checks, sondern gleichzeitig die Motivation für den innerbetrieblichen Veränderungsprozess geklärt werden.

Variante 3: Auditierung durch den Berater

Der Berater führt mit dem Check eine Auditierung der einzelnen Unternehmensbereiche durch. Er hält mithilfe des Checks die ermittelten Handlungsbedarfe fest, bewertet die aktuellen Handlungsbedarfe und stellt einen Maßnahmenkatalog für die Besprechung mit der Geschäftsleitung auf.

Der autorisierte OM-Berater kann diese Varianten auch in verschiedenen Kombinationen anbieten und seine Vorgehensweise den betrieblichen Besonderheiten leicht anpassen. Der Nutzen der Instrumente der Offensive Mittelstand im Beratungsprozess kann schnell vom OM-Berater und seinen Kunden optimiert werden.

Weiterer Nutzen liegt für den autorisierten Berater OM in

• der anerkannten Qualifizierung zum »Autorisierten Berater Offensive Mittelstand«,

• der Qualitätssicherung durch einen organisierten Erfahrungsaustausch,

- der Marke »Autorisierter Berater Offensive Mittelstand«,
- dem Mitwirken in den regionalen Netzwerken,
- den Kooperationen und Netzwerken mit anderen OM-Beratern.

Qualifizierung zum autorisierten Berater und zur autorisierten Beraterin Offensive Mittelstand

Zur Qualitätssicherung wurde ein einheitlicher Standard für die Qualifizierung der »Autorisierten Berater Offensive Mittelstand« von der nationalen Initiative erarbeitet und vom Plenum der Offensive Mittelstand genehmigt. Die Qualifizierung zum autorisierten Berater und zur autorisierten Beraterin Offensive Mittelstand wird durch die Kerninstitutionen der Offensive Mittelstand in einem Einführungsseminar durchgeführt. Eine Kerninstitution führt in ihrem definierten Zuständigkeitsbereich Qualifizierungen zum »Autorisierten Berater Offensive Mittelstand« durch und übernimmt die Qualitätssicherung der von ihr ausgebildeten Berater. Die Kerninstitutionen werden vom Plenum der Offensive Mittelstand benannt und sind gleichzeitig Partner der Offensive Mittelstand.

Die Identifikation des Beraters mit der Offensive und den Instrumenten der Offensive Mittelstand stehen hierbei im Vordergrund. Nach Abschluss der Maßnahme erhält der Berater die Anerkennungsurkunde von der Kerninstitution, er wird in die Liste der »Autorisierten Berater Offensive Mittelstand – Gut für Deutschland« auf www.offensive-mittelstand.de eingetragen und darf die Wort- und Bildmarke »Autorisierter Berater der Offensive Mittelstand« führen und damit aktiv werben.

Vor der Autorisierung zum Berater der Offensive Mittelstand muss sich der Berater verpflichten:
- die Grundprinzipien und die Ziele der Offensive Mittelstand anzuerkennen,
- die Instrumente der Offensive Mittelstand in der eigenen Beratung einzusetzen,
- die Anwendung in der betrieblichen Praxis zu fördern.

Qualitätssicherung von Beratungsleistungen

Die Qualitätssicherung von Beratungsleistungen muss bei der Qualifikation des Beraters ansetzen. Dazu haben sich regelmäßige Treffen zum Erfahrungsaustausch in den Netzwerken bewährt. Die Verpflichtung der Berater, regelmäßig an den Treffen der Offensive Mittelstand bzw. ihrer Kerninstitutionen teilzunehmen, stellt ein wirksames Qualitätssicherungsinstrument für die Unternehmensberatung dar. Zusätzlich wird durch den Erfahrungsaustausch sichergestellt, dass die Weiterentwicklung und Verbesserung des Checks vorangetrieben wird. Gleichzeitig werden die in der Beratung gemachten Erfahrungen interessierten Partnern zugänglich gemacht, um die Offensive Mittelstand weiter zu stärken.

Die Marke »Autorisierter Berater Offensive Mittelstand« in Marketing und Vertrieb

Die Marke »Autorisierter Berater Offensive Mittelstand« kann der autorisierte OM-Berater für sein eigenes Marketing und für den Vertrieb seiner Leistungen nutzen. So kann er sich als qualifizierter Mittelstandsberater, der nach erprobten bundesweiten Standards der Offensive Mittelstand arbeitet, präsentieren.

Regionale Netzwerke der Offensive Mittelstand

Ein weiterer Nutzen für die autorisierten OM-Berater sind die regionalen Netzwerke der Offensive Mittelstand, die zahlreichen Kooperationen mit verschiedenen Organisationen, Institutionen, Unternehmen und anderen OM-Beratern, die ihm für die eigenen Marketing- und Vertriebstätigkeiten dienen können. Das aktive Wirken in einem regionalen Netzwerk bzw. das Aufbauen eines solchen fördert das Image und den Bekanntheitsgrad des OM-Beraters in der jeweiligen Region bei vielen wichtigen Wirtschaftspartnern.

Kooperationen und Netzwerke mit anderen Beratern

Qualifizierte Beraternetzwerke und Kooperationen von Beratern haben bei der Mittelstandsberatung eine besondere Bedeutung. Der ganzheitliche Beratungsansatz der Instrumente erfordert ein verlässliches und qualifiziertes Netzwerk von Experten, die bei den Aufträgen zusätzlich eingesetzt werden können, was auf Gegenseitigkeit basieren kann.

Bewährte Beraterkooperationen und -netzwerke zeichnen sich durch eindeutige Grundsätze und Verhaltensregeln aus (z. B. CASA-bauen-Berater-Netzwerk freier Unternehmensberater). Die Kooperationen und Netzwerke müssen Regelungen für die gegenseitige Empfehlung aufstellen und einen offenen Informationsaustausch pflegen. Die Teilnahme an Beraternetzwerken von INQA und speziell der Offensive Mittelstand sowie die Teilnahme bzw. der Aufbau von regionalen Netzwerken fördern die eigenen Ziele des Beraters und seine Beratungsqualität.

4   Berater der Offensive Mittelstand – und was nun?

Wie häufig nach einer Qualifizierungsmaßnahme fragt sich der erfolgreiche Teilnehmer auch bei der Qualifizierung zum »Autorisierten Berater Offensive Mittelstand«: Und was nun?

Die Qualifizierung gewährleistet, dass der Berater das Grundverständnis zur Offensive Mittelstand, zum Leitfaden, zum Check sowie zu den Praxishilfen hat. Er kennt nun den Check, muss ihn jetzt in seine zukünftige Beratungsleistung einbinden und gleichzeitig sein Leistungsspektrum erweitern. Für die jeweiligen Handlungsbedarfe im Unternehmen kann der Berater auf die bewährten Praxishilfen zurückgreifen, die einen konkreten Einstieg in die Umsetzung auf betrieblicher Ebene gewährleisten.

Ausrichtung auf einen ganzheitlichen Beratungsansatz

Grundsätzlich erfordert die Arbeit mit dem Check »Guter Mittelstand: Erfolg ist kein Zufall« vom Berater einen ganzheitlichen Beratungsansatz. Das ganzheitliche und systematische Ermitteln von Handlungsbedarfen steht hierbei im Vordergrund. Der Check hilft dem Berater, Schwachstellen im Betrieb systematisch zu erkennen (Systematik) und ganzheitliche Lösungen (Ganzheitlichkeit) sowie Verbesserungsmöglichkeiten gemeinsam mit den Führungskräften des Kunden zu entwickeln (Beteiligung).

Bei diesem ganzheitlichen Beratungsansatz muss sich insbesondere der thematisch spezialisierte Fachberater (Personalberater, betriebswirtschaftlicher Berater usw.) frühzeitig davon lösen, das eigene Gebiet über die anderen Themen zu stellen und sofort aus seinen Erfahrungen Problemlösungen innerhalb seines Schwerpunkts darzustellen.

Erst im Anschluss einer Präsentation der Ergebnisse anhand des Checks sollte der Berater in seinem Fachgebiet seine Lösungskompetenz im Sinne einer positiven Unternehmensentwicklung anbieten.

In den anderen Fachgebieten kann er als Koordinator anderer Fachexperten aus dem Beraternetzwerk fungieren. Um die Qualität der eigenen Beratung zu verbessern, erfordert die Komplexität mittelständischer Unternehmen ganzheitliche Lösungsansätze. Dazu ist es sowohl auf Seiten des Beraters als auch auf Unternehmensseite sinnvoll, interdisziplinäre Teams für die Umsetzung im Betrieb einzusetzen.

Hierdurch wird es möglich, den Zusammenhang zwischen der Verbesserung u. a. der aktuellen Liquiditätssituation, dem Arbeitsschutz und der Prozessgestaltung darzustellen und gemeinsam zu optimieren.

Pilotprojekte mit Bestandskunden durchführen

Der Einstieg in die Beratung mit dem Check »Guter Mittelstand: Erfolg ist kein Zufall« gelingt am besten bei Bestandskunden. Hier ist der Zugang mit einem neuen Thema oder einer neuen Methodik aufgrund der vorhandenen Vertrauensbasis einfacher als bei Neukunden. Gleichzeitig kann sich der Berater mit einem neuen Thema wieder in das Gedächtnis des Bestandskunden bringen. In ein oder zwei Pilotprojekten können dann erste praktische Erfahrungen mit dem Check gesammelt und die eigene Vorgehensweise optimiert werden.

Neukundengewinnung mit dem Unternehmerseminar Check »Guter Mittelstand: Erfolg ist kein Zufall«

Die Offensive Mittelstand bietet den Beratern mit dem qualitätsgesicherten Unternehmerseminar ein hervorragendes Marketinginstrument zur Information und Akquisition von mittelständischen Unternehmen an. Der Berater erhält im Einführungsseminar die vollständigen Seminarunterlagen und eine Einweisung in die wesentlichen Punkte. Mithilfe des Leitfadens und standardisierter Foliensätze kann der Berater mit einem verhältnismäßig geringen Aufwand das Unternehmerseminar erfolgreich in seiner Region, Zielgruppe oder Branche durchführen. Mittelständische Unternehmen können so über die Offensive Mittelstand informiert und es kann das eigene Beratungsangebot vorgestellt werden. Der Nutzen des Seminars für die Unternehmer ist hoch, da sie in dem (in der Regel vierstündigen) Seminar den kompletten Check »Guter Mittelstand: Erfolg ist kein Zufall« selbst bearbeiten. Sie gehen also am Ende des Seminars mit einer umfassenden Potenzialanalyse ihres Unternehmens nach Hause.

Zu beachten ist bei der Vorbereitung der Unternehmerseminare allerdings, dass sie im Vorfeld intensiv kommuniziert werden – beispielsweise über einen Vortrag zur Offensive Mittelstand und der Vorstellung des Checks auf einer Innungsversammlung. Allein die Einladung per E-Mail, Brief oder Anzeige führt oft nicht zum Erfolg. Erst wenn den Unternehmen der Nutzen und der Vorteil des Checks für ihre eigene Arbeit erklärt wird, sind sie bereit, an den Seminaren teilzunehmen. Dann allerdings – so zeigt die Praxis – sind sie mit hohem Engagement dabei, da sie am Ende des Seminars ihr Unternehmen eingehend analysiert haben.

Die Offensive Mittelstand stellt den OM-Beratern mit ihren Instrumenten, Qualifizierungen, der Qualitätssicherung und den Netzwerken die wesentlichen Komponenten für eine erfolgreiche Tätigkeit zur Verfügung.

5   Erfahrungen mit dem Einsatz der Instrumente

Erfahrungen bei der Auftragsklärung

Die systematische Anwendung eines branchenübergreifenden Qualitätsstandards für gute Arbeitsorganisation schafft für die mittelständischen Unternehmen und ihre Berater eine sichere Basis für die Zusammenarbeit. Die konkreten Themen des Checks sind für die Auftragsklärung und für die Aufgabenbeschreibung einschließlich der verwendeten Methodik gerade in der Analysephase einfach zu verstehen und zu beschreiben. Missverständnisse werden vermieden und das Festlegen eines eindeutig formulierten Beratungsziels wird vereinfacht.

Anwendungsbeispiele und Kernaussagen der Unternehmer

Check »Guter Mittelstand: Erfolg ist kein Zufall« in der Strategieberatung

> »Die Vielzahl der ermittelten Handlungsbedarfe hat mir gezeigt, dass mein Unternehmen eine klare strategische Ausrichtung braucht.«

Das regional tätige Handwerksunternehmen mit zehn Mitarbeitern klagte im Erstgespräch über einen stark schwankenden und nur sehr kurzfristigen Auftragsbestand. Weiterhin wurden die fehlenden Perspektiven für notwendige Investitionen und im Personalbereich besprochen.

Mithilfe des Checks wurden gemeinsam mit dem Inhaber die Handlungsbedarfe systematisch in allen Themenbereichen des Checks ermittelt und anhand des Maßnahmenkatalogs aufbereitet. Der Inhaber erkannte für sich, dass er an der Wurzel des Problems ansetzen muss und eine klare strategische Ausrichtung braucht, um die Zukunft des

Unternehmens zu sichern. In einem Strategie-Workshop mit vier ausgesuchten Mitarbeitern wurden die Stärken und Schwächen des Unternehmens mithilfe des Checks ermittelt und bewertet. Anschließend wurden die Chancen und Risiken verschiedener Positionierungen besprochen. Die Unternehmensziele und die Marktstrategie wurden in einfachen Leitsätzen für die Spezialisierung auf ein stark wachsendes Marktsegment mit einer klaren Zielgruppenansprache formuliert und schriftlich niedergelegt. Erste Erfolge konnte das Unternehmen bereits nach sechs Monaten verzeichnen.

> »Eine erfolgreiche Betriebsnachfolge erfordert, dass wir unsere Ziele und die Betriebsorganisation klar definieren und optimieren.«

Das Instrument Check »Guter Mittelstand: Erfolg ist kein Zufall« unterstützt die Betriebsnachfolge dabei, Hemmnisse aufseiten des Nachfolgers zu beseitigen. Die gemeinschaftliche Anlayse mit dem Check ist ein transparenter Weg, sowohl für den Nachfolger als auch für den Inhaber des Betriebes, die Potenziale und Handlungsbedarfe im Unternehmen aufzuzeigen und zu verstehen. Gleichzeitig hilft der Check, den Wert eines Unternehmens strukturiert zu beziffern.

Insbesondere bei der Bewertung der **Inhaberabhängigkeit** sind alle Themen des Checks zur Bewertung heranzuziehen. Insgesamt werden folgende zehn Kriterien nach dem Standard der Arbeitsgemeinschaft zur Beurteilung des Werts im Handwerk herangezogen:

- wichtige Kunden
- Hauptlieferanten
- Bankbeziehungen
- Know-how
  - technisch
  - kaufmännisch
- Produkt- und Sortimentgestaltung
- Arbeitsablauf und -steuerung
- produktive Mitarbeit
- keine Stellvertreterregelung bzw. keine 2. Führungsebene vorhanden
- Stellung im Umfeld (Vereine, Politik usw.).

Die Einstufung erfolgt nach Schulnoten von 1 bis 6 und bewertet den Einfluss bzw. die Abhängigkeit des Betriebes vom Inhaber. Hieraus wird dann ein Risikozuschlag errechnet, der einen erheblichen Einfluss auf den Unternehmenswert hat. Diese zehn Kriterien werden mit dem Check eingehend hinterfragt und sind für alle Beteiligten nachvollziehbar.

> »Mit dem Check »Guter Mittelstand: Erfolg ist kein Zufall« konnten wir unser integriertes Managementsystem überprüfen und bewerten. Dieser neue Weg der Managementbewertung hat uns viele Veränderungspotenziale aufgezeigt.«

Die Erfahrungen mit dem Check bei gut organisierten und erfolgreichen mittelständischen Unternehmen zeigen, dass die Anforderungen der Managementsystem-Normen nach einer Managementbewertung (z.B. Management-Review nach DIN ISO 9001:2008) mit dem Check erfüllt werden und einen neuen Blickwinkel zur Optimierung des Managementsystems bieten. Insbesondere bei der Umstellung von einem reinen Qualitätsmanagementsystem auf ein integriertes Managementsystem (Controlling, Qualität, Umwelt, Arbeitssicherheit und Gesundheit) führen die Themen des Checks die Mitarbeiter zu einem besseren ganzheitlichen Verständnis der Zusammenhänge von betrieblichen Strukturen.

> »Mit dem Check »Guter Mittelstand: Erfolg ist kein Zufall« konnten wir unser Führungsteam motivieren, dem Thema Arbeitsschutz mehr Aufmerksamkeit zu schenken.«

Die Führung in einer kleinen und mittelständischen Firma muss sehr konzentriert täglich komplexe Führungsaufgaben bewältigen. Der betriebliche Arbeitsschutz gerät dabei schnell aus ihrem Blick. In moderierten Gesprächen hilft die ganzheitliche Sichtweise des Checks dabei, den betrieblichen Arbeitsschutz nicht als lästige gesetzliche Verpflichtung zu sehen, sondern ihn als integralen Bestandteil der täglichen Führungsaufgaben zu verstehen und gemeinschaftlich mit den Mitarbeitern im Leistungserbringungsprozess fest zu verankern.

> »Mit dem Check »Guter Mittelstand: Erfolg ist kein Zufall« haben wir unsere Unternehmenskrise erfolgreich überstanden.«

Die Hauptgründe für eine **Unternehmenskrise** sind:
- Finanzierungslücken, unzureichendes Forderungsmanagement und fehlendes Controlling,
- autoritäre und rigide Führung, Personalprobleme, hohe Fluktuation,
- Investitionsfehler, falsche Produktionsplanung,
- ungenügende Marktanpasssung, Mangel an strategischer Reflexion, fehlende Außenorientierung.

Erfahrungen in der Turn-around-Beratung von mittelständischen Unternehmen zeigen, dass der eigentliche Weg aus einer Unternehmenskrise nicht nur in einer schnellen Lösung des akuten Liquiditätsproblems mithilfe der Hausbank besteht, sondern die Unternehmensleitung eine klare erfolgreiche Marktstrategie entwickeln und einen organisatorischen Umbau bewerkstelligen muss. Die Mitarbeiter müssen auf diesen teilweise radikalen Veränderungsprozess vorbereitet und mitgenommen werden. Die mit dem Check erarbeiteten Handlungsbedarfe und ihre Bewertung zeigen allen Beteiligten die notwendigen Veränderungen auf. Damit wissen alle, wohin die Reise gehen soll, und welchen Anteil an diesem Veränderungsprozess sie selbst übernehmen müssen.

> »Bei der Existenzgründung habe ich den Check »Guter Mittelstand: Erfolg ist kein Zufall« als Grundlage für meinen Businessplan verwendet.«

Bei der Beratung von Existenzgründern steht meistens eine für den Gründer unüberschaubare Anzahl von Fragen im Raum. Das Erstellen eines nachweislich tragfähigen Geschäftsmodells, das in einem Businessplan abzubilden ist, steht dabei im Mittelpunkt. Der Einsatz des Checks in solchen Beratungssituationen hat gezeigt, dass die Selbstbewertung mit dem Check für die Gründer ein sehr gutes Gerüst ist, um den Businessplan zu erstellen und die Gründungsidee intensiv zu befördern. Für den Gründer stellt die Bearbeitung des Checks einen ersten Vergleich mit den guten Unternehmen im Mittelstand dar. Er lernt sowohl die Messlatte als auch die Erfolgsfaktoren der »Guten Unternehmen« im Mittelstand kennen.

6 Förderung der Mittelstandsberatung in Deutschland

Die Mittelstandsberatung wird sowohl auf der Bundes- als auch auf der Länderebene intensiv gefördert. Möglichkeiten zur Förderung sollte jeder Mittelstandsberater beim Bundesministerium für Wirtschaft und bei der KFW erfragen. Weiterhin werden besonders Existenzgründungen durch eine Beratungsförderung unterstützt. In den einzelnen Bundesländern haben die Wirtschaftsministerien Programme zur Förderung der Unternehmensberatung aufgestellt (z. B. Förderung der Potenzialanalyse in Schleswig-Holstein). Grundsätzlich ist die Beratung mit dem Check »Guter Mittelstand: Erfolg ist kein Zufall« durch autorisierte Berater der Offensive Mittelstand förderungswürdig und kann gleichzeitig als Anlage zum Beratungsbericht verwendet werden. Gerade der anerkannte systematische Ansatz des Checks und der grundsätzliche Nachweis einer ganzheitlichen Analyse mit Maßnahmenkatalog erfüllen die Richtlinien der öffentlichen Hand.

Weitere Informationen u.a. unter:
  www.bafa.de
  www.kfw.de
  www.nrwbank.de
  www.ib-sh.de

7   Die fünf wichtigsten Tipps für Berater

Tipp 1:   Richten Sie Ihre Beratung ganzheitlich aus.
Das ganzheitliche und systematische Ermitteln von Handlungsbedarfen und Wettbewerbschancen steht im Vordergrund der Beratung. Bei dem ganzheitlichen Beratungsansatz muss sich insbesondere der spezialisierte Fachberater (Personalberater, betriebswirtschaftlicher Berater) davon lösen, das eigene Fachgebiet über die
anderen Themen zu stellen.

Tipp 2:   Wenden Sie den Check »Guter Mittelstand: Erfolg ist kein Zufall«
konsequent an.
Die konsequente Anwendung des Checks sichert die Identifikation
mit den Instrumenten der Offensive Mittelstand und unterstützt
die Glaubwürdigkeit des Beraters gegenüber seinen Kunden.

Tipp 3:   Führen Sie Pilotprojekte mit Bestandskunden durch.
Der Einstieg in die Beratung mit dem Check gelingt am besten bei
Bestandskunden. Hier ist der Zugang mit einem neuen Thema oder
einer neuen Methodik aufgrund des bestehenden Vertrauens einfacher als bei Neukunden.

Tipp 4:   Veranstalten Sie Unternehmerseminare.
Die Organisation und Durchführung des Unternehmerseminars der
Offensive Mittelstand ist ein zentrales Informations- und Akquisi-
tionsinstrument für den OM-Berater. Gemeinsame Veranstaltungen
mit aktiven Partnern und den regionalen Netzwerken der Offensive
Mittelstand haben sich bewährt.

Tipp 5:   Vernetzen Sie sich mit anderen Beratern.
Der ganzheitliche Beratungsansatz mit seiner interdisziplinären
Arbeitsweise erfordert ein verlässliches und qualitätsgesichertes
Netzwerk von Experten und Beratern, um die eigenen Beratungs-
aufträge erfolgreich im Sinne des Kunden umsetzen zu können.
Die Beraterdatenbank der Offensive Mittelstand verbindet Fachleu-
te und erleichtert die richtige Auswahl von Kooperationspartnern
für die Beratung.

8 Literatur

AWH. Arbeitsgemeinschaft der Wert ermittelnden Betriebsberater im Handwerk: Handbuch. Unternehmensbewertung im Handwerk, AWH Standard, Version 4.2; Stand 19.04.2010.
Grundlagen für die Unternehmensbewertung im Handwerk unter Berücksichtigung der Inhaberabhängigkeit und Risikoabschläge für organisatorische Defizite.

Cernavin, O.: Erfolgreiche Beratung – Strategische Wirkfaktoren und Service Engineering, München 2010.
Berater erhalten in diesem Buch wissenschaftlich fundiert und gleichzeitig praxisorientiert (strategische) Kriterien für die Entwicklung ihrer Beratungsdienstleistungen sowie die Identifizierung neuer Marktsegmente. Gleichzeitig wird die Methode der Dienstleistungsentwicklung, das Service Engineering, auf die Beratungsdienstleistung übertragen.

Höner, D.: Die Legitimität von Unternehmensberatung – Zur Professionalisierung und Institutionalisierung der Beratungsbranche, Marburg 2008.
Warum gibt es eigentlich Unternehmensberatung? Welche Rollen müssen Unternehmensberater ausfüllen und wie kann die Qualität von komplexen Dienstleistungen, wie sie durch Unternehmensberater erbracht werden, verlässlich gesichert werden?

Kasperski H. J./Hupe, R.: Ursachen von Insolvenzen, Stand: November 2006
Darstellung der Ursachen von Insolvenzen und Handlungsempfehlungen, um Insolvenz zu vermeiden.

Klüppel, H.-J.: Umweltmanagement für kleine und mittlere Unternehmen – Die ISO-14000-Normen und ihre Umsetzung, 1. Aufl., Berlin 2006.
Einführung in das Umweltmanagement und praxisorientierte Beispiele zur Umsetzung eines betrieblichen Umweltmanagements nach ISO 14000.

Merk, R./Kruse, O.: Beratung im Mittelstand: Anspruchsvoll und vielfältig, Bielefeld 2010.
Die Studie hat im Auftrag der Offensive Mittelstand den Beratungsbedarf mittelständischer Unternehmen erfasst und mögliche Hindernisgründe und Ansatzpunkte für einen Beratereinsatz ermittelt. Diese Broschüre fasst die Ergebnisse der schriftlichen Befragung und der Experteninterviews zusammen.

Sommerlatte, T./Niedereichholz, C./Mirow, M./von Windau, P. G. (Hrsg.): Handbuch der Mittelstandsberatung – Auswahl und Nutzen von Beratungsleistungen, Berlin 2008.
Externe Erfahrungen und Ressourcen zu nutzen ist durch den hohen Veränderungsdruck für den Mittelstand längst unerlässlich. Die Autoren stellen dabei das breite Spektrum möglicher Beratungsleistungen vor: von der Strategie- und Personalberatung bis zu Beratungsprojekten im Controlling oder im Lean Management.

Die Offensive Mittelstand – ein bundesweites Netzwerk

Offensive Mittelstand Netzwerk OWL*
Sandra Fechner

1   Der Nutzen von Netzwerken für Unternehmen
2   Nutzen der Offensive Mittelstand als bundesweites Netzwerk
3   Das regionale Offensive Mittelstand Netzwerk OWL
4   Die fünf wichtigsten Tipps für das Arbeiten in Netzwerken
5   Literatur

---

* Das Offensive Mittelstand Netzwerk OWL ist ein regionales Netzwerk der Offensive Mittelstand – Gut für Deutschland.

1 Der Nutzen von Netzwerken für Unternehmen

Definition von Netzwerken

Seit einigen Jahren gibt es einen Trend, an dem kaum noch jemand vorbeikommt: Die Rede ist vom Netzwerken. Soziale Netzwerke wie facebook oder XING haben vielfach Einzug in den Alltag gefunden. Sie ermöglichen es, auf der ganzen Welt neue Kontakte zu knüpfen und bereits bestehende zu pflegen.

Es gibt eine Reihe von Literatur zu den Themen Netzwerke und Netzwerken, deren Autoren sich in Bezug auf die Aktualität des Themas einig sind. Manche gehen sogar noch einen Schritt weiter und prophezeien, dass den Netzwerken die Zukunft gehöre. Castells bezeichnet die Gesellschaft des 21. Jahrhunderts sogar als »Netzwerkgesellschaft« (vgl. Castells, 2010, Preface).

Auch für kleine und mittlere Unternehmen kann es von großem Nutzen sein, sich Netzwerken anzuschließen oder Kooperationen einzugehen. Sie können ein Hilfsmittel sein, um den Herausforderungen des Alltags zu begegnen.

Was sind Netzwerke? In der Literatur gibt es hierzu keine einheitliche Definition. Lediglich zu den Strukturen finden sich allgemeingültige Aussagen: Netzwerke bestehen aus Knoten, den Akteuren des Netzwerks, und aus Verbindungen, den Beziehungen zwischen den Akteuren. Gleichzeitig unterscheidet man formelle Netzwerke von informellen (siehe Abbildung 1).

Formelle Netzwerke	Informelle Netzwerke
Geschlossenheit/Beschränkung auf wenige Mitglieder	Eher offen für neue Mitglieder
In der Regel auf Dauer angelegt	Auf Dauer angelegt oder zeitlich begrenzt
(Teil-) institutionalisiert	Jede Form von aktiver oder unmerklicher, fachlicher oder persönlicher, lockerer Beziehung
Beabsichtigen einen Informations- und Wissenstransfer	Zweck: Informations- und Wissensaustausch oder Ziel- oder Konsensfindung
Hoher Gründungsaufwand	Eher geringer Gründungsaufwand
Die Autonomie der Mitglieder ist oftmals eingeschränkt	Steigern das Gemeinschaftsgefühl und wirken positiv auf das Problembewusstsein

Abb. 1: Formelle und informelle Netzwerke

Man kann verschiedene Formen von Netzwerken unterscheiden, z. B. interorganisationale Netzwerke, Unternehmens-, strategische oder regionale Netzwerke.

In dem vorliegenden Beitrag geht es weniger um formelle Netzwerke, sondern vor allem um soziale Netzwerke von gesellschaftlichen Partnern, Akteuren und Institutionen, die ein gemeinsames gesellschaftliches Anliegen haben. Im Fall der Offensive Mittelstand ist dies die Unterstützung des Mittelstands, oder präziser gesagt, die Schaffung besserer Handlungsbedingungen für mittelständische Unternehmen.

Nutzen von Netzwerken

Netzwerke unterscheiden sich teilweise deutlich voneinander. Deshalb muss man sich vor dem Eintritt in ein Netzwerk bzw. vor der Gründung eines Netzwerks gut überlegen, was man davon erwartet. Dabei sind im Allgemeinen die folgenden Nutzenaspekte denkbar:

- Die Teilnahme an einem Netzwerk kann einen *Informationsgewinn* bedeuten. Durch Ideen und Anregungen der einzelnen Akteure bietet sich die Chance, neue Sichtweisen kennenzulernen und die Dinge aus einem anderen Blickwinkel zu betrachten.
- Gleichermaßen erhoffen sich die Akteure eines Netzwerks neue Formen der *Wissensproduktion* sowie eine *höhere Problemlösungskapazität*. Durch die Teilnahme an einem Netzwerk erwarten die Beteiligten oftmals eine Steigerung ihrer Wettbewerbsfähigkeit. Man lernt neue Personen kennen, knüpft neue Kontakte und schafft Synergien durch leistungsfähige Beziehungen.
- Netzwerke können *Gleichartigkeiten* und *verbindende Merkmale*, wie beispielsweise eine gemeinsame Sprache, *erzeugen*. Die Akteure befinden sich in einer vergleichbaren Lage oder weisen eine gemeinsame Orientierung auf, was positive Effekte für jeden einzelnen Netzwerkteilnehmer schaffen kann.
- Die aktive Beteiligung an einem gut funktionierenden Netzwerk sorgt dafür, dass man für seine investierten Leistungen auch äquivalente Gegenleistungen bekommt. Daher ist es für Netzwerke wichtig, dass die Akteure vom Nutzen und vom Sinn dieser Vernetzung überzeugt sind. Beim Netzwerken sollte man daher bereit sein, auch etwas für andere zu tun und nicht nur den Wunsch haben, vom Zusammenschluss zu profitieren. Es sollte eine Ausgeglichenheit von Geben und Nehmen herrschen. Dies ist eine Herausforderung und kann nur durch viel Feingefühl und Arbeit erreicht werden. Man sollte jedoch nicht erwarten, dass man für *jede* einzelne Information, die man mit jemandem geteilt hat, auch eine entsprechende Gegenleistung erhält. Es sollte jedoch im Großen und Ganzen auf ein ausgeglichenes Verhältnis von Geben und Nehmen hinauslaufen. Jemand, der nur seinen eigenen Vorteil aus der Teilnahme an Netzwerken sucht, wird vielleicht kurzfristig damit Erfolg haben, aber auf lange Sicht gesehen ist diese Einstellung nicht zielführend.
- In jedem Fall kann man von der Teilnahme an einem Netzwerk *neue Kontakte* und die Möglichkeit, sich mit anderen auszutauschen, erwarten. Die sich konkret ergebenden Vorteile hängen maßgeblich von der Zielsetzung und Art des Netzwerks sowie dessen Regeln ab.

2 Nutzen der Offensive Mittelstand als bundesweites Netzwerk

Die Offensive Mittelstand

Die Offensive Mittelstand – Gut für Deutschland hat das Ziel, die Erfolgsaussichten des Mittelstands zu verbessern. Mittlerweile haben sich insgesamt über 100 Partner in der Offensive Mittelstand zusammengeschlossen, um die kleinen und mittleren Unternehmen in Deutschland mit ihrem Know-how und ihren Kompetenzen zu unterstützen. Die Partner kommen aus ganz verschiedenen Bereichen. Es handelt sich um Fachverbände, Sozialpartner, Ministerien, Unfallversicherungsträger, Krankenkassen, Hochschulen und Unternehmen. Darunter befinden sich bundesweit bekannte Institutionen und Organisationen wie beispielsweise das Institut für Mittelstandsforschung Bonn, die Bertelsmann Stiftung, das itb – Institut für Technik der Betriebsführung, das Bundesministerium für Arbeit und Soziales, das RKW Rationalisierungs- und Innovationszentrum der Deutschen Wirtschaft e. V. und der ZDH – Zentralverband des Deutschen Handwerks e. V. Die Offensive Mittelstand an sich kann also bereits als ein großes Netzwerk angesehen werden, dessen Partner es sich zum Ziel gesetzt haben, den Mittelstand in Deutschland zu stärken.

Bei den gemeinschaftlichen Sitzungen aller Partner sowie den Treffen der einzelnen Arbeitsgruppen kommt ein wertvoller Schatz an Wissen und Erfahrungen zusammen, von dem sowohl die einzelnen Akteure beim gegenseitigen Austausch als auch die Zielgruppe, nämlich der Mittelstand, profitieren. Hier hat man die Chance, vor, während und nach den Sitzungen mit verschiedenen Akteuren und Institutionen in Kontakt zu treten und über verschiedene Themen zu sprechen. Man kann neue Kontakte knüpfen und bestehende Kontakte pflegen. Des Weiteren eröffnet sich bei diesem Austausch die Möglichkeit, neue wertvolle Informationen zu erhalten oder andere Meinungen und Blickwinkel zu bestimmten Sachverhalten kennenzulernen.

Teilnehmer haben die Möglichkeit, Partner für neue Projekte oder Vorhaben zu gewinnen. Alle Partner der Offensive Mittelstand verbindet, dass sie mittelständische Unternehmen bei der Einrichtung und Fortentwicklung einer guten Arbeits- und Organisationsgestaltung unterstützen möchten. Aufgrund dieses Ziels ergeben sich unter Umständen Anknüpfungspunkte für kleinere Projekte, für die sich einige Partner zusammenschließen.

Die Offensive Mittelstand führt jedes Jahr Veranstaltungen für mittelständische Unternehmen durch, die unterschiedliche relevante und aktuelle Themen aufgreifen. Durch diese Veranstaltungen, die in verschiedenen Städten stattfinden, informiert die Offensive Mittelstand über vorhandene Instrumente und Hilfestellungen, mit denen die Wettbewerbsfähigkeit von kleinen und mittleren Unternehmen gesteigert werden kann. Diese Veranstaltungen sind allerdings nur möglich, weil sich die Partner gemeinsam für die Initiative engagieren und ihre eigenen Ressourcen einbringen. Einer alleine könnte solche Veranstaltungen entweder gar nicht oder nur unter höchster Anstrengung realisieren. Gemeinsam geht dies leichter. Die Initiative lebt von diesem Engagement der Partner. So stellen manche ihre Zeit zur Verfügung und helfen freiwillig bei der Planung und

Durchführung der Veranstaltungen. Andere stellen ihre Räumlichkeiten kostenlos zur Verfügung oder übernehmen beispielsweise das Einladungsmanagement. Diese gemeinsame Durchführung von Veranstaltungen verbindet die Partner und schafft ein Gemeinschaftsgefühl. Geben und Nehmen ist hier gelebte Praxis. Jeder Einzelne profitiert nicht nur von der Offensive Mittelstand, sondern das gemeinsame Ziel profitiert auch von den einzelnen Partnern.

Die Tatsache, dass viele, unterschiedliche, branchenübergreifende und namhafte Institutionen an einem runden Tisch sitzen, garantiert die hohe Qualität an Beiträgen und Diskussionen während der Sitzungen. Die Partner sehen die Themen aus unterschiedlichen Perspektiven, aber mit einem gemeinsamen Fokus, wobei jeder Partner gleich wichtig ist. Die Meinung eines kleinen Unternehmens ist genauso relevant wie der Beitrag einer großen, bundesweit tätigen Institution. Alle Partner befinden sich in der Offensive Mittelstand auf Augenhöhe. Die Zusammenarbeit in der Offensive Mittelstand erfolgt auf Basis gegenseitigen Vertrauens, gegenseitiger Wertschätzung und Rücksichtnahme auf die Interessen aller Beteiligten.

Ein weiterer Vorteil besteht darin, dass die Teilnahme unkompliziert und kostenlos ist. Es wurden absichtlich keine Eintrittsbarrieren festgelegt, um den offenen Charakter des Netzwerkes zu betonen. Jeder, der Interesse hat und sich ehrenamtlich für bessere Bedingungen für den Mittelstand engagieren möchte, ist herzlich willkommen. Man bekundet sein Interesse, Partner der Offensive Mittelstand zu werden, bei der Geschäftsstelle und wird daraufhin aufgenommen. Zwei Mal jährlich finden Plenumssitzungen statt, auf denen u. a. aktuelle Ereignisse präsentiert und Ergebnisse aus Arbeitsgruppen diskutiert sowie Beschlüsse verabschiedet werden. Jeder, der sich für die Offensive Mittelstand und deren Arbeitsweise und Aktivitäten interessiert, kann an diesen Sitzungen teilnehmen. Die Beteiligung an den Sitzungen und an den Aktivitäten ist freiwillig und ehrenamtlich.

Die Instrumente der Offensive Mittelstand

Das Know-how der einzelnen Partner der Offensive fließt in gemeinsam erarbeitete Instrumente ein. Sie stellen praxisorientierte Hilfen für mittelständische Unternehmen dar. So wurden bisher der Leitfaden und der Check »Guter Mittelstand: Erfolg ist kein Zufall« entwickelt.

Der Leitfaden fasst die Erfahrungen erfolgreicher Unternehmen sowie die Erkenntnisse aus der Wissenschaft für den Praktiker zusammen. Es handelt sich um einen allgemein akzeptierten Standard für gute Arbeits- und Organisationsgestaltung und Personalentwicklung im Mittelstand.

Der Check »Guter Mittelstand: Erfolg ist kein Zufall« hilft Mittelständlern praktisch, Verbesserungspotenziale im eigenen Unternehmen aufzuspüren. Er unterstützt sie, anstehende Krisen zu meistern und Herausforderungen aktiv anzugehen, denn er fasst die Erfahrungen erfolgreicher Unternehmen sowie die Erkenntnisse der Forschung zusammen.

Diese Instrumente gibt es sowohl in Form von gedruckten Broschüren als auch im Internet auf der Homepage der Offensive Mittelstand. Sie werden kostenfrei zur Verfügung gestellt. Von ihnen profitieren sowohl mittelständische Unternehmen direkt als auch

Berater, die die Broschüre zum Kunden mitnehmen und den Check gemeinsam mit dem Unternehmer durcharbeiten können. Der Berater erhält damit ein wertvolles Werkzeug für seine tägliche Arbeit – und das ganz umsonst. Hierdurch unterscheidet er sich von anderen Beratern und steigert so seine Wettbewerbsfähigkeit.

Die Offensive Mittelstand tritt nicht in Konkurrenz zu etablierten und bewährten Beratungsstrukturen, sondern fördert ein Grundverständnis auf einer gemeinsamen Basis gemäß dem Motto »Gemeinsam besser«.

3   Das regionale Offensive Mittelstand Netzwerk OWL

Regionale Netzwerke zur regionalen Standortförderung

Die Offensive Mittelstand überträgt ihre Grundüberzeugungen auf bestehende und neu gegründete regionale Netzwerke in ganz Deutschland. Durch den lokalen Bezug der Partner der Netzwerke erhofft sich die Offensive, ihre Hilfestellungen und praktischen Instrumente gezielt bei mittelständischen Unternehmen zu platzieren. Die Akteure der regionalen Netzwerke kennen die Betriebe vor Ort und haben teilweise persönlichen oder beruflichen Kontakt zu ihnen. Die Netzwerke führen selbst Veranstaltungen durch, zu denen sie die ortsansässigen mittelständischen Unternehmen einladen. So bieten sie den Unternehmen eine Möglichkeit, sich über aktuelle Themen zu informieren, sich mit anderen Firmen der Region und den Akteuren des Netzwerks auszutauschen und Kontakte zu pflegen. Außerdem erhalten die Netzwerke ein direktes Feedback zu den Instrumenten und der Offensive Mittelstand.

Ein regionales Offensive Mittelstand Netzwerk ist eine Kooperation verschiedener und eigenständiger Akteure bzw. Gruppen, die ihr Wissen, ihre Erfahrungen, ihre Kontakte und ihre sonstigen Mittel freiwillig zur Erreichung eines regional und inhaltlich klar definierten Zieles zum Wohle der mittelständischen Wirtschaft zu Verfügung stellen.

Durch die regionalen Netzwerke soll auch eine Förderung der Standorte erfolgen. Städte und Regionen befinden sich in einem nationalen und internationalen Wettbewerb und müssen darüber hinaus möglichst attraktiv für Unternehmen sein. Durch die Bildung und Fortführung von regionalen Offensive Mittelstand Netzwerken soll eine nachhaltige Stärkung der Wettbewerbsfähigkeit im internationalen Wettbewerb erreicht werden. In diesen Netzwerken arbeiten private und öffentliche Akteure an dem gemeinsamen Ziel, die eigene Region zu stärken. Die Motivation und treibende Kraft muss dabei von Akteuren aus der jeweiligen Region kommen. Der Erfolg der Netzwerke ist abhängig von ihrem Engagement.

Die regionalen Netzwerke berichten regelmäßig in den Arbeitsgruppen und in den Sitzungen des Plenums der Offensive Mittelstand von ihren Aktivitäten und geplanten Veranstaltungen. Dabei haben sie die Chance, von dem Know-how und den Ressourcen der anderen Partner zu profitieren, sei es bei der Suche nach geeigneten Referenten oder bei der Durchführung einer Veranstaltung. Über die Jahre hat sich durch die regelmäßigen Sitzungen und durch die gemeinsame Planung von Aktivitäten ein Gemeinschaftsgefühl in der Offensive Mittelstand entwickelt.

Bestehende oder neue Netzwerke dürfen sich Offensive Mittelstand Netzwerk nennen, wenn das Netzwerk die Grundprinzipien sowie die Inhalte des Leitfadens »Guter Mittelstand: Erfolg ist kein Zufall« anerkennt und dementsprechend handelt, die Offensive Mittelstand aktiv unterstützt, ihre Produkte aktiv verbreitet und für einen höheren Bekanntheitsgrad sorgt. Das Plenum erkennt ein regionales Netzwerk durch Beschluss als Offensive Mittelstand Netzwerk an, das dann den Status eines Partners erhält und auf der Homepage der Offensive gelistet wird.

Offensive Mittelstand Netzwerke (Auszug aus den Grundprinzipien)

Bestehende oder neue Netzwerke dürfen sich Offensive Mittelstand Netzwerk nennen und das Partner-Logo (die Wort-Bild-Marke) führen, wenn das Netzwerk

- die Grundprinzipien sowie die Inhalte des Leitfadens »Guter Mittelstand: Erfolg ist kein Zufall« anerkennt und dementsprechend handelt,
- die Offensive Mittelstand aktiv unterstützt, zum Beispiel durch Teilnahme eines Vertreters am Plenum der Offensive Mittelstand,
- die Produkte der Offensive Mittelstand aktiv verbreitet, wie zum Beispiel den Check »Guter Mittelstand«, Offensive-Mittelstand-Seminare oder Offensive-Mittelstand-Beratungen und
- die Offensive Mittelstand aktiv bekannt macht.

Die Berechtigung, sich Offensive Mittelstand Netzwerk zu nennen, wird auf dem Plenum beschlossen. Offensive Mittelstand Netzwerke haben den Status eines Partners. Die Offensive Mittelstand führt eine Liste über alle Offensive Mittelstand Netzwerke auf der Homepage.

Das regionale Offensive Mittelstand Netzwerk OWL

Die Region Ostwestfalen-Lippe befindet sich im nordöstlichen Teil Nordrhein-Westfalens und umfasst mit 6.500 km² etwa ein Fünftel der Fläche des Bundeslandes. Sie ist gleichbedeutend mit dem Regierungsbezirk Detmold und besteht aus den sechs Kreisen Gütersloh, Herford, Höxter, Minden-Lübbecke, Lippe, Paderborn sowie der kreisfreien Stadt Bielefeld. Es leben über zwei Millionen Menschen in OWL.

Die Region ist geprägt durch den Mittelstand – nur 32,5 Prozent der Beschäftigten im verarbeitenden Gewerbe arbeiten in Unternehmen mit mehr als 500 Beschäftigten – und durch einen ausgewogenen Branchenmix, in dem Maschinenbau, Möbelindustrie, Gesundheitswirtschaft, Metall verarbeitende Industrie, Elektroindustrie und Ernährungsgewerbe einen besonderen Stellenwert haben. Die Medien-, Informations- und Telekommunikationsbranche nimmt an Bedeutung zu. In OWL sind große Markenunternehmen und international aktive Unternehmen ansässig genauso wie zahlreiche *Hidden Champions*. Bekannte Unternehmen sind beispielsweise Bertelsmann, Miele, Dr. Oetker, Claas, Schüco, Weidmüller, Phoenix Contact und Wincor Nixdorf.

Das regionale Netzwerk in Ostwestfalen-Lippe wurde im Jahr 2003 ins Leben gerufen. Damals wurde es als Fachbeirat für das Projekt »Gesundheitsschutz für die Ich-AG –

Salutogenese statt Rehabilitation«, im Rahmen der Initiative Neue Qualität der Arbeit (INQA), initiiert. Ziel war es, der Fachhochschule des Mittelstands (FHM), die dieses Projekt durchführte, bei der Erstellung von Transferinstrumenten beratend zur Seite zu stehen. Im Jahr 2009 erhielt die FHM den Zuschlag für ein weiteres INQA-Projekt mit dem Titel »Verbesserung der Arbeits- und Organisationsgestaltung – Kompetenz durch Bildung und Beratung«. Für dieses Projekt wollte die FHM wieder einen Fachbeirat aufstellen. Der Netzwerkkoordinator, der auch schon das vorherige Projekt begleitet hatte, nahm deshalb Kontakt zu den ehemaligen Fachbeiratsmitgliedern auf, um sie auch für diese Mitarbeit zu gewinnen. Hinzu kamen weitere Fachbeiratsmitglieder, die mit ihrer Expertise eine sinnvolle Ergänzung darstellten. Noch im selben Jahr wurden die erste Fachbeiratssitzung sowie die Auftaktveranstaltung des Projekts durchgeführt. Ziel dieser ersten Sitzung war, den Teilnehmern das Projekt und ihre damit verbundenen Aufgaben ausführlich vorzustellen und sich gegenseitig kennenzulernen. Als sinnvoll hat sich erwiesen, bei der Auftaktveranstaltung viel Zeit für den gegenseitigen Austausch einzuplanen, um eine vertrauensvolle Zusammenarbeit zu ermöglichen, die vom Engagement der Akteure getragen wird und sich im Erfolg des Projekts niederschlägt.

Es handelt sich um ein branchenübergreifendes Netzwerk. Als Akteure sind Unternehmen, Institutionen, Verbände, Berater, Bezirksregierungen, Bildungsträger und Krankenkassen zu nennen. Aktuell besteht das Netzwerk aus 21 Partnern (siehe Abbildung 2). Seine Heterogenität ermöglicht den Netzwerkpartnern regen Erfahrungsaustausch und gestattet so weiterführende Kooperationen über einzelne Branchen hinaus.

Abb. 2: Das Offensive Mittelstand Netzwerk OWL

Die Motivationen einzelner Mitglieder für die Teilnahme am Netzwerk ähneln sich: Unternehmensberater möchten sich mittels der Offensive in der Region profilieren. Gleichzeitig sehen sie die unabhängigen Instrumente als Chance, bestehende Beratungsmandate zu festigen bzw. neue zu gewinnen. Ähnliches gilt für Krankenkassen, die die Referenzinstrumente in der betrieblichen Gesundheitsförderung einsetzen. Wirtschaftsförderer erhoffen sich, durch die Initiative auch ihre Instrumente bekannter zu machen und mehr Fördermittel in die Region zu vermitteln. Kammern sehen die Möglichkeit, ihr eigenes Netzwerk zu erweitern und ihren Mitgliedern einen Zusatznutzen anzubieten.

Innerhalb des Netzwerks findet ein vielfältiger Austausch statt. Zum Teil bestand dieser schon vor Netzwerkgründung, teilweise wurde er durch das Netzwerk initiiert. Das Netzwerk trifft sich regelmäßig ca. drei Mal im Jahr. Dabei werden die Teilnehmer über die aktuellen Entwicklungen und Arbeitsfortschritte im Projekt informiert und erreichte Teilziele werden sichtbar gemacht, um den Prozess zu fördern. Bei den intensiven Diskussionen in den Sitzungen geben Mitglieder wertvolle Tipps und Hinweise oder die weitere Planung wird besprochen. Gemeinsam haben Netzwerkmitglieder Erfolgserlebnisse. Darüber hinaus werden Angebote der Weiterqualifizierung angenommen und gemeinsame Veranstaltungen für mittelständische Unternehmen der Region Ostwestfalen-Lippe geplant. Dabei wird immer ein Bezug zu den elf Themen des Checks »Guter Mittelstand: Erfolg ist kein Zufall« gesucht. Das Netzwerk hat es sich zur Aufgabe gemacht, die Ideen und Instrumente der Offensive Mittelstand in der Region Ostwestfalen-Lippe zu verbreiten und nachhaltig zu verankern.

Die regelmäßigen Sitzungen, gemeinsamen Veranstaltungen und der Austausch auch zwischen diesen Terminen fördern das Gemeinschaftsgefühl. Die Netzwerkpartner akzeptieren und schätzen einander, sind aber auch offen für neue Teilnehmer. Die Heterogenität dieses Netzwerkes macht es für externe Unternehmen, Institute, Verbände usw. einfacher, sich in das bestehende Netzwerk zu integrieren und es auszubauen. Hierbei sind Befürchtungen der Netzwerkpartner ernst zu nehmen, insbesondere, wenn Vorurteile zwischen den Akteuren bestehen. Es ist Aufgabe des Netzwerkmanagers, die Teilnehmer zusammenzubringen und im Gespräch die Vorurteile abzubauen bzw. auf ein Maß zu verringern, um eine konstruktive Mitarbeit im Netzwerk zu ermöglichen, da Vertrauen unverzichtbare Voraussetzung für die gute Zusammenarbeit ist. Das bedarf viel Zeit, persönlicher Gespräche und einer längeren Zusammenarbeit.

Es herrscht im Netzwerk Konsens darüber, dass sich Partner Kunden nicht gegenseitig abwerben. Vereinzelt kann es Konkurrenzsituationen geben, aber es eröffnet sich auch die große Chance, durch die Kooperation zusätzliche Geschäftspotenziale zu nutzen.

Die Strukturen des Netzwerks sind flexibel und verändern sich im Laufe der Zeit. Der Netzwerkmanager sorgt dafür, dass es trotzdem harmonisch und effektiv weiterarbeitet, auch wenn Akteure oder einzelne Vertreter von Institutionen wechseln. Anfang 2011 wurde eine erhebliche Änderung im Rahmen der Tätigkeit des Fachbeirats vorgenommen. Die Akteure entschlossen sich zu einer tief greifenden Umbildung. Seit März 2011 ist der Fachbeirat gleichzeitig offiziell ein regionales Netzwerk der Offensive Mittelstand. Es hat sich auf der Sitzung im März dem Plenum der Offensive Mittelstand vorgestellt. Das Netzwerk trägt seitdem auch den Namen »Offensive Mittelstand Netzwerk OWL«.

Zurzeit entwickelt das Netzwerk gemeinsam Leitgedanken, in denen seine Ziele darge-stellt werden. Für die Akteure trägt dies zur Identitätsbildung und -stärkung bei. Durch die Veröffentlichung im Internet stellen sie auch die Identität des Netzwerks nach außen dar.

Es ist im nächsten Schritt notwendig, eine informelle Geschäftsordnung aufzustellen, in der die Rollen und die Zusammenarbeit der einzelnen Partner definiert werden.

4 Die fünf wichtigsten Tipps für das Arbeiten in Netzwerken

Tipp 1: Stellen Sie bei der Arbeit in einem Netzwerk die gemeinsamen Zie-le in den Mittelpunkt.
Wenn die einzelnen Akteure nur ihre eigenen Interessen verfolgen, kann ein Netzwerk nicht zielführend arbeiten. Es geht bei der Teil-nahme an einem Netzwerk darum, gemeinsame Ziele zu erreichen.

Tipp 2: Wechselseitiger Nutzen, Motivation der Akteure und gegenseitiges Vertrauen sind für das Bestehen von Netzwerken unabdingbar.
Netzwerke werden durch das Engagement der Akteure am Leben gehalten. Sie müssen einen Anreiz haben, an dem Netzwerk teil-zunehmen. Nur dann werden sie sich auch aktiv einbringen.

Tipp 3: Im Netzwerk sollten sich Geben und Nehmen die Waage halten.
Jemand, der nur seinen eigenen Vorteil aus der Teilnahme an Netz-werken sucht, wird vielleicht kurzfristig damit Erfolg haben, aber auf lange Sicht gesehen ist diese Einstellung nicht zielführend.

Tipp 4: Netzwerktreffen und gemeinsame Aktionen stärken den Zusam-menhalt und halten das Netzwerk am Leben.
Nehmen Sie an den Netzwerktreffen teil und bieten Sie Ihre Unter-stützung bei der Planung von gemeinsamen Veranstaltungen an.

Tipp 5: Kommunizieren Sie mit den anderen Akteuren und halten Sie re-gelmäßig Kontakt.
Das Netzwerk bietet eine Plattform für einen Austausch von Infor-mationen und ermöglicht Kommunikation untereinander. Profitie-ren Sie davon!

5 Literatur

Adrian, L.: Regionale Netzwerke als Handlungskonzept: Erfolg versprechender Weg einer innovationsorientierten Regionalentwicklung? Berlin 2003.
Der Band enthält praxisorientierte Informationen zu regionalen Netzwerken.

Becker, T./Dammer, I./Howaldt, J./Killich, S./Loose A.: Netzwerkmanagement: Mit Kooperation zum Unternehmenserfolg, 2. Aufl., Berlin 2007.
Anschauliche Beiträge von verschiedenen Autoren zum Thema Netzwerke.

Castells, M.: The Rise of the Network Society, 2. Aufl., Oxford 2010.
In diesem Buch wird die Entwicklung von der Industrie- zur Informationsgesellschaft beschrieben.

Euler, M.: Networking: Ein Praxis-Leitfaden für erfolgreiches Interaktions- und Netzwerkmanagement, Oldenburg 2007.
Der Autor gibt gute Anregungen zur Gestaltung von Netzwerken.

Heinze, R. G./Minsson H. (Hrsg.): Regionale Netzwerke – Realität oder Fiktion? Diskussionspapiere aus der Fakultät für Sozialwissenschaft Ruhr-Universität Bochum, Diskussionspapier Nr. 98-4, Bochum 1998.
Verschiedene praxisorientierte Beiträge zum Thema Netzwerke.

Oertel, R./Hees, F. (Hrsg.): Das Netzwerk-Kompendium – Theorie und Praxis des Netzwerkmanagements, Aachen 2004.
Umfassendes, praxisorientiertes Buch, das sich unter anderem mit den Phasen der Netzwerkentwicklung und der Ethik in Netzwerken befasst.

Ruck, K.: Professionelles Networking: Kontakte knüpfen, Beziehungen pflegen, Verbindungen nutzen, Frankfurt 2005.
Die Autorin gibt zahlreiche Tipps zum Netzwerken.

Sydow, J.: Strategische Netzwerke: Evolution und Organisation, Wiesbaden 2005.
Das Buch enthält umfassende Informationen über strategische Netzwerke.

Winkler, A.: Unternehmensnetzwerke: Konstitution und Strukturation, Wiesbaden 2001.
Umfassende Darstellung zum Thema Unternehmensnetzwerke.

Die Autoren

Oleg Cernavin, Sozialwissenschaftler und Gründer sowie geschäftsführender Gesellschafter der BC Forschungs- und Beratungsgesellschaft mbH. Er entwickelt mit seinem Institut Kommunikationskonzepte und Medien für Unternehmen und Organisationen. Seit Mitte der 90er-Jahre liegt sein Arbeitsschwerpunkt auf der Forschungs- und Entwicklungstätigkeit in der betrieblichen Organisationsentwicklung, Prävention sowie der Entwicklung neuer Dienstleistungen im Arbeitsschutz. Er begleitete nationale Netzwerke strategisch, konzeptionell im Transfer und bei der Entwicklung von nationalen Branchenstandards zur Arbeitsqualität. Autor zahlreicher Publikationen, stellvertretender Vorsitzender der Initiative »Offensive Mittelstand« und Geschäftsführer der Initiative »Neue Qualität des Bauens« (INQA-Bauen).

Helmut Ehnes studierte bis 1981 Maschinenbau an der Technischen Universität München mit Abschluss Diplom-Ingenieur. Nach Auslandstätigkeiten für den TÜV Rheinland begann er seine Karriere 1983 bei der Steinbruchs-Berufsgenossenschaft (StBG), von der er 1996 zum Leiter der Prävention berufen wurde. Seit der Fusion der Berufsgenossenschaften Bergbau, Chemie, Leder, Steinbruch, Papier und Zucker zur Berufsgenossenschaft Rohstoffe und chemische Industrie (BG RCI) im Jahr 2010 ist er Leiter der Prävention der BG RCI. 2007 wurde Helmut Ehnes zum Generalsekretär der Sektion Bergbau der Internationalen Vereinigung für Soziale Sicherheit (ISSA Mining) gewählt. Seit 2010 ist er Vorsitzender der Offensive Mittelstand – Gut für Deutschland.

Sandra Fechner studierte Betriebswirtschaftslehre an der Universität Bielefeld mit Diplom-Abschluss. Seit 2009 ist sie wissenschaftliche Mitarbeiterin an der Fachhochschule des Mittelstands (FHM) im Bereich Projekte.

Die staatlich anerkannte private Fachhochschule des Mittelstands (FHM) qualifiziert mit ihren akkreditierten Bachelor-, Master-, MBA- und Promotions-Studienangeboten Fach- und Führungskräfte mit betriebswirtschaftlichem Know-how für die mittelständische Wirtschaft. In enger Zusammenarbeit mit Unternehmen, Verbänden und öffentlichen Einrichtungen entwickelt und realisiert die FHM wissenschaftlich fundierte Studien- und Weiterbildungsangebote sowie Forschungs- und Entwicklungsprojekte.

Christof Göbel ist Leitender Sicherheitsingenieur bei der Berufsgenossenschaft Rohstoffe und chemische Industrie.

Nach dem Studium des Allgemeinen Maschinenbaus und anschließender Ausbildung zum Sicherheitsingenieur ist er seit 1994 als Präventionsberater und Dozent für Unternehmer und Führungskräfte aus dem Mittelstand tätig. Ein Schwerpunkt seiner Aufgaben liegt im Aufbau und in der Entwicklung von Arbeitsschutz-Organisationen, speziell in kleinen, mittelständischen oder familiengeführten Unternehmen.

Dr. **Annette Icks** ist wissenschaftliche Mitarbeiterin am Institut für Mittelstandsforschung Bonn und arbeitet als Dozentin für Volkswirtschaftslehre an der Wirtschafts- und Verwaltungsakademie in Bonn. Dort studierte sie Soziologie, Geschichte und Theologie (M.A.) sowie in Münster Volkswirtschaftslehre (Dipl.). 1995 promovierte sie über die ökonomischen, soziologischen und politischen Aspekte des Transformationsprozesses in der ehemaligen DDR.

Ihre Forschungsschwerpunkte umfassen nahezu alle Themen, die den Mittelstand betreffen, wie z. B. Unternehmenskooperationen und regionale Netzwerkbeziehungen, Qualifizierung und Ausbildung. Darüber hinaus ist sie im IfM Bonn für kommunale Wirtschaftsförderung und kommunale Verwaltung, Bürokratie zuständig. Seit 2010 ist sie stellvertretende Vorsitzende der Offensive Mittelstand.

Prof. Dr. **Oliver Kruse** ist seit Januar 2011 Professor für Bankbetriebslehre an der Fachhochschule der Bundesbank in Hachenburg. Zuvor war er an der Dualen Hochschule Baden-Württemberg, Villingen-Schwenningen sowie an der Fachhochschule des Mittelstands (FHM) in Bielefeld in gleicher Funktion tätig. Er studierte und promovierte am Bankenlehrstuhl Prof. Schiller an der Universität Paderborn im Bereich Wirtschaftswissenschaften. Seine Forschungsschwerpunkte liegen im Finanzmanagement mittelständischer Unternehmen und im Asset Management/Private Banking, wozu er auf eine Vielzahl von Veröffentlichungen und Beiträgen verweisen kann. Zudem verfügt er über mehr als achtzehn Jahre Berufserfahrung in unterschiedlichen Geschäftsbereichen und Positionen einer deutschen Großbank. Er ist Leitungskreismitglied der Offensive Mittelstand.

Kristina Kuiper studierte an der Technischen Universität Kaiserslautern Wirtschaftsingenieurwesen mit Diplom-Abschluss. Seit 2006 ist sie wissenschaftliche Mitarbeiterin am Institut für Technik der Betriebsführung (itb) im Deutschen Handwerksinstitut e.V. Sie ist verantwortliche Koordinatorin der Projekte in den Feldern Arbeitsgestaltung und demografischer Wandel in kleinen und mittelständischen Unternehmen, insbesondere des Handwerks.

Das Institut für Technik der Betriebsführung im Deutschen Handwerksinstitut e.V. in Karlsruhe wurde 1919 als Institut für rationelle Betriebsführung beim damaligen Badischen Gewerbeamt gegründet. Heute ist es eines der fünf Einzelinstitute der Forschungseinrichtung des deutschen Handwerks, des Deutschen Handwerksinstituts e.V., mit Sitz beim Zentralverband des Deutschen Handwerks in Berlin. Seit Juni 2011 ist Kristina Kuiper Mitglied des Leitungskreises der Offensive Mittelstand.

Prof. Dr. **Patrick Lentz** ist seit Juli 2010 Professor für Marketingmanagement an der Fachhochschule des Mittelstands (FHM) in Bielefeld. Zusätzlich ist er seit Mai 2011 dort Prodekan im Fachbereich Wirtschaft. Er promovierte am Lehrstuhl für Marketing der TU Dortmund in »Beschwerdemanagement in der Finanzdienstleistungsbranche« und übernahm zu dieser Zeit zahlreiche Lehraufträge. Gleichzeitig absolvierte er einen Auslandsaufenthalt an der Weatherhead School of Management der Case Western Reserve University, Cleveland, OH, USA. Er referierte auf diversen Konferenzen und Veranstaltungen und publizierte eine Vielzahl von Beiträgen in nationalen und internationalen wissenschaftlichen Zeitschriften. Zusätzlich verfügt er über langjährige Erfahrung als freiberuflicher Marketing- und Marktforschungsberater.

Dipl.-Kfm. **Rainer Liebenow** hat an der Universität Münster Betriebswirtschaft mit dem Schwerpunkt Marketing und Handel studiert. Heute ist er Geschäftsführer der ISB-Management GmbH und der AS(S) Unternehmensberatung GmbH. Die ISBM beschäftigt sich mit der Qualifikation von Beratern und Dozenten sowie mit der Qualitätssicherung von Beratungsleistungen und der Optimierung von Beratungsprozessen. Gleichzeitig beteiligt sich die ISBM an Forschungsprojekten über systematisches Betriebsmanagement im Mittelstand.

Mit dem Ziel, innovative Konzepte für die Personal- und Organisationsentwicklung in der Bauwirtschaft zu entwickeln, gemeinschaftlich mit den Kunden umzusetzen und in die Branche zu transferieren, wurde 1993 die ASS Unternehmensberatung gegründet. In einer Vielzahl von Projekten steht das Einbinden neuer Technologien in die Arbeitswelt im Mittelpunkt. Rainer Liebenow ist Qualitätsleiter, Qualitätsauditor, autorisierter Berater der Offensive Mittelstand, Dozent der Qualifizierung der »Berater Offensive Mittelstand« und qualifizierter CASA-bauen-Berater.

Prof. Dr. **Richard Merk** ist Mitgründer und Geschäftsführer der privaten, staatlich anerkannten Fachhochschule des Mittelstands (FHM), Bielefeld, wo er eine Professur für Unternehmensführung und Existenzgründung innehat. Seit 1999 ist er Vorstandsmitglied der »Stiftung Bildung & Handwerk« (SBH), Paderborn (zuvor Kreishandwerkerschaft Paderborn). Von 2005 bis 2009 war Prof. Dr. Merk Mitglied im Vorstand des Verbandes der privaten Hochschulen (VPH) in Deutschland, Frankfurt. Er studierte und promovierte an der Westfälischen Wilhelms-Universität Münster (WWU). Seit 1981 war er Referent und Geschäftsführer von Bildungsunternehmen, davon 10 Jahre in Industrie- und Handelskammern. Er ist Landesgeschäftsführer der Wirtschaftsjunioren NRW und Geschäftsführer der WJ in Bielefeld.

Dipl.-Ing. **Elmar Neuhaus** absolvierte ein Bergbaustudium an der RWTH Aachen. Er ist Aufsichtsperson und Referent bei der Berufsgenossenschaft Rohstoffe und chemische Industrie sowie Leiter der Geschäftsstelle der Offensive Mittelstand.

Thomas Pollmeier ist Bäckermeister und Betriebswirt des Handwerks. Nach Ende der handwerklichen Lehrzeit sammelt er Erfahrungen bei verschiedenen Unternehmen der Lebensmittelbranche. Anschließend erfolgt die Übernahme des elterlichen Betriebs. Seit 2002 ist er geschäftsführender Gesellschafter der Lechtermann – Pollmeier Bäckereien GmbH & Co. KG in Bielefeld.

Jörg Schüler ist Bankkaufmann, Betriebswirt (FH) und Coach. Er verfügt über umfangreiche Erfahrungen in Vertriebs- und Führungspositionen sowohl in mittelständischen als auch in international operierenden Unternehmen. Er arbeitet als Filialleiter einer deutschen Großbank und als kaufmännischer Leiter in einer börsennotierten Aktiengesellschaft. An der FHM (Fachhochschule des Mittelstands) lehrt er im Fachbereich BWL. Schwerpunkte sind Unternehmensführung, Kommunikation und Mitarbeiterführung. Seit 2003 ist er als Coach, Trainer und Unternehmensberater für tätig. Zu seinen Kunden zählen sowohl Dax-Unternehmen als auch regional ansässige Familienbetriebe. Besondere Kenntnisse in den Bereichen, Mitarbeiterführung, Teamentwicklung, Akquise und Vertrieb sowie Kommunikation.

Achim Sieker ist Referent im Referat Humanressourcenstrategien des Bundesministeriums für Arbeit und Soziales. Im Anschluss an eine Ausbildung zum Maschinenschlosser studierte er Maschinenbau an der TU Hannover (Dipl.- Ing.). Nach Absolvierung eines Referendariats im höheren technischen Verwaltungsdienst des Bundesministeriums für Verkehr und einer Tätigkeit als Technischer Aufsichtsbeamter im Bereich der Verkehrsverwaltung des Bundes betreut er seit 2002 die branchenspezifischen Aktivitäten der Initiative Neue Qualität der Arbeit des Bundesministeriums für Arbeit und Soziales sowie die entsprechenden Transfer- und Modellprojekte und Forschungsvorhaben. Er ist Mitglied der Leitungskreise der Offensive Mittelstand und der Initiative Neue Qualität des Bauens – INQA Bauen.

Tim Vollborth, Dipl.-Wirtsch. Ing., hat sein Studium der Wirtschaftsingenieurwissenschaften 2005 an der Fachhochschule Merseburg abgeschlossen. Seit 2006 ist er als Projektleiter bei dem RKW Rationalisierungs- und Innovationszentrum der Deutschen Wirtschaft im Bereich Produktions- und Dienstleistungssysteme tätig. Dabei sammelte er Erfahrungen in zahlreichen nationalen und internationalen Projekten zur Produktivitätssteigerung, Innovationsförderung und kundenindividueller Produktion. Im Leitungskreis der Offensive Mittelstand vertritt er das RKW von Beginn an.

Stichwortverzeichnis

ABC-Analyse 174
Anzeigen 101
Arbeitgeber
– Attraktivität 144
Arbeitsabläufe 114
Arbeitsaufgabe 81
Arbeitsbedingungen 60
Arbeitsmittel 169
Arbeitsorganisation 113
Arbeitsplatz
– Anforderungen 145
Arbeitsprozess 113
Arbeitsschutz 234
– Dimensionen 211
– Potenziale 210
– traditioneller versus wertschöpfungsori-
   entierter 215
– wertschöpfungsorientierter 207
Arbeitsstoff 169
Arbeitsvorbereitung 212
Arbeitszeitmodell 114
Arbeitszufriedenheit 76, 81
Auftragsklärung
– Beratung 232
Auftragsvergabe 212
Ausbildung 144
Autorisierter Berater Offensive Mittelstand
   229

Berater
– autorisierter, Offensive Mittelstand
   229
Beratungsansatz
– ganzheitlicher 230
Beratungsleistungen
– Qualitätssicherung 229
Beruf und Familie 144
Beschaffung 169
– Kriterien 171
Beschwerdemanagement 99
Bestände 157
Bestandskunde 231

Bestellmenge 173
Betriebsnachfolge 233
Brainstorming 101
Businessplan 61

Check
– Anwendung 226
– Arbeitsschutz 214
– Erfahrungsbericht 195
– Nutzen 197
– Vorteile Einsatz 197
– »Guter Mittelstand: Erfolg ist kein Zufall«
   244

Dienst nach Vorschrift 83
DIN ISO 31000 55

Einkauf 213
Entscheidungswege 158
Ertragslage 10
Erwartungen 81
Existenzgründung 235

Fehler 189
Fehlerhäufigkeit 158
Fehlerkultur 188
Fertigungsfläche 157
Führung 73
Führungseigenschaften 75
Führungskraft
– Verhalten 82

Gefährdung
– Definition 61
Gefährdungsbeurteilung 60, 219
Gefahrstoffe 172
Gemeinkosten 158
Geschäftsbeziehung 95
Geschäftsfelder 13
Glaubwürdigkeit 78

Hidden Champions 246

Idee 102
Ideenbewertung 186f.
Ideenfindung 185
Identifikation 75, 129
Information 213
Inhaberabhängigkeit 233
Innovation 183
– Umsetzung 184
Innovationsideen 186
Innovationsmanagement 183
Innovationsprozess 183f., 188
Innovationszyklen 183
Integration 211
Internetauftritt 101

Kernkompetenz 12
Kernprozesse 159
KonTraG 55
Kontrolle 84, 130
Kunden
– Verhalten gegenüber 103
Kundenbedürfnisse
– Ermittlung 99
Kundenbefragung 102
Kundenbeziehung 102
Kundenbindung
– Messung 102
– Ursachen 97
Kundendienst 99
Kundenkontakt 102
Kundennutzen 12
Kundenpflege 95, 102
– Aufgaben 98
– Methoden 98
Kundenrückgewinnungsmanagement
  95
Kundentreue 105
Kundenzufriedenheit
– Entstehung 98
– Messung 102

Lagerfläche 157
Lagerhaltung 173
Leistungsbereitschaft 83, 129
Leitbild 129
Lernprozess
– informeller 128
Lieferant 170
– Auswahl 171
Loyalität 129

Markteinführung 184, 188
Menschenbild 78
Messebesuch 101
Mitarbeiterzufriedenheit 140
Mittelstandsberatung
– Ablauf 226
– Förderung 235
– Funktionen 224
– Wissenstransfer 224

Nationaler Leitfaden für Arbeitsschutzsysteme 217
Netzwerke 241
– formelle 241
– informelle 241
– Nutzen 242
– regionale 245
Neukundengewinnung
– Berater 231

Offensive Mittelstand
– Instrumente 244
– Netzwerk OWL 239, 246
Öffentliche Aufträge 212
Organisation 113
– Gestaltungsfelder 115
Organisationsanalyse
– beteiligungsorientierte 227
Organisationsgestaltung 113
Orientierung 80

Personalauswahl 143
Personalbedarfsplanung 141
Personalbindung 139, 144
Personaleinsatz 143
Personalentwicklung 139
– Faktoren 141
– Umsetzung 141
Personalgewinnung 139
Personalplanung 213
Personalsuche 142
Pilotprojekt 231
Prävention 210
Produktivität 17, 76
Prozessablauf 160
Prozesse 113, 155, 156
Prozesseinführung 188
Prozess-Information 160
Prozessorientierung 211
Prozessverantwortlicher 160

Prüfsiegel 170

Qualifikation 172
Qualität 158, 170
Qualitätssiegel 170

Regionale Netzwerke
– Offensive Mittelstand 230, 246
Reklamation 106
Rendite 158
Ressource 139
Risiko 50
Risikoanalyse 52
Risikobereich 49, 56
Risikobetrachtung
– systematische 55
Risikobeurteilung 51
Risikobewertung 53
– Kriterien 58
Risikoidentifikation 51
Risikomatrix 59

Schnittstelle 160
Standortförderung
– regionale 245
Stärken und Schwächen 100
Strategie 5
– Entwicklung 10
– nach außen 6, 12
– nach innen 7, 16
– Nutzen 8
Strategieberatung 232
Subunternehmer 170

Testkäufe 101

Umwelt 170
Unternehmensberatung
– Offensive Mittelstand 223
Unternehmensführung 73
Unternehmensgrundsätze 103
Unternehmenskrise 234
Unternehmenskultur 125
– Entwicklung 128
– Umsetzung 128
Unternehmensmission 103
Unternehmensphilosophie 103
Unternehmensrating 55
Unternehmensvision 104
Unternehmenszweck 104
Unternehmerseminar 231

Verankerung im Umfeld 19
Vertrauen 85, 188

Weiterbildung 144
Weltmarktführer 183
Werte 125
Wettbewerb 14
Wettbewerbsfähigkeit 184
Wettbewerbsstrategie 14
Wettbewerbsumfeld 101
Wettbewerbsvorteile 9
Workshops 101

Zeitmanagement 114
Ziele
– soziale 170
Zielvereinbarungsgespräch 130
Zukunftsvorstellung 128